# インドの社会運動と民主主義

## 変革を求める人びと

石坂晋哉 編

昭和堂

目次

## 第Ⅱ部　「世界最大の民主主義」の射程

表記について

表記は原則として『新版　南アジアを知る事典』（辛島昇ほか監修、平凡社、二〇一二年）に従っている。ただし例外として、Bahujan Samaj Party の訳語は、『インド民主主義の発展と現実』（広瀬崇子・北川将之・三輪博樹編、勁草書房、二〇一一年）に従い、「多数者社会党」とした（「バフジャン・サマージ・パーティ」や「大衆社会党」とはしていない）。また、Tribe と Scheduled Tribe の訳語は、『南アジア社会を学ぶ人のために』（田中雅一・田辺明生編、世界思想社、二〇一〇年）に従い、それぞれ「トライブ」、「指定トライブ」とした（「部族」、「指定部族」とはしていない）。

# 序論　インド社会運動の捉え方

石坂晋哉

## 一　はじめに——民主制下の社会運動

本書の目的は、インドにおける社会運動が、いかなる特徴を持っているかを明らかにすることである。インドは一九四七年に、大小さまざまな社会運動を内包した反植民地・民族独立運動を経て独立を果たした。独立後のインドでは、当初から、民主主義の基本的仕組み——普通選挙による代議制、立法・行政・司法の三権分立、言論・結社の自由の保障など——が一貫して護られ（ただし一九七〇年代半ばの「非常事態」期は除く）、またそれら諸制度の定着が図られてきた。それと同時にインドでは、民主主義の諸制度を補完するものとして、また、ときにはそれらの制度を脅かすかたちで、常に、各地でさまざまな社会運動が生起してきた。

ここで世界に目を転じると、一方で、二〇一一年の「アラブの春」や、二〇一四年の香港の学生たちの座り込みなど、民主制がとられていない（あるいは民主制が不安定な）国々においては、民主化を求める社会運動の隆盛が見られる。他方で、日本や欧米などの民主制が定着した国々においては、社会運動が勢いを失い「制度化」してきているといわれる（長谷川・町村 二〇〇四、Meyer and Tarrow 1998）。この両者に対し、インドでは、「世界最大の民主主義国」としての七〇年近くにわたる着実な歩みのなかで、なお社会運動の活況が持続している。

インドでは、なぜ、安定した民主制の下でも社会運動がさかんであり続けているのだろうか。この問いは、次のように言い換えることもできるだろう。社会運動がさかんであり続けているインドにおける民主主義というものを、どのように把握したらよいのだろうか。

インドでは社会運動がさかんであり続けていると述べた。近年のインドでとりわけ盛り上がりを見せた運動としては、二〇一一年八月から九月にかけて全国的に展開した汚職撲滅運動の例を挙げることができる。これは、社会運動家アンナー・ハザーレーと数人の弁護士などが中心となり、政府に対し、オンブズマン（行政機関監視）制度の確立を要求した運動であった。同年八月半ばにハザーレーがデリーの広場で「断食」を始めると、若者を中心に多くの人びとが広場や道に繰り出し集会やデモ行進に参加した。*1 運動はインド各地に広がり、当時筆者が滞在していた北インドの田舎町（ウッタラーカンド州ニューテーリー）でも、毎夕、次のようなスローガンとともにデモ行進が行われた。

インカラーブ・ジンダーバード！（革命万歳！）
アンナー・ナヒーン、イエ・アンディー・ハエ！（アンナーというよりこれはアンディー〔嵐〕だ！）
デーシュ・カー・ドゥースラー・ガーンディー・ハエ！（彼はこの国のもうひとりのガーンディーだ！）
エーク、ドー、ティーン、チャール、カタム・カロー、ブラスターチャール！（いち、に、さん、し、撲滅すべし、腐敗！）

この運動が盛り上がりを見せた期間中、インドのＴＶや新聞、雑誌などは、運動のニュースでもちきりであった。ハザーレーらが追及したのは、権力の中枢にいる政治家や官僚などの腐敗・汚職であった。しかしこの運動は、単に、一部の限られた人間の不正を正そうとする運動だっただけではない。この運動は、インド社会全体の隅々にまで浸透している、そしてあらゆる人が日常生活のなかで否応なしに経験し巻き込まれてきた、さまざまなレベルの腐敗・汚職を、もういいかげん、一掃してしまいたい、という強い願望を、多くの人びとに抱かせるものだったのである。筆者が当時、現地にいて強烈に印象づけられたのは、インドの人びとが、金輪際、汚職・腐敗とは決別する、という強い思いを運動に託し、運動によって社会を変えるのだという強い意志を見せていた点である。インドの人びとは、運動によって社会が変わる可能性を堅く信じていた。少なくとも筆者にはそう見えた。インドの人びとのみならず、筆者を含め社会運動研究者は、多かれ少なかれ「運動は社会の内部に変化を引き起こす鍵となる担い手」（クロスリー 二〇〇九：二三）だという認識を根底に持っている。その意味で、本書は、社会や政治の変化を引き起こそうとする人びとの具体的行動から、現在大きな変容過程にあるインドの、その変化の一端を跡づけようとする試みでもある。[*2]

社会や政治を変えようとしているインドの人びとの声と行動の実態を、本書では、できるだけヴィヴィッドに描こうとしている。社会運動に関わるという行為は、投票行動などと同様、社会や政治への具体的な参画であるが、社会や政治のあり方をいかに変えていくかをめぐる、投票行動と比べてより直接的で明示的な意志表示であり、さらに、ときには投票行動とは比較にならないほどの大きなリスク（逮捕、弾圧など）を伴う場合もある行為である。インドの人びとは、何を問題とし、どのような解決を目指して、運動に身を投じてきたのだろうか。もちろん、人びとが何を問題と見なし、また何を目指すかは、時代によって多様であるし、地域によっても多様である（インドの面積は実に西ヨーロッパに相当するほど広い）。本書の各章では、各時代・各地域の社会運動の実態をできるだけ具体的に描き出すことを心がけた。本書の各章で描かれるのは、各章の執筆者たちがこれまで、インドのフィールドで、あるいは文書館の史料のなかで出会ってきた人びととの対話の記録である。[*3]

なお本書では、分析の出発点として、社会運動を「現状への不満や予想される事態に関する不満にもとづいてなされる変革志向的な集合行為」（長谷川・町村 二〇〇四：一九）と定義する。この定義は、不満、変革志向性、集合行為という三つの要素から成り立っている。社会運動研究の代表的アプローチとして、人びとが運動に参加する動機に注目する集合行動論、アイデンティティなど文化的側面を重視する新しい社会運動論、そしてリーダーシップや組織の分析を中心に据える資源動員論を挙げられるが、上記三つの要素はそれぞれのアプローチを反映させたものであり（長谷川 二〇〇七）、包括的な定義だといってよいであろう。

## 二　インドにおける社会主義運動、民族運動、新しい社会運動

ここであらかじめ、インドにおける社会運動の展開について、その全体的輪郭を素描しておきたい。そのために、ここでは、社会運動の世界的展開についてI・ウォーラーステインがまとめた整理を手がかりとする（ウォーラーステイン 一九九三、道場 二〇〇四）。

ウォーラーステインによると、一九世紀半ばから二〇世紀半ばにかけて、世界システムとしての資本主義世界経済のあり方（中核－半周辺－周辺という不均等な国際分業の構造）に対する反乱・抵抗として、世界各地で、次の二つのタイプの反システム運動が起こるようになった。第一が、資本家と労働者の「階級」間の対立を軸として展開される社会主義運動である。労働者階級が資本家階級から国家権力を奪取し、労働者本位の国家・社会を実現させようとする運動である。第二が、世界システムの中核と周辺の「民族」間の対立を軸として展開される民族運動である。植民地支配下に置かれていた地域の人びとが、国民国家としての独立を通じて自分たちの民族＝国民の利益と幸福を実現させることを目指した運動である。これらの運動は、巨視的に見れば、二〇世紀半ばまでに一定の成果を獲得した。すなわち、「こうした運動は、主として三つの変種の形をとって、一九四五年か

ら一九六八年の時期に、結局のところ多かれ少なかれ権力の地位につくことができた。その三つの変種とは、西の（少し曖昧に解釈されている）社会民主主義者、東の共産主義者、南の民族解放運動であった」（ウォーラーステイン 一九九三：一四三）。

しかしウォーラーステインによると、一九六八年を境に、第三の反システム運動が展開するようになった。このころから世界各地で、女性運動やマイノリティ運動、エコロジー運動などのさまざまな運動が勢力を強めることになったが、それらは、社会主義運動や民族運動によっては世界の矛盾が解決されなかったことに対する反抗の運動だったのである（ウォーラーステイン 一九九三：一四三、三三二）。二〇世紀後半に見られるようになったこれらの運動は、社会運動研究において通常、階級闘争型の「古い」労働運動と区別して、「新しい社会運動」と呼ばれる（トゥレーヌ 一九八三、メルッチ 一九九七、Offe 1985）。フランスや西ドイツ、イタリアなどでは一九六〇年代以降、学生運動、環境運動、女性運動、地域運動、平和運動などが盛り上がりを見せたが、それらは「脱産業社会」（Touraine 1971）や「後期資本主義社会」（Habermas 1981）に特徴的な運動とされ、①行為主体が多様である、②生活の場の個別イッシューが争点とされる、③価値志向的である、④運動の実践様式自体にメッセージ性がある、などの特徴を持つとされた。

社会主義運動、民族運動、新しい社会運動、という三つのタイプの運動は、インドではどのように展開してきただろうか。

まずインドにおける社会主義運動は、一九二〇年代初頭から徐々に組織化がなされ、一九四七年には、「社会主義型社会」の建設を信じたＪ・ネルーが独立後初の政権を握り、また一九五七年にはケーララ州で選挙により共産党（ＣＰＩ）政権が誕生するなど（一九七七年には西ベンガル州でも選挙によりインド共産党（マルクス主義）（ＣＰＭ）率いる左翼戦線政権が成立）、一定の権力を握ることに成功したといえる。他方で、真の革命（すなわち労働者や農民が資本家から権力を奪取すること）は未だ成らずとして、引き続き「未完の革命」を目指す社会主義運動も、さまざまな形で展開してきた（本書第一章参照）。なお、インドにおける独自の展開として、暴力革命を目指す左翼過激派のナクサライト運動が現在も一部地域で一定勢力を維持している点が特筆されるべきであろう。インドのナクサライト運動は、世界的な左翼運動の新展開のなかで、これに影響を受けつつも、インド独自の文脈のなかで生まれてきたものであった（本書第六章参照）。

インドの民族運動は、一九世紀末（ないし半ば）に端を発するが、これが多くの一般民衆の参加を得て社会運動として展開するようになったのは、二〇世紀に入りB・G・ティラクやM・K・ガーンディーらが活躍するようになってからであった。運動は一九一九～二二年、一九三〇～三四年、一九四二年に大きな盛り上がりを見せ、第二次世界大戦後の一九四七年に、インドは、ついに独立戦争を引き起こすことなく、非暴力の社会運動により、国民国家としての独立を果たした。

インドの民族運動については膨大な研究蓄積があるが、独立後のさまざまな社会運動との関わりから一点だけ指摘しておきたい。それは、インド民族運動の最重要キーパーソンであったガーンディーが、独立後も、その独立は「失敗」だったとして運動の継続を主張したことである。ガーンディーは一九四八年一月に、それまでインド民族運動を組織してきて、ついに新国家の権力掌握に成功した政党組織インド国民会議派を、解体すべきだと主張し、会議派の党員は、農村再建を軸とした真の独立（スワラージ）のために「民衆奉仕協会（ローク・セーワク・サンガ）」を組織して運動を継続すべきだという提言をまとめた（ガンディー 一九九七）。しかしその提言を公表しようとした矢先に暗殺されたため、この運動継続の主張はガーンディーの「遺言」だということになり、その後インド各地で多くのガーンディー主義者が彼の「遺志」を継ぐこととなった。民族運動闘士の一部が、独立後もそのままプロフェッショナルな運動家としてさまざまな運動を組織しただけでなく、その弟子筋にあたる第二世代や、いまや第三世代の運動家も登場してきている（石坂 二〇一一）。運動の担い手だけでなく、本章冒頭に記した汚職撲滅運動における「断食」に見られるように、その戦術（レパートリー）にも、民族運動からの連続性がはっきりと認められる。[*4] インドでは独立後も、真の独立（スワラージ）を目指した非暴力の「独立運動」が継続していったのである。[*5]

インドにおいて「新しい社会運動」が存在したのか、という点は、社会運動研究者の間で論争の的になってきた。インドにおける新しい社会運動について論じた初期の論客であるG・オンヴェート（Omvedt 1993）は、インド政治は一九八〇年代末までに、会議派のヘゲモニーとネルー主義的開発モデルに代わり、女性、下位カースト、農民、トライブ、エスニシティなどに基盤を置き自立や独立を求める運動や、暴力的な宗教的原理主義に席巻されるようになったと見ている。それらは、伝統的マルクス主義からは無視されてきた集団による運動、もしくは資本主義の新たな過程に関連して搾取されるようになった人びとの運動なのであり、また、そうした運動は、伝統的なマルクス主義とははっきりと異なる仕方で、搾取と抑圧の状況を新たに定義している。今後は、単一イッシュー志向ではない形でいかにして「革命を再創造」するかが課題だとオンヴェートは主張した。R・シン（Singh 2001）は、インドでは西洋のような近代性の経験を十分には経ないままに、早くもポスト近代性の文化条件が生み出されていると指摘し、そうした状況を背景として、今日のインドの運動は、物質的利益（土地所有など）を求めるものであるよりも、むしろ、規範や価値の再定義を目指すものとなりつつあると述べている。石坂（Ishizaka 2007）は、インドの環境運動に見られる新しい社会運動的な特徴が、近代文明からの脱却の方途を追究したガーンディーの思想や実践を現代インドにおいて適用させようとする営為により出てきた面があることを指摘した。

他方、T・K・ウーメーン（Oommen 2010）は、インドでは平等・公正を求める運動が同時にアイデンティティを求めているケースも多いので、その意味では西洋の新しい社会運動と比較可能ではあるが、インドにはそもそも典型的な階級運動と呼びうるものが存在しなかったと指摘し、文脈が異なっているので、新しい社会運動という枠組みはインドには適さないと主張している。

しかしいずれにせよ、インドにおいて、社会主義運動や民族運動によっては矛盾が解決されなかったとし、それらに対する反抗とも見なしうる形で、宗教やカースト、トライブなどの社会集団を母体にした多様な運動が展開してきた点は重要であろう。本書では、ダリト（元「不可触民」）の運動を第二章・第五章・第八章で、トライブ（〝先住民族〟アーディヴァーシー）の運動を第七章で分析している。

P・チャタジーが論じたように、インドでは、近代的な個の確立を前提として家族と国家を媒介する機能を果たす市民社会（civil society）の領域（それを担うのはアソシエーションである）とは別に、国家とその被統治者たる「人口」を媒介し、国家が「人口」に対して保証するとされる「福祉」を、個人ではなくさまざまなコミュニティを単位として要求し確保しようとする政治社会（political society）の領域（それは、政党、運動、その他の政治的集団によって担われる）が重要な役割を果たしている（Chatterjee 2010: 169-177）。ここで、そのさまざまなコミュニティのカテゴリーが、インドでは植民地期以来、公的に構築されてきた面があること、また、特定のコミュニティが積極的是正措置（アファーマティブ・アクション）の対象とされてきたことに留意する必要がある。これまでのインド社会運動研究で明示的に検討されてはこなかった点であるが、社会集団カテゴリーの構築・再構築と、社会集団を単位とする運動の展開とが、絡まり合いながら展開してきた過程を捉えることが大切である。

## 三　ポストコロニアルという視角

本書では、インド社会運動の特徴を描くに際して、ポストコロニアルという視角からアプローチしている。ここでポストコロニアルとは、「脱植民地化の完了していない植民地後の状況」を指し、「これは、政治制度的には植民地状況を脱して独立を達成しながらも、植民地主義によってつくられた制度や枠組みが実際的にも価値的にも持続している状況」を指す（常田 二〇一一：一一）。具体的には、①とくに独立前後における諸運動のつながりを長期の視点から捉えるとともに、②植民地主義的な認識的・制度的枠組みが独立以後のインドにおける社会、政治、そして運動に与えてきた影響に注目した。

このうち①の長期の視点は、これまで、植民地期の諸運動を扱う歴史学的研究と、独立以後の諸運動を対象とする社会学的・政治学的・人類学的な研究とが分断され、両者の対話がほとんどなされてこなかったという研究状況を乗り越えようという意図に基づくものである。[*6] 本書では、第一部のすべての章（農民運動（第一章）、「不可触民」運動（第二章）、産児制限運動（第三章）、新州設立運動（第四章）、ダリト運動（第五章））と、トライブ運動を扱う第七章において、一九四七年の前と後にまたがる長期の射程を視野に収めた分析を行っている。

他方、②の植民地主義的枠組みへの注目は、インド社会のあり方をめぐる次のような理解をふまえたものである。インドは周知のように、二〇〇年近くに及ぶイギリスによる植民地支配を経験した。植民地時代のインドにおいて、イギリス植民地政府は、他者としてのインドの地の人びとを、効率的かつ公正に統治するために、インド社会を種々の社会集団の集合と見なし、集団を対象とした権利付与を行った。重要なのは、こうした統治のやり方によって、宗教、カースト、トライブなどの社会集団のカテゴリーが、公的に構築されていった点である。また、この集団カテゴリー構築の過程は、イギリス植民地政府による上からの力だけではなく、インドの人びとの側からの主体的な動きによっても形作られていった。さらに、この集団カテゴリー構築・再構築の過程は、インド独立後、今日にいたるまで継続しているのである。この点を次節でくわしく見ておきたい。

## 四　集団カテゴリーの構築過程と社会運動

インドでは、宗教やカースト、トライブなどの社会集団のカテゴリーが、植民地期以降、統治のための集団区分基準として、また、積極的是正措置（アファーマティブ・アクション）によって、公的に構築され続けてきた。[*7] インドの大多数の人びとにとって、自分が○○という宗派に属する、あるいは○○というカーストやトライブに属するのだといったことが厳密な仕方で意識または宣言されるようになったのは、イギリス植民地支配を受けてからのことであったといわれる（関根 二〇〇六）。

イギリス植民地政府は、統治の対象たるインドの人口を、まず宗教への帰属によって分かち、ヒンドゥー教徒についてはカーストの別によってさらに分かち、ヒンドゥー教でもイスラームでもない固有の信仰体系を保持している人びとを「トライブ」として分類した（藤井 一九九四：八九）。このうち、宗教とカーストによる区分のカテゴリーは、以下のような過程で構築されていった。

まず、センサス（国勢調査）とカテゴリー構築との関係が重要である（Cohn 1987）。イギリス植民地政府が一八五〇年代以降実施し始めたインドのセンサスでは、上記のイギリス人のインド社会理解を反映した人口の分類方法が用いられ、このセンサスを通じて、インドの人びとの側でも、宗教やカーストのアイデンティティが自覚化されるようになった側面があるといわれる。そこでは、インド人の側の、宗教運動のキャンペーンも重要であった。センサス報告書に記載された宗教運動は植民地政府によって存在と重要性が認められたと見なされ、正式な宗教集団として社会的にも一定の地位を獲得することになったため、センサスを意識した名称をめぐるキャンペーンが展開されたのである。カーストについても、特定のカーストの地位向上を目的として、さまざまなカースト協会（caste association）が設立され、カーストごとのアイデンティティと結束が強化されていった（押

川一九九四a：三〇二―三〇三）（本書第一章、第八章参照）。

また、イギリス政府は、宗教別・カースト別の法体系を整備した（小谷・辛島二〇〇四：二七四―二七五、三一二―三一六）。民法、とくに家族法の分野において、ヒンドゥー教徒に対してはシャーストラ（ヒンドゥー聖典）の法が、ムスリムに対してはクルアーン（コーラン）の法が適用されるとともに、ヒンドゥー教徒の訴訟においてはバラモンが、ムスリムの場合はモウルヴィー（イスラーム知識人）が法の解釈に従事することとなった。このことにより、インドの人びとの間に宗教別・カースト別のアイデンティティが強く意識されるようになり、とくにヒンドゥー教においては、バラモンのカースト観が現実社会に反映されるようになったのである。さらに、ヒンドゥー教に関しては、カースト内部の問題の解決をカースト自体に任せ、裁判所は関与しないという立場をイギリス当局はとった。これは「カースト自治」政策と呼ばれる。これにより、各カーストの長老たちによる成員に対する統制力が強まったとされる。

こうした動きと並行して、インドでは植民地期以降、特定の社会集団を対象としたさまざまな積極的是正措置（アファーマティブ・アクション）が行われてきた。植民地期において、それは、基本的には政治的権利をめぐる優遇措置として展開した。積極的是正措置は、格差や差別の是正（すなわち、「機会の平等」を実現するためにハンディキャップを与えること）、あるいは当該社会集団が保持する固有の文化の保護といった側面と、インドの人びとの結束を阻止し分断するために少数派集団を優遇する「分割統治」という側面とを併せ持つものであった。

宗教に関する積極的是正措置は、分離選挙制という形で実施された。分離選挙制とは、ある集団に属する人のみが立候補しその集団に属する人びとのみが投票して代表を選ぶ選挙区を設置するシステムのことであり、これは少数派集団保護の名目の下で実施された。分離選挙制は、一九〇九年のモーリー・ミントー改革の際に導入された。具体的には、ムスリム議員を別枠にしてムスリム選挙人のみが投票して選出できるシステムが設けられたのである。ここではムスリム議員が人口比率以上に認められた。ただし、宗教区分による積極的是正措置も、分離選挙制も、一九四七年の独立以後インドでは実施されていない。それは、ムスリムを対象とした分離選挙制が印パ分離独立を招いたことへの反省による面がある。

カーストに関する積極的是正措置は、さまざまな留保制度（reservation system）として植民地期に実施され始め、その後一九五〇年のインド憲法において、議席（連邦議会や州議会などにおける議席割り当て）、高等教育（優先的入学枠の設定）、公的雇用（公務員任用枠の設定）の三つの面で人口比にほぼ即した留保が定められ、今日にいたっている（なお憲法では、カースト差別自体は禁じられている）。

こうしたカーストに基づく留保が最も早く導入されたのは、本書第二章で扱う非バラモン運動の流れのなかであり、まず一九一九年にインド南部のマドラス州で、立法参事会議席の一部が非バラモンに留保された（本書六六頁）。続いて公的雇用に関しても、同様に非バラモン運動の流れのなかで、一九二一年にインド南部のマイソール藩王国で、一九二五年にはインド西部のボンベイ州で、非バラモン（ボンベイ州では「マラータ」とも呼ばれた）に対する留保が実施された（Galanter 1984: 156）。ここで留保は、「後進諸階級（Backward Classes）」すなわち社会経済的あるいは教育面において後進的とされた社会集団の社会経済的地位向上や教育普及を図るためという名目で実施されたのである（Galanter 1984: 156, 押川 一九九五：二六）[*8]。

また、一九一〇年代から、「不可触民」を「被抑圧階級（Depressed Classes）」という概念によって捉え、「可触民」による抑圧構造からの「不可触民」の脱却を目指す運動が展開した（本書第二章・第五章・第八章参照）。これは、B・R・アンベードカルらによる「不可触民」への分離選挙制要求へとつながっていった。それに対し、不可触民制廃絶のために、「不可触民」を「ハリジャン（神の子）」という概念によって捉えることを主張したのがM・K・ガーンディーであった。すなわちガーンディーは、不可触民差別をヒンドゥー教内部の「可触民」側の心や態度の問題と捉えるべきだと考えたのである。アンベードカルの運動もガーンディーの運動も、ヒンドゥー保守層からの激しい反発を引き起こしたが、イギリスは「不可触民」への積極的是正措置に前向きであり、いったんはアンベードカルの「不可触民」の分離選挙制要求が認められたが、ガーンディーの反対にあい、「不可触民」に対する是正措置は、留保議席によることとなった（一九三二年のプーナ（プネー）協定）。留保議席は、特定の少数派集団に属する人のみが立候補できる選挙区などを設置する（投票は、当該少数派集団に属する人に限らない）というシステムである。つまり、「『不可触民』の政治的権利は、独自の代表を自ら選出する権利ではなく、議会への参加の保証となった」（押川 一九九四a：二六）のである（押川 一九九四a：二五―二八、長崎 二〇〇九：四一一―四一三）。なお、その後インド憲法においては、「不可触民」は「指定カースト（Scheduled Castes：以後SCと表記）」という行政用語で呼ばれることとなったが、指定カーストへの留保は、被差別性に対する補償として実施されることとなり、また、留保以外にも貧困層を対象とするさまざまな政策や地域開発政策などにおいて、一定の優遇措置がなされてきている（押川 一九九五：三〇八）。

さらに、独立後のカースト関連の積極的是正措置として、「不可触民」（＝SC）を対象としたもの以外で重要なのは、「その他の後進諸階級（Other Backward Classes：以後OBCと表記）」を対象とした是正措置の問題である。憲法では、OBCの基準についても措置の内容についても明示されず、一九五〇年代半ばと一九七〇年代末に、この問題について検討するためにそれぞれ「後進諸階級委員会」が設置され、ついに一九九〇年、後者の勧告に従って是正措置の実施が図られた。しかし各地でOBCへの是正措置（とくに留保）に対する激しい反対運動が巻き起こり、それが原因で当時のV・P・シン政権は崩壊した（押川 一九九四a：三〇八―三一〇、一九九四b）。OBC留保の対象や内容は、州ごとに決められることになっている。

このほかにも、指定トライブを対象とした積極的是正措置や、インド北東部など特定地域に住む少数民族に対する自治権付与などの措置がなされている（本書第七章参照）。

従来の社会運動研究では、こうした集団カテゴリーの構築過程と社会運動を関連づけて見る視点が希薄だった。それに対し本書では、第一章・第二章・第五章・第六章・第七章・第八章で、社会集団カテゴリーの構築過程と社会運動を関連づけて捉えている。インドにおいて社会集団カテゴリーは、植民地期以来の政策と運動の絡まり合いのなかで構築・再構築されてきたのである。*9

## 五　本書の構成

本書は、二〇世紀初頭から現在にいたるまでのインドにおけるさまざまな社会運動について、社会学や歴史学、文化人類学、政治学の立場からそれぞれ分析を行ってきた日本人若手研究者による共同研究の成果である。この序論に続く各章では、それぞれのディシプリンに基づいた分析がなされている。

第一部「社会運動の長期的展開」（第一～五章）では、個別の運動サイクルを超えた長期のタイムスパンを射程に収めた上で、各運動の事例分析を行っている。長期のタイムスパンから見ると、運動は、さまざまな出来事の絶妙な重なり合いのなかで生起していることが浮き彫りになる。ある運動を、Aという原因によってBという結果が生じるという（あるいは、Bという結果が生じたのはAという原因によってであったとするような）単純な因果関係の図式にあてはめて説明するのではなく、運動を、複雑なコンテクストのなかで多様な展開をとげるものとして捉えることを心がけた。また、「長期のタイムスパン」というとき、具体的には、インド独立（一九四七年）の以前と以後をまたいだ射程から、運動の展開を捉えることとした。

運動の長期的展開を見る本書のこのスタンスは、一九八四年にインドのボーパールで起きた化学工場事故後のアドヴォカシーについて文化人類学の立場から分析したK・フォートゥン（Fortun 2001）の次のような方法論的問題意識と重なるところが大きい。

私は、われわれが生きているこの、表象しきることのできない複雑系としての世界の一端を、読者に提供したかったのである。そのため、民族誌のフィールドの射程に「世界全体」を収めることにより、「全体」を表象しようとするあらゆる試みの限界を示そうとした。しかし私は同時に、ある場所においてなされる倫理的な関与が他の場所におけるそれと共鳴し、意図した結果や意図しなかった結果が生み出されること、そしてそれにより全体のシステム自体が変容し、そこに含まれるすべてのものの位置づけ・位置取りが変容することをも、示したかったのである。（Fortun 2001: 18）

フォートゥンの場合は、こうした問題意識に基づいて、運動を、固定的で同質的ないくつかのステークホルダー集団による合理的決定や交渉の過程としてではなく、それ自体が時と場に応じてカメレオンのように変質するいくつもの「発声コミュニティ（enunciatory communities）」が、複雑系的な相互作用を通じて累積的に稼働する過程として描こうとした。フォートゥンが、ボーパール事故という出来事以後に生起した運動の展開を描いたのに対し、本書第一部所収の論考は、より長期的スパンを視野に入れ、どちらかというと現在あるいは現在に近い時点から過去を振り返る、あるいは過去へと遡っていく分析のスタイルをとっている。

本書第一章「農民運動の一〇〇年――宗教・社会改革、キサーン、社会主義」（小嶋常喜）は、北インドの現ビハール州地域の一県で一八六〇年代末から一九六〇年代末までの一〇〇年間に起こった、農民層を担い手とするさまざまな社会運動を分析している。歴史学者としての小嶋の関心の中心は、「キサーン（農民）」運動の開始と終焉を、いかに、経済決定論やサバルタン意識の分析としてではなく説明するかという点にある。小嶋はここで、それを

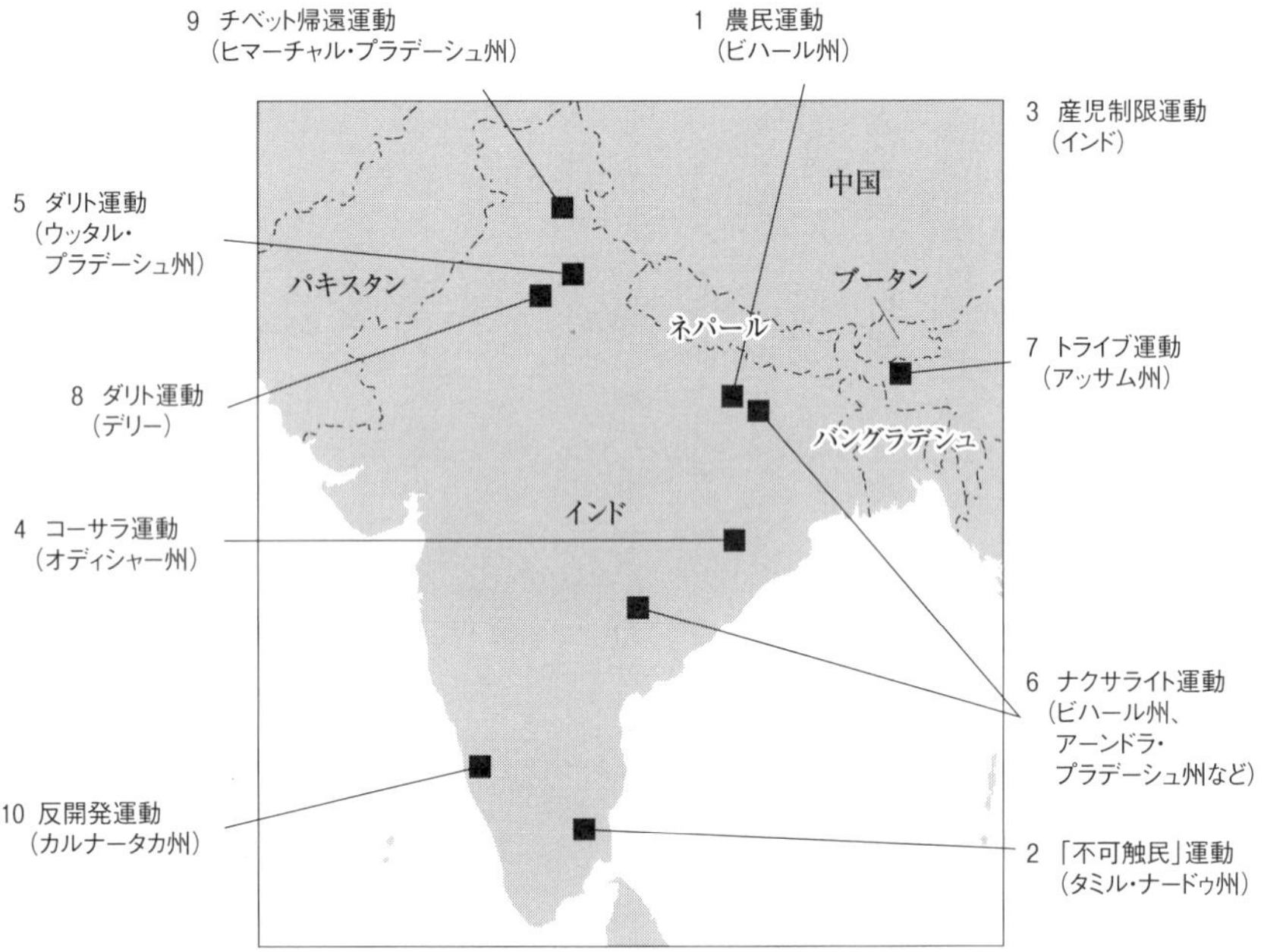


図０-１　各章の事例の位置

出典）筆者作成

社会運動論のサイクル理論とフレーム分析に基づいて説明している。

第二章「『不可触民』のジレンマ――非バラモン運動における包摂と排除」（志賀美和子）は、カースト的社会秩序の最下層に位置づけられてきた「不可触民」層の人びとが被抑圧・被差別状況を克服しようとする際に直面したジレンマを描いている。南インドの現タミル・ナードゥ州地域において、「不可触民」たちは歴史的に、固有の運動を組織するか、多数派の潮流の内部に留まるかという二つの選択肢の間で揺れ動いてきた。インドでは現在も、依然として「不可触民」に対する暴力と抑圧が深刻であり続けているが、志賀は、植民地期から現在までの長期の歴史をふりかえることを通じて、「不可触民」問題の基本的構造をくっきりと浮き彫りにしている。

第三章「産児制限運動の複相的展開――危険なリプロダクションへのまなざし」（松尾

瑞穂）は、強制的避妊手術などで知られる独立後インドの家族計画政策の前史を植民地期にたどり、インドにおける産児制限運動が複数の異なる潮流から成っていたことを、さらにそうした諸派のほとんどが、いずれもリプロダクション（性と生殖）を危険視する立場に立っていたことを明らかにしている。インド農村では現在も、一方では不妊が逸脱とされ、同時に他方では避妊手術を引き受けることが女性の「生存戦略」にもなるという状況がめずらしくないが、そうした状況は、リプロダクティブ・ヘルス・ライツを求める動きが疎外され続けてきたことによって、もたらされていたのである。

第四章「新州設立運動の系譜学――オディシャー州西部における反平野意識の形成」（杉本浄）は、東インドの現オディシャー州西部の地域主義運動であるコーサラ運動の歴史をたどっている。現在インド各地で、新州設立を目指す地域主義運動は活性化・再活性化しつつあり[*10]、コーサラ運動もそのうちの一つである。ここで杉本は、コーサラ運動の歴史を、特定の点を起点とする単線的発展としては描いていない。現在のコーサラ運動は、さまざまな出来事の、偶然性をも含む重なり合いのなかで、人びとの思いや活動家たちの奮闘、そして多様な利害関係者たちの思惑が複雑に交差し、その帰結の一つとして出現してきていたのである。

第五章「過去を同定する――ダリト運動における歴史」（舟橋健太）は、北インドのウッタル・プラデーシュ州におけるダリト（抑圧された者たち）（＝「不可触民」）の仏教改宗運動の担い手たちが、古代の仏教や中世の聖者ラヴィダースとのつながりを再確認するという形で、みずからの、そして自分たちの共同体の来し方を繰り返し想起していることの意味を追究している。人びとは、運動を通して、歴史を問い、模索し、それによって過去は生きた現実になるのである。社会運動の歴史は、それを語る者の語りを通して現出する。歴史を語ること自体が運動なのであり、その意味では、社会運動の長期的展開の最終局面は、まさに、その歴史が書かれ、そして読まれる過程にこそあるといえよう。

第二部「『世界最大の民主主義』の射程」（第六～一〇章）では、インド民主主義の可能性と限界を、社会運動に焦点を当てることを通じて浮き彫りにしている。議会や司法、あるいは「留保制度」など種々の積極的是正措置と運動の関係を分析するとともに、積極的是正措置がその対象集団に属する人びとにとっての「権利」と見なされるようになってきた社会における民主主義と社会運動をいかに理解するかという理論的検討を行っている。

インド民主主義を理解する上で、「非政党政治過程（non-party political process）」を見ることが重要だと指摘したのは、R・コータリーであった（Kothari 2005）。本書第二部所収の論考では、インドにおける政治過程において、非政党政治過程のアクターの一つである社会運動が、議会政治や司法などの諸制度とどのように切り結んできたかについて、具体的な事例をもとに分析する。

本書第六章「暴力革命の将来――インドにおけるナクサライト運動と議会政治」（中溝和弥）は、暴力革命を掲げるナクサライト運動がこれまで存続できたのはなぜか、しかし近年衰退してきているのはなぜか、そして今後どうなっていくのか、という三つの問いについて、議会政治の展開と関連づけて分析している。インドでは「階級」のアピール力が「カースト」と比較して弱かった、また、暴力の連鎖（報復が報復を生む）の余地を残しつつも人びとの間には暴力に対する忌避感情が高まってきた、といった指摘は興味深い。

第七章「トライブ運動の個別化――先住民族による自治権要求の変遷」（木村真希子）は、特定地域の特定の人びとに自治権を付与するという政策が社会に与える影響について、自治権要求運動に焦点を当てて分析している。指定トライブ留保や新州設立などによって錯綜した状況下に置かれてきたインド北東部の自治権要求運動は、一九八〇年代後半から、インド他地域や国際的動向の影響を受けつつエスニック集団ごとに個別化・武装化してきた。木村は、アッサム州内で自治権を獲得することに成功したボド運動が、いかにして組織され、いかなる帰結をもたらしたかを論じている。

第八章「突破口としての司法――清掃カーストの組織化と公益訴訟」（鈴木真弥）は、社会的最下層に位置づけられる清掃カースト層の人びとの運動が、政党に頼らず司法の力を活用するようになってきたことを明らかにしている。最弱者層にとって現在、公益訴訟が最後に残された突破口になっている。また鈴木は、インドの留保制度の重要な特徴を浮き彫りにしている。より「公正」な積極的是正がなされるために、人びとは、運動を通じて絶えずはたらきかけ続ける必要に迫られているのである。

第九章「ホスト国インドへの接近――チベット難民運動の新展開」（山本達也）は、インド在住チベット難民の運動が、一九九〇年代後半以降ようやく、各種ＮＧＯ等を通じて、インドの人びとへの働きかけを始めたさまを描いている。国際情勢及びインドの国内情勢が変化した今、チベット難民たちは、インドでの生活基盤を安定させるため、生活の場であるインドの人びととの良好な関係を築く努力を強める必要に迫られている。そのことにより、逆説的ではあるが、チベット難民運動は徐々にインド民主主義を構成する重要な一部になりつつある、とまで言ったら言い過ぎであろうか。

第一〇章「開発と神霊――土地接収とブータ祭祀をめぐるミクロ・ポリティクス」（石井美保）は、経済特区建設に対する反対運動について、なかでも土地接収に対する「抵抗の象徴」とされた神霊祭祀に焦点を当てて、村落内部の抗争を分析している。石井はここで、社会運動や民主主義を論じる際に、人びとの実践や認識を左右する「霊的な次元」をいかに描くかという問題に取り組んでいる。

## 六　おわりに――変革を求める人びと

最後に、社会運動に身を投じている人の姿をいかに描くかという問題について、あらためて考えておきたい。

本書第一〇章で登場するN一族の逸話は印象的である。N一族が、立ち退きを迫る圧力に抗して、先祖伝来の土地に住み続けていられるのはなぜか。それは、二重の意味で、「神霊のお陰」なのであった。神霊が守ってくださっているからこそ、屋敷が破壊されずに住み続けていられるのであり、同時に、他方で、土地を離れてしまったら神霊の怒りを買うのではないかという恐怖から、N一族の人びとは、その土地を離れるに離れられないのである。

ここで、第一節で触れた社会運動の定義に立ち戻ってみたい。社会運動とは、「現状への不満や予想される事態に関する不満にもとづいてなされる変革志向的な集合行為」（長谷川・町村 二〇〇四：一九）だとされる。N一族の人びとも、たしかに、立ち退きを迫られることへの不満を抱いてはいるだろう。有無をいわさず立ち退きを迫るということがまかりとおる現状を変革しようという志向性を持っているといえるかもしれない。そして、たしかに、立ち退き拒否というN一族の人びとの行為は、開発に反対する一連の人びとの集合行為の一部を構成していると見なすことができるであろう。しかし、実のところ、N一族の人びとは、ただ、帰依する神霊ジュマディに守られて、ジュマディに従って生きているだけなのだ、といった方が、もしかしたら、実態に近いのではなかろうか。

「不満にもとづく変革志向的な集合行為」という見方は、理性的な判断に基づいて主体的に行為する個人の存在を前提にしているように見えるが、実際に社会運動に身を投じている個人の姿は、必ずしも皆が、能動的に行為しているようには見えないのである。もっとも、だからといって、「神霊のお陰」で立ち退きを拒み先祖伝来の土地に住み続けている人たちが、がんじがらめに神霊に縛られた完全に受動的なだけの存在にすぎないといいたいわけではない（N一族が単に受動的なだけの存在でないことは、第一〇章第五節の記述からも明らかであろう）。この点をさらに掘り下げて考えるために、一つだけ、筆者自身のフィールドでの事例を取り上げて検討し、この序論を締めくくることとしたい。

筆者が一〇年来、調査対象としてきたインド人活動家バフグナー夫妻の運動への関わり方を、言葉で表現しようとすると、どうしても、実にあっさりとした、あっけない言葉でしか表現しようがないのである。大規模ダム建設に反対して水没予定地の町に移り住み、二〇年近くそこに住み続け、結果的に、いよいよダムの完成が近づいて、すべての元・住民が立ち退いた後、最後まで町に残っていたのがバフグナー夫妻であった。夫妻が、最後の最後まで立ち退かずにいたのはなぜか。突きつめるとそれは、「最後まで立ち退かないと誓ったから」という一点に尽きるのであって、それ以上でも以下でもなかった。たしかに、「最後まで立ち退かないという誓い」を立てたこと自体は、夫妻の主体的・能動的な行為であった。しかし、いったん「誓い」を立ててしまった後の夫妻の日々の暮らしぶりは、できるだけ実際の夫妻の生き様に忠実に、それを表現しようとするならば、夫妻は淡々とその「誓い」を守ってそこで生きていただけだったのである。

「淡々と」と述べたが、もちろん、それは大変な苦労の日々であった。筆者が夫妻を訪れたのは、ダム建設工事が最終段階にいたったころであったが、工事現場からは数十分間隔でダイナマイトの爆音が響きわたり、そのたびに町全体が大きく揺れ、また土砂を積んだトラックの走りまわる轟音が昼も夜も周囲の山にこだましていた。そしてなにより、町民たちが一人、また一人と、次第に立ち退きに応じて町を去っていき、立ち退きが済んだ家は当局のブルドーザーで潰されるため、あたりは廃墟だらけであり、町は惨憺たる状況に陥っていたのである。はっきりいって、そこは、すぐにでも逃げ出したくなるような酷い場所であった。夫妻がそうした場所で、それでも立ち退かずに生き抜いていたエネルギーの源は何だったのかをたどってみると、それはやはり、「最後まで立ち退かないという誓い」に行き着くのであって、夫妻にとっては単に、「誓い」とは守るものなのであって、「誓い」を破るという選択肢はありえなかった、というシンプルな道理が存在するだけなのである。

バフグナー夫妻の場合も、たしかに、立ち退き拒否の背景には、大規模ダムがもたらすさまざまな弊害に対する不満があった。水問題・エネルギー問題への取り組み方を変革しようという強い志向性も持っていた。しかし、「立ち退き拒否」という形で、つまり、町に暮らし続けるという形で運動に参与している当人たちの姿を、「不満にもとづく変革志向的な行為」として描いてしまうと、少なくとも、筆者がバフグナー夫妻の生き様から感じる一番の魅力は、そこには盛り込まれないことになってしまう。能動的な行為や主体的な意志ではなく、立ち退かないと誓ったから立ち退かない、いや、立ち退けないのだ、という、淡々とした夫妻のその生き様こそが、インドの二大ダム反対運動の一つ、テーリー・ダム反対運動の、二〇年近くに及ぶ展開の渦の中心であり続けていたように、筆者には思われるのである。

注

＊1　二〇一一年の汚職撲滅運動については、（竹内 二〇一一、Ishizaka 2013）などを参照のこと。近年のインド政治における汚職の増加とその背景について知るには、（Jaffrelot 2010）などが参考になる。

＊2　インドは二〇世紀末からの経済成長により、躍動の時代を迎え、現在、世界的に大きな注目を集めている。かつての「貧困」「停滞」「悠久」といったキーワードに代わり、「成長」「発展」「新興国」などが、今日のインドを語る際のキーワードになりつつある。現代インド地域研究の中心的課題はインドの変化の実態を明らかにすることだといっても過言ではない（田辺 二〇一二）。

＊3　もっとも、本書は全体として、弱者や被抑圧者、被従属者がおかれている状況、そして、そうした人びとの声に光を当てることのみを第一の目的としているわけではない。むしろ、社会運動研究を通じて弱者の姿を描くことができると安易に考えるのは間違っているというべきであろう。なぜなら、まず、（たとえばインドのヒンドゥー至上主義を思い起こせばわかるとおり）社会運動には、マジョリティーによる抑圧的・排他的な運動も含まれるからである。突きつめると、抑圧性や排他性から完全に自由な社会運動というのは、きわめて稀である。これまでのインド社会研究・社会運動研究において強調されてきたとおり、サバルタンのための運動として表象された運動において、実はしばしば「サバルタン（従属させられる

人びと、下層民）」の声は抹殺されてきた（グハほか 一九九八、バーヴィスカル 二〇〇二）。本書では、運動の内部の階層性やさまざまな矛盾にも向きあい、描こうとしている。さらに、より重要なことであるが、研究者がサバルタンの声そのものを代弁することはできない（スピヴァク 一九九八）。人びとの声を、離れた高みの地点から代弁するのではなく、できるかぎり、人びと（と私たち自身）がおかれた歴史的・社会的コンテクストを自覚しつつ、人びととの個別具体的な対話を通じて理解されたことを描くように心がけるべきである。

＊4　インド社会運動のレパートリーとしての断食は、独立運動期のガーンディーによるさまざまな断食に由来するといってよい（石坂 二〇一二）。また、インドでは非暴力・不服従の運動を「サッティヤーグラハ」と呼ぶ。「サッティヤーグラハ」とは、「真理・真実」を意味する「サッティヤ」と「把持・固執・主張」を意味する「アーグラハ」を組み合わせたガーンディーの造語である。

＊5　ガーンディーが目指した真の独立（スワラージ）がどのようなものだったかについては、（ガーンディー 二〇〇一）を参照のこと。

＊6　歴史学的研究のレビューとしては（Chandra 1989）などを、社会学的・政治学的研究のレビューとしては（村山 二〇〇七、Fuchs and Linkenbach 2003; Oommen 2010; Rao 1984; Ray and Katzenstein 2005; Shah 2004）などを参照のこと。

＊7　「カースト」に相当する現地語として、「ヴァルナ」と「ジャーティ」という二つの概念がある。このうち「ヴァルナ」は、バラモン（祭官・学者）、クシャトリヤ（王侯・武士）、ヴァイシャ（商人・平民）、シュードラ（上位三ヴァルナに奉仕する人びと）という、大きく四つの身分を指す。これは、ヒンドゥー教の「ヴァルナーシュラマ・ダルマ」（ヴァルナとアーシュラマ（人生段階：学生期、家住期、林住期、放棄期）に応じて、スワダルマ（それぞれの果たすべき義務）が定まっており、各人がこの義務を果たすことによりサンサーラ（輪廻、現象界）は存続する）という理念と密接に結びついた概念である。なお、上記四つのいずれの身分にも属さず、シュードラよりも下位におかれた人びとが、「アウトカースト」や「不可触民」などと呼ばれることとなった。「ジャーティ」は、内婚集団（世襲的な職業集団）を指し、ジャーティの数は全インドで二千とも三千ともいわれる。各ジャーティ内で、衣服や食物や婚姻など、日常生活におけるさまざまな慣習やルールが共有されている。カーストが歴史的にいかに形成され変容してきたか、またカーストをいかに捉えるべきかについては、（押川 一九九四a、小谷 二〇〇三、関根 二〇〇六、田辺 二〇一〇、デュモン 二〇〇一、藤井 二〇〇三）を参照のこと（この注の記述もそれらの参考文献に拠ったもの

である）。

＊8　ただし、公的雇用における後進諸階級への留保は、中世以来のインドで根づいていた社会制度である職分制における「職分に応じた正当な取り分」という考え方にも一部由来している可能性があり、検討が必要である。

＊9　なお、一九七〇年代以降は、こうしたインド独自の歴史的経緯とともに、「人権」や「環境」などの国際的な認識枠組みが、インドの社会集団カテゴリーの構築・再構築過程に大きく関与するようになった。本書第七章・第一〇章や（石坂二〇一一）などを参照のこと。

＊10　二〇一四年にはテランガーナ州という新州が誕生した。この背景となったテランガーナ運動については（山田二〇一三、二〇一四）を参照のこと。

## 参考文献


石坂晋哉　二〇一一『現代インドの環境思想と環境運動――ガーンディー主義と〈つながりの政治〉』昭和堂。

ウォーラーステイン、I　一九九三『脱＝社会科学――一九世紀パラダイムの限界』本田謙吉・高橋章監訳、藤原書店。

押川文子　一九九四a「インド政治とカースト――『後進諸階級』問題を中心に」中兼和津次編『近代化と構造変動』講座現代アジア二、東京大学出版会、二九五―三二六頁。

押川文子　一九九四b「反留保アジテーションとインド社会――一九九〇年の事例を中心に」『アジア経済』三五（四）、（通巻三八六号）（一九九四年四月号）、二五―四九頁。

押川文子　一九九五「独立後の『不可触民』」押川文子編『フィールドからの現状報告』叢書カースト制度と被差別民第五巻、明石書店、一九―一一一頁。

ガーンディー、M・K　二〇〇一『真の独立への道（ヒンド・スワラージ）』田中敏雄訳、岩波書店。

ガンディー、マハトマ　一九九七「遺志と遺言」『わたしの非暴力』二、森本達雄訳、みすず書房、三二六―三二九頁。

グハ、R、G・パーンデー、P・チャタジー、G・スピヴァク　一九九八『サバルタンの歴史――インド史の脱構築』竹中千春訳、岩波書店。

クロスリー、ニック　二〇〇九『社会運動とは何か――理論の源流から反グローバリズム運動まで』西原和久・郭基煥・阿部純一郎訳、新泉社。
小谷汪之　二〇〇三「カーストとカースト制度――その歴史的変容」小谷汪之編『社会・文化・ジェンダー』現代南アジア五、東京大学出版会、一一七―一三六頁。
小谷汪之、辛島昇　二〇〇四「イギリス植民地支配の始まりとインド社会」辛島昇編『南アジア史』山川出版社、二七三―三二一頁。
スピヴァク、G・C　一九九八『サバルタンは語ることができるか』上村忠男訳、みすず書房。
関根康正　二〇〇六『宗教紛争と差別の人類学』世界思想社。
竹内幸史　二〇一一「インド『中間層の革命』は何を意味するか――『現代のガンディー』アンナー・ハザレと支援者たちを現地に追う」『世界』二〇一二年一月号、三二〇―三二八頁。
田辺明生　二〇一〇『カーストと平等性――インド社会の歴史人類学』東京大学出版会。
田辺明生　二〇一一「現代インド地域研究――私たちは何をめざすか」『現代インド研究』一、一―一七頁。
デュモン、ルイ　二〇〇一『ホモ・ヒエラルキクス――カースト体系とその意味』田中雅一・渡辺公三訳、みすず書房。
トゥレーヌ、A　一九八三『声とまなざし――社会運動の社会学』梶田孝道訳、新泉社。
常田夕美子　二〇一一『ポストコロニアルを生きる――現代インド女性の行為主体性』世界思想社。
長崎暢子　二〇〇九「非暴力と自立のインド」狭間直樹・長崎暢子『自立へ向かうアジア』世界の歴史二七、中央公論新社、二三九―四七六頁。
バーヴィスカル、アミター　二〇〇二「開発をめぐるナルマダー峡谷におけるトライブの闘い」柳澤悠訳、柳澤悠編『開発と環境』現代南アジア四、東京大学出版会、二六三―二八〇頁。
長谷川公一　二〇〇七「社会運動と社会構想」長谷川公一・浜日出夫・藤村正之・町村敬志『社会学』有斐閣、五一一―五四二頁。
長谷川公一・町村敬志　二〇〇四「社会運動と社会運動論の現在」曽良中清司・長谷川公一・町村敬志・樋口直人編『社会運動という公共空間――理論と方法のフロンティア』成文堂、一―二四頁。
藤井毅　一九九四「トライブと不可触民」小谷汪之編『西欧近代との出会い』叢書カースト制度と被差別民第二巻、明石書店、八七―一二五頁。
藤井毅　二〇〇三『歴史のなかのカースト――近代インドの〈自画像〉』岩波書店。

道場親信　二〇〇四「社会運動のあゆみ——世界システムへの挑戦者たち」大畑裕嗣・成元哲・道場親信・樋口直人編『社会運動の社会学』有斐閣、二三五—二五〇頁。
村山真弓　二〇〇七「インドの社会運動研究——女性運動研究を中心に」重冨真一編『開発と社会運動——先行研究の検討』（調査研究報告書）、アジア経済研究所、六一—八三頁。
メルッチ、アルベルト　一九九七『現在に生きる遊牧民——新しい公共空間の創出に向けて』山之内靖・貴堂嘉之・宮﨑かすみ訳、岩波書店。
山田桂子、二〇一三「テランガーナ分離運動の歴史と現状」（上）『茨城大学人文学部紀要　人文コミュニケーション学科論集』一五、三七—五五頁。
山田桂子、二〇一四「テランガーナ分離運動の歴史と現状」（下）『茨城大学人文学部紀要　人文コミュニケーション学科論集』一六、六五—八一頁。
Chandra, B. 1989. Study of the Indian National Movement: Some Problems and Issues. *Journal of the Japanese Association for South Asian Studies* 1: 22-40.
Chatterjee, P. 2010. Beyond the Nation? Or within? In *Empire and Nation: Selected Essays*. pp. 164-177. New York: Colombia University Press.
Cohn, B. S. 1987. The Census, Social Structure and Objectification in South Asia. In *An Anthropologist among the Historians and Other Essays*. pp. 224-254. Delhi: Oxford University Press.
Fortun, K. 2001. *Advocacy after Bhopal: Environmentalism, Disaster, New Global Orders*. Chicago: The University of Chicago Press.
Fuchs, M. and A. Linkenbach. 2003. Social Movements. In V. Das (ed.), *The Oxford India Companion to Sociology and Anthropology*. pp. 1526-1531. New Delhi: Oxford University Press.
Galanter, M. 1984. *Competing Equalities: Law and the Backward Classes in India*. Berkeley: University of California Press.
Habermas, J. 1981. New Social Movements. *Telos* 49: 33-37.
Ishizaka, S. 2007. The Anti Tehri Dam Movement as a New Social Movement and Gandhism. *Journal of the Japanese*

*Association for South Asian Studies* 18: 76-95.

Ishizaka, S. 2013. A Revival of Gandhism in India?: *Lage Raho Munna Bhai* and Anna Hazare. *INDAS Working Papers* 12: 1-13.

Jaffrelot, C. 2010. Indian Democracy: The Rule of Law on Trial. In *Religion, Caste and Politics in India*. pp. 620-659. Delhi: Primus Books.

Kothari, R. 2005. *Rethinking Democracy*. New Delhi: Orient Longman.

Meyer, D. S. and S. G. Tarrow. 1998. *The Social Movement Society: Contentious Politics for a New Century*. Lanham: Rowman & Littlefield.

Offe, C. 1985. New Social Movements: Challenging the Boundaries of Institutional Politics. *Social Research* 52 (4): 817-68.

Omvedt, G. 1993. *Reinventing Revolution: New Social Movements and the Socialist Tradition in India*. New York: An East Gate Book.

Oommen, T. K. 2010. *Social Movements I (Issues of Identity) & II (Concerns of Equity and Security)*. New Delhi: Oxford University Press.

Rao, M. S. A. 1984. *Social Movements in India: Studies in Peasant, Backward Classes, Sectarian, Tribal and Women's Movements*. Second edition. New Delhi: Manohar.

Ray, R. and M. F. Katzenstein (eds). 2005. *Social Movements in India: Poverty, Power, and Politics*. Lanham: Rowman and Littlefield.

Shah, G. 2004. *Social Movements in India: A Review of Literature*. New Delhi: Sage Publications.

Singh, R. 2001. *Social Movements, Old and New: A Post-modernist Critique*. New Delhi: Sage Publications.

Touraine, A. 1971 (1969). *The Post-industrial Society: Tomorrow's Social History: Classes, Conflicts and Culture in the Programmed Society*. L. F. X. Mayhew (translated). New York: Random House.

# 第Ⅰ部　社会運動の長期的展開

# 第一章　農民運動の一〇〇年

## 宗教・社会改革、キサーン、社会主義

小嶋常喜

### 一　はじめに

いうまでもなく、農業は有史以来、人類にとって最も重要な生産活動であり、人類が絶滅しないかぎり、それは何らかの形で続けられるだろう。人文・社会科学の諸分野において、この農業に従事する人びとを意味する「農民（peasant）」という言葉は、毛沢東の階級分析に登場する「富農」・「中農」・「貧農」・「農業労働者」、資本主義的な商品生産を行う「農民（farmer）」、そして前近代の農業生産を支えた「小農」などを包摂する超歴史的かつ普遍的な用語として多用されている。また社会運動（史）研究の分野においても、要求・組織・担い手・レパートリー（運動手法）においてさまざまな特徴を持つが、農業に従事している人びとによって担われた社会運動を、「農民運動」というカテゴリーに分類して分析が行われてきた。

現在まで一貫して農業に最も多くの労働人口を抱えてきたインドでは、農民運動は社会運動の主要なカテゴリーを構成してきた。インドの農民運動は、植民地期に発展した地主小作関係や土地制度を背景とする一九世紀の「散発的かつ自然発生的」な「農民反乱」を端緒とする。二〇世紀初めからは組織的な運動が始まり、結果的

に民族運動の裾野を広げた。やがて農民運動は土地保有構造の抜本的な転換、つまり地主制廃止を求める変革志向を持つ運動となり、一九三〇年代後半にピークを迎えた。独立前後に不十分ながら地主制が廃止された後も、小作の法的保護を求める運動、地主の社会的抑圧に反対する運動、農産物の買取価格引き上げや電気料金の値下げを求める運動、そして実力で地主を排除して土地を分配する運動など、さまざまな運動がインド各地で展開してきた。これらの運動はほとんどの場合「農民運動」として研究がなされてきた。

しかし先行研究では、個別の事例研究や類似の事例の比較研究を超えた長期的かつ網羅的な研究はあまり行われてこなかった。例外を挙げるとすれば、キャスリーン・ガフの研究が挙げられる。彼女は、植民地期以降の二〇〇年間に起きた七七の農民蜂起を復古的運動、宗教的運動、義賊的運動、大衆反乱、そして近代的運動に分類した。その上で彼女は、農民蜂起の一般的な傾向としては、植民地権力に対抗する「革命的」なものから、特定の要求を掲げる改良的なものへ変化したと主張する（Gough 1974）。またハーディマンやサルカールなどは、インド大反乱を境に農民蜂起の形態が、在地有力者の下に地域全体が蜂起するものから、特定の地域の不満に限られたものに変化したと述べている（Hardiman 1994; Sarkar 1983）。ただそれらの研究も、分析者自身が「農民運動」や「農民蜂起」というカテゴリーを設定して該当する運動のみを分析対象としていた。あらかじめさまざまな社会運動を「農民運動」や「労働運動」などに分類した上で、それらのカテゴリーごとに分析・レヴューを行うスタイルは、インドの社会運動研究でよく見られる。しかしこれでは研究者によって分類が変わり、また異なるカテゴリーに分類された運動間の関係が見過ごされてしまう。

## 二　社会運動研究における「サイクル」「フレーム」概念と本章の目的

本章では上記のような問題を避けるため、欧米や日本の社会運動研究が用いてきた「サイクル」と「フレーム」の概念を使い、植民地期から独立後にかけての農民運動を長期的に分析してみたい。フレームとはデーヴィッド・スノーらが「現在あるいは過去の個人的な環境のなかにある対象、状況、事件、経験、または連続的な行為を、選択的に強調・記号化することによって今生きている世界を単純化しかつ要約する、説明的な図式」だと定義している（Snow and Benford 1992: 137）。社会運動に即していえば、より広範な支持や運動参加者を獲得するために、自らの訴える問題などを意図的に強調したり、また運動の要求・対象を単純化して多くの人に理解しやすいものにしたりするための枠組みといえる。

一方サイクルとは、一九八〇年代以降登場した社会運動の発展・衰退モデルである。このサイクルには運動の発生、組織の台頭、運動のピーク、制度化と急進化、そして衰退といった諸局面がある。運動の「制度化」とは、運動形態がデモなどの散発的なものから、労働組合の団体交渉のように日常的な手続きになること、労働組合やNGOなどの専門化した組織が運動を担うようになること、そして運動が政党との関係を持つ、またはそれ自体が政党になって政治的機会を獲得することといった傾向をいう。この制度化局面においては運動が政策決定に影響を及ぼす一方で、運動が体制内の改革として穏健化し、集合行為が減退するとされる。また「急進化」は、制度化と同時に起こる逆方向の傾向を指す。すなわち制度化によって運動が穏健化し、いままでの要求や目標が歪められると、それに抵抗して運動を続けていくグループが現れる。こうしてある運動がその末期に制度化と急進化の方向へ分裂することがある。また社会学者の間では、サイクルがどのような要因で次の局面へ移行するかということも議論の対象になってきた。シドニー・タローやルード・クープマンズは、レパートリーの革新、政治的機会、そして政府による抑圧や妥協などが重要としており、本章でもそれらに注目して運動のサイクルを見ていきたい（Tarrow 1993, 1998; Koopmans 1995）。ただ本章で使うフレームおよびサイクル概念は、単一の運動ではなく複数の運動にまたがるものとして扱いたい。

本章が分析対象とするのは北インド・ビハール地方のシャハーバード県（一九七〇年代以降はボージプル、ブクサール、ロータス、そしてカイムルの四県に分割）の諸社会運動である。対象を一つの県とするのは、特定の個人や集団が複数の運動や組織に関わっている事例を多く観察でき、運動間の関係を検討しやすいからである。またインド大反乱（一九五七〜五九年）後から一九七〇年代のナクサライト運動登場までのおよそ一世紀の長期にわたり、「農民運動」に限定せずに諸社会運動を網羅的に分析することで、「農民運動」と「農民運動」とされてこなかった諸運動との連環をも視野に入れることができる。本章の目的は、第一に諸運動が共有する争点を見出し、いくつかの大きな社会運動のフレームとその歴史的変遷を明らかにすることである。具体的には「宗教・社会改革」・「キサーン（農民）」・「社会主義」の三つのフレームが時代を追って登場したことを提示したい。第二にこれら三つのフレームの歴史的変化がなぜ起きたのかを、運動のサイクルや担い手の変化に注目しながら明らかにしたい。そして第三にビハール地方シャハーバード県の事象を、同地方を超えた少なくとも北インド全体の文脈のなかに位置づけながら、「社会運動史」を構想したい。

## 三　シャハーバード県の地理・産業・人びと

旧シャハーバード県（以下S県）はビハール州の南西に位置し、連合州（独立後はウッタル・プラデーシュ州）

との州境にあった。県の東側にはガンジス川、西側にはソーン川が流れ、県境を形成した。地勢は南西部のヴィンディヤ山脈東端にあたるカイムル丘陵以外は平坦で、大部分は肥沃な耕地である。とくに県庁所在地のアラーとブクサールを結んだ線よりも北側の低地は、ガンジス川の氾濫がもたらす沈泥のためにきわめて良好な土壌で、州内でも有数の小麦生産地帯だった（O'Malley 1906: 1-2）（図1-1参照）。

二〇世紀初頭の主な産業は県の総面積の三分の二で行われる農業で、人口の六五％が農業から生活の糧を得ていた。これに対し工業に従事するのは一七％に過ぎず、少数の製糖業従事者以外は伝統的職能集団だった（O'Malley 1906: 51, 92-97）。

県内ではデュムラーオン・ラージと呼ばれる旧封建領主が存在し、県西部や隣接する連合州バリヤー県にも所領を持っていた。ただし法的には藩王国ではなく地主（ザミーンダール）であり、一八世紀末に永代土地査定の対象となって植民地政府への地税納入義務を負った。永代土地査定は地税額が永久に固定されるため、二〇世紀に入ると地代収入から地税額を差し引いた地主の所得はかなり増大した。一方、地主の下で実質的に農業経営を行うライーヤト層の所得も相対的に高く、「生計を立てられる以上」の経済状態だった（Hubback 1928: 128）。このライーヤト層には占有権を持ち、かつ地代が固定されている者が多かった。これはグザシュタダール（guzashtadar）と呼ばれる、主に上位カーストのライーヤト層の存在による。彼らは貢納や土地の利権をめぐって地主と争うこともあった。たとえば一八六三年に県庁のアラー近郊の村では、ライーヤトたちが地主の事務所を襲撃して徴収・保管されていた地代を奪う事件が起きた。この村はインド大反乱のときに連合州のラクナウーやビハール西部を転戦したクンワル・シンの所領だったが、大反乱後に所領全体が没収されてスペイン人の所有地となっていた。この村のライーヤトの多くは「かなりの無法者として悪名高い」ラージプート（後述）であり、クンワル・シンのころから地代の支払いをしばしば拒んでいた。また村の人口三千人のうち、一二〇〇人は元シ

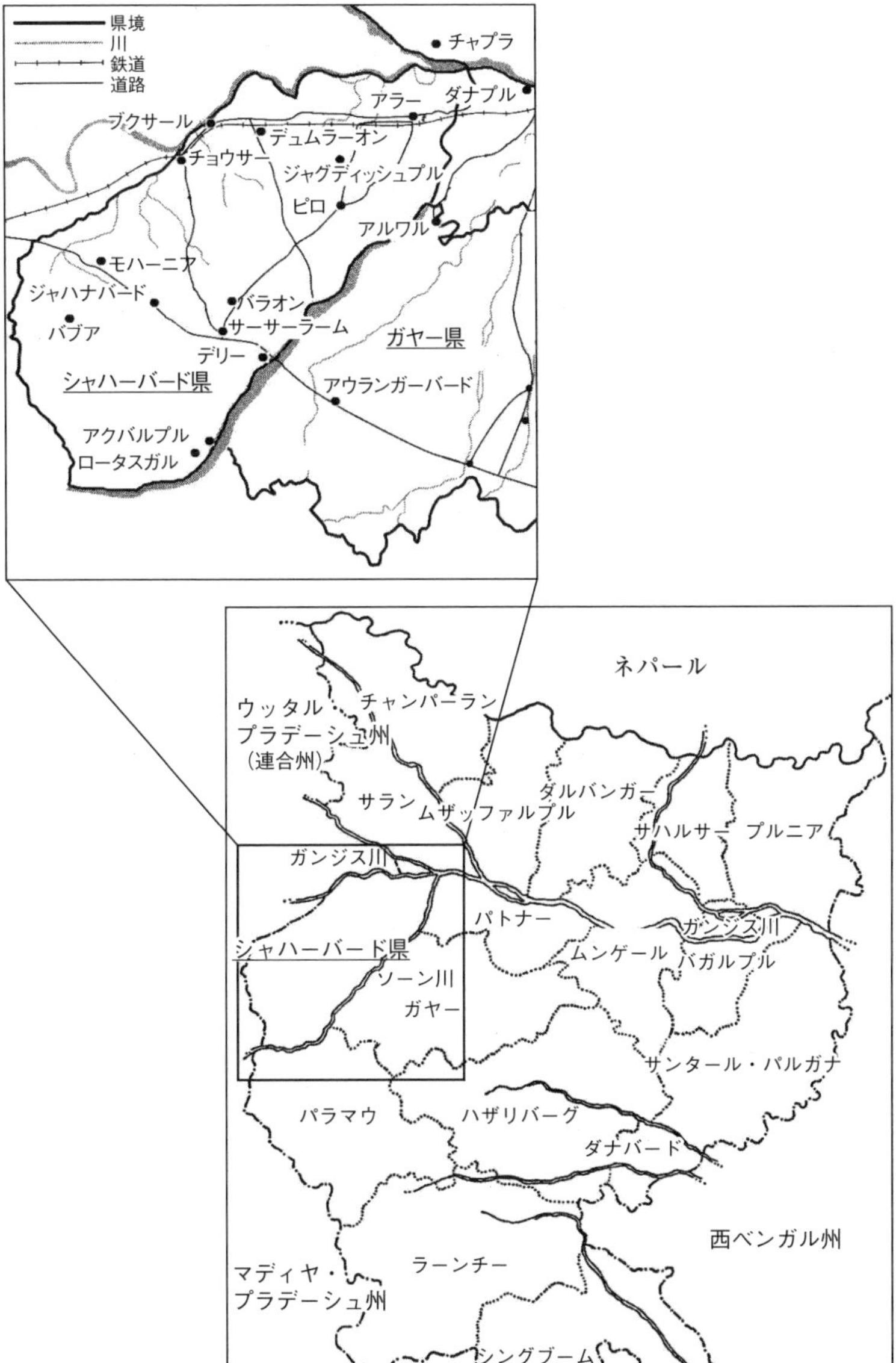


図1-1　ビハール州とシャハーバード県（1956年）

出典）Jannuzi（1974: xi）およびYang（1998: 21）より作成

パーヒー（英印軍兵士）だった。現地の警察が容疑者数名を逮捕すると、ライーヤトたちは抵抗して警察官や地主の差配を負傷させた。そこで県警察長官と応援部隊が駆け付けたが、村は牛を含めてもぬけの殻だった。[*1]

次にS県のカースト構成について触れておきたい。一九〇一年の国勢調査によれば、S県の人口約一九六万人のうち「後進カースト」とされるヤーダヴ（またはアヒール、ゴーアーラー）が最も多く、全体の一三％を占めた。その多くは牧夫という伝統的職業を離れて耕作を生業とした。次いでヒエラルキーの最上位とされるバラモンが一一％であった。彼らは祭司としての職業は維持するが、多くは土地からの収入で生計を立てた。

「上位カースト」のラージプートの数もバラモンとほぼ同数で、先述したように彼らは地主かライーヤトとして村全体を占有することが多い。この地域のラージプートにはラジャ・ボジとラージ・クアルの二つの下位集団（クラン）がある。前者は中世にインド中部の宗教都市ウッジャインから来たとされる集団で、デュムラーオンの旧封建領主がその代表である。後者は連合州出身で、その代表はバグワンプルの領主だった。

ブーミハール（バブハン）は四％を占めるに過ぎないが、社会的にはラージプートとほぼ同等とされ、やはり土地保有者として経済的にも恵まれていたために地域社会におけるその存在は大きい。そのほか、市場向け野菜の生産者として知られる後進カーストのコイリーが八％、最底辺の「不可触民」として皮革業などに従事するチャマールが全人口の六％を占めていた（O'Malley 1906: 39-42）。

## 四 「宗教・社会改革」フレーム

アーリヤ・サマージ

一九世紀を通じてヨーロッパ人のインド社会認識が植民地支配下の諸制度によって実体化するなか、それに対するさまざまな反応が現れた。S県ではアーリヤ・サマージ、諸カースト団体、そして牝牛保護協会の運動が展開される。これらは自らの宗教的・社会的実践を見直して「我々」を再定義することで、「他者」よりも広範かつ強力な集団を形成しようとするフレームを持っていた。

ダヤーナンダ・サラスヴァティーが創始したヒンドゥー改革運動団体のアーリヤ・サマージは、瞬く間にビハールを含むガンジス川中流域までの北インド一帯に活動を拡げた。一八七二年と翌年にダヤーナンダがビハール州都パトナー近郊のダナプルを二度訪問し、そこがビハール最初の拠点となった。その後パトナーやS県のアーラーをはじめ、州内各地に支部が設けられた（S. N. Pandey 1975: 145-148）。一九〇一年の国勢調査ではアーリヤ・サマージの信徒九万二四一九人のほとんどはパンジャーブ州や連合州在住で、ビハールでは一人も信徒がいない。その後も上記二州を中心に信徒が増え続け、一九一一年には二四万三四四五人、一九二一年には四六万七五七八人に達した（India Census Report 1911, 1921）。国勢調査でビハールの信徒数が初めて記録されたのは一九一一年の四〇八五人で、一〇年後には四五六四人に増えた（Bihar Census Report 1911, 1921）。

彼らは「ヴェーダに帰れ」という復古主義を掲げつつも、実際にはヴェーダの内容を時代に合わせて選択的に取り上げ、イスラームやキリスト教に改宗した「不可触民」から西洋式の教育を受けた新興階層までさまざまな背景を持つ人びとを「ヒンドゥー」に参入可能とした。儀礼的には多神教、偶像崇拝、動物の供犠を排し、社会的には幼児婚の禁止、寡婦の再婚奨励、酒・肉食・賭けごとの忌避を訴え、そして行いによるヴァルナ決定やカーストの統合・改革を唱えた。また学校や孤児院の設立もビハール州各地で行われた。さらにアーリヤ・サマージが始めた牝牛保護運動は、後述するように大規模な宗教暴動を誘発する結果となった。ビハールのアーリヤ・サマージに特徴的なのは信徒のカースト構成である。連合州の信徒の多くが教育を受けた上位カーストなのに対し、ビハールの信徒の多くはヤーダヴ、クルミー、コイリー、そしてドゥサドなどの後進カーストや「不可触民」だった（Bihar Census Report 1911（1）, 1921（1）: 210-211, 128）。このことからアーリヤ・サマージの活動はビハール州の後進カーストの宗教意識を刺激し、自らのアイデンティティを問い直させるきっかけを与えたといえる。

### カースト運動

ビハールでは一九世紀末から諸カースト集団がカースト団体の設立によってアイデンティティの構築、集団の拡大、そして政治的発言力の強化を図るとともに、近代的教育の普及や上位カーストの社会的・宗教的実践を採りいれる「サンスクリット化」によって地位上昇を目指した。また自集団を古代インドのヴァルナに結び付ける傾向も強まり、多くのカースト集団がより上位のヴァルナ帰属を主張した。

こうしたなかでクシャトリヤと認識されていたブーミハールは最上位のバラモンとしての地位を主張し、一八八九年にブーミハール・バラモン協会を設立した。地主が指導的な地位を占めた同協会は、西洋的近代教育を奨励するとともに、国勢調査で記録されるカースト名を「ブーミハール・バラモン」とするよう要請するなど、親英的立場でその地位の確保を植民地政府に求めた。また彼らは自集団の歴史を編纂してブーミハールが歴史的にバラモンであったことを主張した（Tulika 1986: 58-61）。さらに協会内には、自分たちがバラモンであることを、家内祭祀（プローヒティ）を執り行うことで証明しようとするスワーミー・サハジャーナンドらの活動があった（Sahajanand 1950: 147-153）。

ヤーダヴ、コエリー、そしてクルミーといった後進農業カーストの地位上昇運動はやや遅れて始まり、一九一〇、二〇年代に最も活発になった。しかし運動の拡大は上位カーストの反発を招いてカースト間の衝突事件が多発した。一九二五年五月にムンゲール県で起きたラコチャク暴動はその最大のもので、ヤーダヴの集会をラージプートが襲撃するという数千人規模の衝突事件だった。またこうした対立は土地をめぐる問題に発展することもあった（小嶋 二〇〇五：一二〇―一二四）。

### 牝牛保護運動

諸カースト集団の地位上昇運動はバラモンを最上位とするカースト・ヒエラルキー内での上昇を志向したため、必然的にバラモンが持つ価値観が「ヒンドゥー」にとっての正統的規範として広く受容されることになった。諸集団にとってはこの規範を声高に叫ぶことで「ヒンドゥー教」の擁護者となることも重要な戦略であり、宗教的に神聖な牝牛の保護はそのために不可欠な活動となった。

一八八二年にアーリヤ・サマージによって設立された牝牛保護協会は、まもなくガンジス川中流域一帯の都市に広がった。当初これに尽力したのは巨大地主層、銀行家、商人、そして政府役人などだった。協会は都市部で五千～六千人規模の集会を開催し、各地に支部を作ってチュトキーと呼ばれる穀物の寄付を募った。チュトキーは換金され、屠殺される前の牝牛を購入して保護したり、ゴーシャーラーと呼ばれる牛の避難所を管理したりする費用に充てられた（Freitag 1980: 606-612）。

しかしパーンデーによれば、運動が連合州やビハールなどの東方へ広がるにつれ、その担い手は社会的地位のある者から半ば教育を受けた者や上位カーストの小規模地主に変化し、活動も暴力性を帯びるようになった。さらに社会的地位の低いヤーダヴ、クルミー、そしてコエリーも一定の役割を果たすようになった（Pandey 1990: 158-200）。

一九一七年九月に犠牲祭（バクル・イード）をきっかけにヒンドゥー・ムスリム間の宗教暴動が北インド各地で起きた。一八九三年にも同規模の暴動があったが、今回の場合は地位上昇をはかる諸集団の積極的参加がより顕著であり、S県ではその傾向が最も強かった。九月二八日の朝、ピロ近郊のイブラヒムプル村をヒンドゥーが襲撃・略奪した。これで両者間の妥協が崩れ、ムスリムたちは牝牛の供儀を始めた。すると九月三〇日の朝、二万五千人ものヒンドゥーたちがイブラヒムプル、ピロ、そして近隣の村々を襲撃・略奪した。警察の出動で一時沈静化したが、一〇月二日からは県全土で暴動と略奪が多発し、六日間無政府状態となった。「暴徒は多くの場合、象や馬に乗った小地主に指揮され、農村で影響力を持つ多くのヒンドゥー、すなわちバラモン、ラージプート、バブハン、カーヤースタを含んでいた」（*Report on the Administration of Bihar and Orissa 1917-18* iii-iv）。しかし襲撃を始めたのはイブラヒムプルの隣村のヤーダヴだったことを、パーンデーはよりローカルな史料に基づいて明らかにしている（Pandey 1990: 193-194）。

### 非協力運動

一九二〇年代以降のインドにおける民族運動の大衆化について、インド国民会議派の農村組織拡大やガーンディーの大衆動員にせよ、サバルタンの自律的な意識形成にせよ、従来の研究はナショナリズムの形成を前提としてきた。しかし少なくとも一九二〇年代のビハールにおける民族運動は、これまで述べた諸運動とフレームを共有するものと理解できる。

一九二〇年に会議派がガーンディー指導下に全国的な非協力運動を開始するが、ビハールの運動は盛り上がりに欠け、教育機関のボイコットさえも成功しなかった。翌年にようやくハルタール（一斉罷業）や法廷のボイコットが行われるようになる。*2 しかし、より大きな反響を得たのは禁酒運動であり、酒店に対するピケ、ボイコット、そして脅迫が各地で行われた。これに関連してガヤー県では「不可触民」とされるパーシたちがシュロ酒を製造しないことを決議した（Dutta 1957（1）: 374）。

S県では一九二〇年一一月にまずデュムラーオンで禁酒運動が始まって県全土に広まった。翌年二月には運動が組織的に展開されるようになり、ピロ、バルハラ、シャーハプル、デュムラーオン、そしてバルハンプルの各警察署管内の村々でも法廷のボイコットと村の自治組織であるパンチャーヤットを利用した刑事・民事法廷が始まった。またアラーやビクラムガンジ管内のコアトでは民族学校が開校した。州会議派幹部のラジェンドラ・プラサードやサハジャーナンドも各地で集会を開催している。さらに非協力運動後の一九二三年三月一八日にガーンディーが有罪判決を受けたことを記念する「ガーンディー・デー」では、南アフリカ帰りのアーリヤ・サマージ活動家のシュリー・バワニ・ダヤルが県内各地で演説を行った（Dutta 1957（1）: 308, 329-331, 445）。

非協力運動以後ビハール州の会議派組織は拡大し、一九三〇年までには州会議派委員会を頂点として各県の会議派委員会やそれ以下の支部も設立された。その指導層は主に社会的・経済的地位の高い者で占められ、その傾向は早くも一九一〇年の会議派アラーハーバード大会へ派遣されたビハール代表にも見られる。その三九人のカースト構成を見ると、バラモン五人、カーヤースタ九人、ブーミハール四人、ゴーアーラー四人、ムスリム五人、その他一二人となっていた。職業構成を見ると土地保有階層が二八人、弁護士などの法律家が一九人であった（重複あり）（Dutta 1957（1）: 526-531）。この構成は一九三〇年代以降も変わらず、彼らの多くは上位カーストでかつ小規模地主であるとともに、カースト団体の幹部として所属カーストの地位上昇運動を指導した経験を持っていた（Gosh 2008: 52-53）。

## 五　「キサーン」フレーム

### 不服従運動

一九三〇年一月に始まった不服従運動は、ガーンディーの指導による非協力運動に続く全国的な大衆運動である。このなかで会議派やガーンディーはその経済的立場・要求を明らかにしつつも、より多くの人びとを運動に取り込む努力をした。たとえば一九三一年の会議派カラーチー大会が採択した「基本的人権および経済改革」という決議は、小作人を対象とする地代の減免に言及した画期的なものだが、一方で小規模地主に対する救済措置を提案し、かつ地主制廃止には言及しないという、さまざまな階層への配慮が見られた。広大な農地が広がるビハールを含めたヒンドゥスターン平原において、こうした経済的スタンスの大衆運動に参加する人びとは結果的に自分たちを「インド人」というよりは、むしろ「キサーン（kisan 農民）」として認識するようになった。

ビハール州の不服従運動はガーンディーの「塩の行進」を受けた塩製造、治安維持を名目に課されるチョキダール税の不払い、「国旗」の掲揚、そして外国製布と酒のボイコットを中心に展開し、一九三〇年一一月半ばまでにインド中で最も多くの逮捕者（六三二三人）を出した。しかし運動のなかで人びとの強い共感を得たのは反大規模地主のプロパガンダだった。チャンパーラン県最大のベティアー地所では、「会議派の指導者たち」が公式な会議派の方針とは異なる地代の不払いを説いた。[*3] ガヤー県のティカーリーなどの大規模地所でも、在地の指導者が地代不払い運動を起こした。[*4] パトナー県のディナプルでは、地元の指導者が農民に対する圧制をやめるよう会議派や県当局を交えて地主と交渉した。しかしR・プラサードを含む州会議派指導部が同地を訪問することになると、地元の指導者は慌てて農民たちに手紡ぎ・手織りの服を着て来るように強く言い聞かせたように、会議派の公式のプログラムはしばしば農民の関心事ではなかった。[*5]

S県では一九三〇年二月に運動が始まり、イギリス製品、外国製布、そして麻薬のボイコットなどのプログラムがパンチャーヤットを通じて実施された。またサーサーラームでは県会議派委員会の議長になったバワニ・ダヤルがチョキダール税の不払い運動を指導した。しかしその一方で彼が小作人を組織する様子も報告されている。そして翌年に世界恐慌の影響によって物価が下がるなか、S県の多くの小作人にとっては地代とともに用水路使用料の高騰が問題となり、その減免を求めて州政府の灌漑局への陳情やハルタールを行った（Dutta 1957（2）: 65, 125-126, 169, 235-236, 239-244）。

### キサーン・サバー運動

一九三〇年代のビハールでは、キサーン・サバーという組織を通じて農民の組織化が進んだ。ビハール州キサーン・サバー（Bihar Prantiya Kisan Sabha：以下BPKS）は一九二〇年代後半にサハジャーナンドが設立した西パトナー・キサーン・サバーを起源とする。後者の組織は先述のブーミハールのカースト団体内で対立が起きた際、サハジャーナンドら非地主グループが設立したものだった。一九二九年のBPKS設立以来、ビハール州の会議派指導者の多くが関与していたため、不服従運動が始まるとBPKSは全面協力してその活動を休止した。

キサーン・サバー運動は不服従運動が終わった頃から一九三八年にかけてピークを迎えた。この時期BPKSの組織が飛躍的に拡大し、会議派の組織と並行する形で、県、郡、そして村落にまで達した。組合費を支払う正式なメンバーだけでも、一九三五年から一九三八年までの間に三倍以上になっている。キサーン・サバーの活動形態はカースト団体時代のそれをさまざまな点で継承していた。各地での大小さまざまな集会開催が主要な活動で、問題を政府に訴え何らかの救済策を期待する、もしくは地主からの妥協を引き出すことが戦術だった。サハジャーナンドは一九三三年から三五年にかけてビハール全土で三四六回の集会を開催したが、そのうちS県での集会は三九回だった（Sinha 1935: 1-10）。

政治的機会もこの時期に最も増大し、とくに会議派内の社会主義者である会議派社会党（Congress Socialist Party: 以下CSP）のメンバーが積極的にキサーン・サバー運動に関与した。またコミンテルンの「統一戦線」戦術によって、それまで別々に農民の動員を進めてきた共産主義者も運動に合流した。キサーン・サバーの「ナショナル・センター」として全インド農民組合（All India Kisan Sabha: 以下ＡＩＫＳ）が一九三六年に連合州のラクナウーで設立されたとき、会議派の大会も同じ場所で開催された。そして会議派議長だったネルーがそのＡＩＫＳ結成大会で演説したことに象徴されるように、キサーン・サバー運動は当時会議派と蜜月関係にあり、運動の制度化が進んだといえる。

キサーン・サバー運動が民族運動とともに成長できた大きな理由は、運動が強調した「キサーン」というアイデンティティにある。キサーン・サバーは「農業を第一義的な生業とする者」を「キサーン（農民）」と定義し、小規模地主から農業労働者までの緩やかな連帯と仮想敵としての大地主に対抗して諸要求を提起することを目指した。そしてこの「キサーン」の中心にいた多くの上位カーストに属する小規模地主は、不服従運動において積極的に活動した会議派地方支部の幹部でもあった。したがってこの時期のキサーン・サバー運動において「キサーン」内の階級対立は顕在化しなかった。

バカーシュト闘争

会議派は一九三七年に州政権を発足させたが、世界恐慌や一九三四年の大地震によるビハール農民の苦境は緩和されなかった。その結果運動の制度化が進む一方で、左翼政治家の強い関与を受けて運動が急進化する傾向も現れた。そして一九三〇年代末になると大規模地主との対決姿勢はさらに明確になり、小作人による地主の殺傷事件が急増した。*6

なかでもバカーシュト闘争はこの時期を画期とするものだった。当時多くの農民の保有地が地代の未払いなどを理由に地主の手に渡った。バカーシュト地と呼ばれるこれらの土地を農民が占拠・回復する、またはその土地の作物を奪取することがバカーシュト闘争であり、ガヤー県レーオラー、ムンゲール県バルヒヤー・タール、サーラン県のアムワーリーでの闘争が知られる（桑島 一九九二、サーンクリトヤーヤン 二〇〇〇）。S県ではバブアから二マイルのベターリーで、バカーシュト地をめぐる地主とクルミーの小作人との数年にわたる対立から地主が殺害された。一九三九年六月にサハジャーナンドがこの地で集会を開いてサッティヤーグラハ（非暴力的抵抗運動）の開始を訴えると、牛を強奪するなど双方の応酬があった。*7 また同年八月一三日にはサーサーラーム管内のダリガーオンでシェオプージャン・シンらの指導によって集会が開催された。そこでは地主が二五〇ビガーのバカーシュト地を明け渡さないならばサッティヤーグラハに訴え、地主の差配を社会的にボイコットする演説がなされた。*8 バカーシュト闘争の担い手も基本的に上位カーストや後進農業カーストの「キサーン」であった。しかしバカーシュト地をめぐる対立は小規模地主と小作人、小作人と刈り分け小作の間にも発生したことから、キサーン内部には徐々に亀裂が生まれた。

急進化のもう一つの特徴として、政治的機会を求める方向性の違いで運動組織の分裂が注目される。BPKS内では会議派州政権に幻滅した急進派グループとあくまでも会議派の枠組みのなかで運動を進めようとするCSPグループが対立し、CSPグループは別のキサーン・サバーを組織した。急進派は会議派以外の政治的機会を求め、当初はスバース・ボースの前衛ブロックへ接近する。しかし急進派指導者のサハジャーナンドがインド共産党（Communist Party of India: 以下CPI）へ傾倒したこと、および独ソ戦開始によって共産党が「反ファシズム人民戦争」と戦争の定義を変えたのを契機として、戦争非協力の前衛ブロックとも決別して共産党と共同歩調をとるようになった。

## 「インドを立ち去れ」運動

一九四二年八月八日の会議派運営委員会による「インドを立ち去れ（クウィット・インディア）」決議およびガー

ンディーによる「行動か死か」の発言後、植民地政府による会議派全国指導部の一斉逮捕とともに「インドを立ち去れ」運動が始まった。ビハール州会議派委員会の指導者は各地を巡り、会議派運営委員会が示した一二項目のプログラムに沿った内容で作り直された一六項目の指示を説いた。その内容はハルタール、学校や公職のボイコット、税の不払いなど非暴力に基づくものだったが、同時期に流布されたさまざまな出版物には、裁判所・警察署・郵便局の襲撃と鉄道線路・橋梁の破壊、電話・電信の切断、さらには小作人の地主に対する地代の不払いさえ指示するものがあった。こうして八月一〇日頃から始まったビハールの運動はほぼ全域で暴力的な展開を見せた。とくにビハール州西部は隣接する連合州東部とともに運動の中心地となり、そこでは植民地支配を象徴する施設やイギリス人が攻撃の対象とされ、鉄道・道路・船舶・電話・電信などあらゆる交通・通信手段が遮断された。政府は警察官を増員するとともに、軍隊の投入によって八月末にようやく事態を掌握したが、地下に潜った運動は翌年まで続いた。

S県では八月一四日にバブアの政府金庫、郵便局、警察署が数千人の武装したデモ隊に襲撃・焼き討ちされた。翌一五日にはブクサールの中央刑務所に遠方から二千人もの群衆が殺到して収監者の釈放を求める事件が起きた。さらに一六日にはデュムラーオン・ラージの警察署を「暴徒」が襲い、警察がこれに発砲して四人が死亡、一八人が負傷した。政府は八月二八日に道路事情の悪いS県内の警察署からの撤退を指示し、八月二〇日付で州内を走る一六の主要道路について軍以外の通行を禁止した（*Report on the Civil Disturbance: in Bihar*, 1942: 13-14）。

戦争協力を掲げる共産党系の農民指導者が公式にはこの運動に参加できない一方で、CSP系農民指導者はこの運動で中心的な役割を果たした。J・P・ナーラーヤン、ラームナンダン・ミシュラ、スーラジ・ナーラーヤン・シン、ラームマノーハル・ローヒヤーらは、逮捕と脱獄を繰り返しながら、地下に潜って各地の運動を支援した。とくに植民地政府が軍隊を動員した弾圧によって事態を掌握した後、「アーザード・ダスタ（解放団）」と呼ばれる組織のゲリラ活動がＣＳＰ系指導者の下で展開された。組織的な活動は主に軍の弾薬庫、政府金庫、鉄道関連施設などの攻撃・略奪であった。しかし同時期に増加した後進カーストの農民を担い手とするザミーンダールなどに対する強盗（ダコイト）行為にも、ある程度ＣＳＰの関与があったことが指摘されている（Damodaran 1992: 257-283）。

## 六　「社会主義」フレーム

### 土地改革法成立直前のバカーシュト闘争と社会主義政党の台頭

独立を間近に控えた一九四五〜四六年の中央・州議会選挙では、地主制の廃止を掲げた会議派が多くの支持を集めて勝利した。続いて独立後の一九四九年の会議派農業改革委員会報告は、第一に耕作者を搾取する中間介在者を排除して社会的正義を実現すること、第二に農業投資に消極的な不在・不耕作地主から土地を接収し、「経済的規模」の土地を耕作農民に与えることで生産性の向上をはかるという観点から国家主導の土地改革が必要だと結論づけた（Planning Commission 1958: 18）。

これを受けてビハール州議会でも土地改革法の審議が始まるが、法律制定前に小作人から土地を取り上げて保有の実態をなくそうとする地主と、それに抵抗する小作人の対立が激化した。小作人の闘争は土地の占拠や強引な収穫など、一九三〇年代後半のバカーシュト闘争と共通する点が多い。しかしその担い手には変化が見られ、後進カーストだけでなく「不可触民」が中心的な役割を担う争議も目立つようになった。たとえばサーラン県のソーンプル警察署管内のティカーリー・ラージの地所では、ドゥサド農民がバカーシュト地の権利を主張して作物を刈り取って持ち去る事件が起きた。*9 ムンゲール県では、ラキサライ警察署管内のアシュトガートで開かれた集会に八〇〇人のドゥサドが集まり、土地なし農業労働者層のカースト成員に政府所有地を分配することや、地主の土地取り上げから耕作者を保護することなどを要求する決議が採択されている。*10

そしてこの時期のバカーシュト闘争ではCSP系指導者の役割が顕著になった。ダルバンガー県やムザッファルプル県ではR・ミシュラ、スーラジ・N・シン、そしてカルプーリー・タークルらがバカーシュト闘争を指導した。かつてサハジャーナンドの右腕としてジャドゥナンダン・シャルマーが大きな影響力を持って運動を展開したガヤー県でさえ、その存在感は限定されたものになり、社会主義者の指導下に後進カーストを担い手とする闘争が展開した。S県では、バブア郡のラームガル管内マファアル村で地主を標的にした闘争が起きた。一九四六年六月二一日にマファアル村および近隣から四〇〇人のキサーンが集まり、二五日に「サッティヤーグラハ」と称して土地の占拠が行われた。この運動の指導者もCSP党員だった。*11 またS県では社会主義者と並んで急進民主党の活動も顕著だった。同党は地主制の廃止と、とくに貧農や土地なし層への土地分配を掲げた。*12 そのため同党が関わったバカーシュト闘争は、「不可触民」の農業労働者を担い手とするものが多かった。*13

CSP党員たちは、会議派の党規約の改正によって会議派内での活動が困難になると一九四八年に独立して社会党を結党した。会議派社会党時代に関与したAIKSが完全に共産党の指導下に入ったため、社会党はヒンド・キサーン・パンチャーヤットという農民組織を設立して対抗した。この組織は一九四九年一一月にラクナウーとパトナーの両都市で一〇万人の農民を動員して示威行動を行い、その組合員は五〇万人を超えた（Singh 1959: 96-102）。同時期にAIKS系の組合がビハール州で組合員数を激減させたことを考えれば、ビハールにおける農民組織の主導権は共産主義者から社会主義者に移ったといえる。

## 地主制廃止とその影響

一九五〇年にビハール州土地改革法が成立し、一九五二年には地主が起こした違憲訴訟に対して最高裁が合憲の判断を下した。これを受けて州政府は地代収入が五万ルピー以上の巨大地主を廃止する手続きに入った。これによって植民地期の農民運動が対象としてきたガヤーのティカーリー・ラージ、チャンパーランのハトゥワー・ラージやベティアー・ラージなど各県の巨大地主が解体・接収されていった。しかし一方で地主たちは、家族への土地分散、工場や慈善施設の設立、そして自家耕作地の確保などを通じて土地の移転を免れようとした。またベティアー・ラージの解体では、できるかぎり在地の人間に土地を付与する原則を無視し、長年その管理人でありかつ県会議派委員会の幹部だったB・B・ヴァルマーとその親戚、会議派政治家、さらにはサトウキビ農園を設立したいビルラーなどの資本家にも土地が渡り、大スキャンダルとなった（Das 1983: 223-225）。

S県でもまず年間地代収入額五万ルピー以上の巨大地主から接収が始まり、一九五二年にデュムラーオン・ラージを含む一四地所、五三年に四地所、五四年に一一五地所、五五年に七六六地所が対象となった。五六年にはすべての規模の地主やさまざまな中間介在者が対象となり、その数は七万人以上にのぼった。P・C・R・チョードリーによれば、民族運動、キサーン・サバー運動、「インドを立ち去れ」運動、そしてイギリスの撤退を経た後のこの地主制廃止によって、マハーラージャのような「貴族階層」を頂点とする農村社会のピラミッド構造の動揺が明確になったという。会議派は地主制の廃止とともに普通選挙の実施によって、すべての村々にこれまで縁遠かった政治を持ちこみ、その帰結は選挙区内で基盤を持つローカル政治家の台頭であった（Choudhury 1966: 198-202）。若くしてマハーラージャの地位を継いだデュムラーオン・ラージのカマール・シンは、独立直後の一九五二年および五七年の国会下院選挙で旧所領のブクサール選挙区から出馬して何とか議席を維持したが、一九六二年には会議派の候補者に議席を奪われた。

こうして巨大地主が排除される一方で、小規模地主やさまざまな形態の中間介在者は自耕作地としてその土地を維持した。人口の一定数を占めかつ多くが上位カーストに属する彼らは、かつて「キサーン」として巨大地主に対抗し、会議派とともに民族運動を闘ってきた。そして議会制民主主義が確立した今や、会議派の重要な票田となった。

社会主義運動の制度化

土地改革法成立前後の社会党の要求は、地税の減免、地主制の無償廃止、そして土地の再分配だったが、その実現のためには状況に応じて民主的手段と暴力的手段のどちらでも採りうるという立場だった。結果として同党は前者を選択し、その方針を大きく転換した。農村での活動は道路・用水路・堤防・井戸の建設プログラムなど、きわめて穏健なものとなった。またそれまでの選挙不参加を改め、一九五一~五二年の中央・州議会選挙に挑んだが惨敗した。これには組織の規模に見合わない多くの候補者を擁立したこと、小選挙区制が会議派に有利だったこと、農民労働者人民党（Kisan Mazdoor Praja Party：以下KMPP）などの他党との選挙協力に失敗したことが理由に挙げられる（Singh 1959: 104-167）。

一九五二年に社会党は同じく会議派から分かれて誕生したJ・B・クリパラニを中心とするKMPPと合併し、人民社会党（Praja Socialist Party：以下PSP）となった。マルクス主義政党とガーンディー主義政党との合併については社会党内に反対が多かった。しかし今や彼らは暴力革命を放棄しており、基幹産業の国有化などの点でKMPPと一致できた。新党内部で起きた対立はむしろ会議派との協力をめぐってだった。一九五三年二月にネルーとPSPの有力指導者J・P・ナーラーヤンが会談して以来、PSPは会議派との連携を模索し続けた。またトラヴァンコール・コーチン州では一九五四年にPSP政権が会議派の閣外協力の下に成立したが、州内のタミル語地域のマドラス州との合併および言語州創設を求めるデモに警官が発砲して死傷者を出す事件を起こした。J・P・ナーラーヤンと同じくCSP時代からの指導者だったラームマノーハル・ローヒヤーは、こうしたPSPの姿勢に強く反対して離党し、一九五五年に社会党を再結成した（Singh 1959: 168-216）。

一方J・P・ナーラーヤンは、次第にガーンディー主義のサルヴォーダヤ思想に傾倒した。彼は強制を伴う国家主導の社会主義（state socialism）よりも人びとの自発的な行為による人民の社会主義（people's socialism）の方が優れているとし、サルヴォーダヤ思想はまさにそれを実現するものと考えた（Narayan 1959: 38-39）。一九五五年にガヤーで開催されたPSPの年次大会で、彼は党籍を残しながらも政党政治からの引退を表明し、サルヴォーダヤ思想によるブーダーン運動（後述）が本当の社会革命をもたらすと述べた。この立場はJ・P・ナーラーヤンだけではなかった。同大会ではウッタル・プラデーシュ州代表のラージャー・ラーム・シャストリーが、ブーダーン運動は社会主義運動の同盟者だと発言し、また党としても運動の支持を採択した（PSP Report 1955）。

ヴィノーバ・バーヴェによって一九五一年にテランガーナで始められたブーダーン運動は、地主が過度に保有している土地を自発的に譲渡させ、それを土地なし層に分配することを目的とした。バーヴェはその後ビハールに入り、三二〇万エーカーの土地を集めることを目標に運動を推進した。ビハール・ブーダーン計画法（一九五四）という立法措置の後押しを受け、ブーダーン計画委員会は早くも一九五四年に目標の六割に当たる二一〇万エーカーの土地を集めたと発表した。しかしその土地には多くの森林や係争地、荒蕪地、ときには川床の土地さえも含まれていた。しかも一九六六年三月までに実際に分配された土地は三〇万エーカー程度と計画の一割に過ぎなかった（Das 1983: 202-207）。

S県でも一九五二年九月にバーヴェが訪問してから運動が始まり、県内すべての郡および警察署管内で活動が広がった。一九六三年までに「不可触民」九八一人とアーディヴァーシー（少数先住民族）二八人を含む三六六九人の土地なし層に土地が分配されたが、その規模は接収された二〇万エーカー近い土地のわずか一万二千エーカーあまりに過ぎなかった（Choudhury 1966: 7565）。

「社会主義」の変化

一九五四年にローヒヤーが再結成した社会党は当初どの政党とも連携せず、党勢は伸び悩んだ。そこでローヒヤーが打ち出した新しい方向性は、第一にカースト制の廃止、大衆言語の使用、そして価格統制などの個別の問題に特化した活動であり、第二に会議派と対峙するためにイデオロギーを超えた他党との協力だった（Limaye 1988: 79-85）。

ローヒヤーは、多くの社会主義者が経済的平等を追求すれば結果的にカーストの不平等は解消されると考えていることを批判し、経済的不平等とカーストに由来する不平等は不可分の関係にあると主張した。彼はまたカーストの社会改革も重視し、異カースト間・異ヴァルナ間の婚姻を推奨した。しかし「不可触民」を「シュードラ」と呼ぶなど、他の後進カーストとの間にある不平等に関しては認識が弱かった（Lohia 1964: 79-105）。

ローヒヤーの社会党が一九六四年にＰＳＰと再合併して結成された統一社会党（Samyukta Socialist Party：以下ＳＳＰ）は、会議派と対決し、共産主義者との差別化を図りながらの社会主義建設を模索した。そのためにさまざまな政党との選挙協力をすることで議会から会議派を排除する「非会議派主義（Non-Congressism）」の立場をとった。イデオロギー的な一致が難しい際には、「価格固定戦線」や「カースト制度および英語廃止戦線」など特定の問題に限って統一戦線を組む方法もとられた。さらに大衆行動を重視する同党は、サッティヤーグラハなどを通じた直接行動も戦術として多用した（Tyagi 1994: 85-101）。

一九六七年の総選挙でＳＳＰは国会下院で二三議席を獲得し、州議会でも軒並み議席を伸ばした。なかでもビハールおよびウッタル・プラデーシュ両州で成立した非会議派の政権において、SSPは中心的役割を担った。S県ではもともと社会主義諸政党が比較的高い得票を維持していたが、SSPの成立によって一九六七年の選挙では社会主義政党への票の取りまとめに成功した。その結果これまで一度も議席を獲得したことがなかった選挙区でも勝利し、SSPは北部を中心に県内二二の議席中七議席を獲得した。

一九五〇年代以降、S県の社会主義者たちは、上位カーストの抑圧に抵抗する運動を展開した。タラーリー・ブロックのダリチャン・シンは、自分の出身村であるカラート村のラージプート地主がチャマール女性をレイプしたことに対する法廷闘争を展開した。同ブロックのオルシ村では「アヒールのガーンディー」と呼ばれたラーム・エクバルが、社会的慣行を打破して娼婦の地位向上を目指す活動を行った。またピロ・ブロックのチャウライ村では、同村出身でコエリーのカムラーカント・ヴェルマの指導下に、水流が少量かつ不安定なことを理由に、小作人による用水路利用料の不払い運動が一九五四年から一九六三年まで続いた。さらにアラーでは、ヤーダヴのラマサカル・シンが小麦生産者を組織化し、利益を独占する製粉工場主に対する闘争を行った。

しかし社会主義政党が政権を担うまでに党勢を拡大する一方で、その「社会主義」は曖昧になり、次第に貧農や土地なし層の経済問題や「不可触民」層の尊厳といった問題を取り上げなくなった。一九六〇年代半ばまでに上位カースト地主層は、社会主義政党をヤーダヴ・クルミー・コイリーの中層農民の政党と見なすようになった。ちなみに一九六七年の州議会選挙で当選した七人中四人はヤーダヴだった（Mukherjee and Yadav 1980: 36-38）。

### 急進的運動の登場

一九五〇年代に社会主義者の活動がS県内で活発になる一方で、共産主義者も一九五三年にCPIの支部を立ち上げた。党員の多くは教育を受けた上位カースト層であり、たとえばサッティヤ・ナーラーヤン・シンはラージプートであり、パンディット・ムクティナート・シンはバラモンだった。彼らも社会主義者とともに県北部の用水路使用料値上げ問題を取り上げて運動を展開した。後にナクサライト運動発祥の地となるサハール・ブロックのエクワリ村ではラームナレーシュ・ドゥサドとマハラージ・マハトがＣＰＩの活動家として知られた。また一九六二年の州議会選挙以来ナワナガル選挙区は五回連続でＣＰＩが議席を確保していた。

一九六四年のＣＰＩの分裂に際して、Ｓ県でもケショ・プラサード・シン、ディルジャ・タークル、そしてサティヤ・Ｎ・シンら主だった指導者がＣＰＩを離脱した。そして彼らは一九六六年に賃金引き上げを求める最初の農業労働者の闘争を指導した。しかし早くも一九六〇年代末には西ベンガルのインド共産党（マルクス主義）内の反主流派に共感するサティヤ・Ｎ・シンらは、Ｓ県北部の村々に入り、作物の奪取など「ナクサライト」と後に呼ばれるようになる活動を開始した。そしてサハール・ブロックのエクワリ村出身で学校の教員だったジャグディッシュ・マハトをはじめとする草の根の活動家らもこの戦列に加わり、地主による農業労働者、後進カースト、そしてダリトの抑圧に反対するデモや集会、さらに一九七〇年代前半には暴力を使った反地主闘争が展開することになった（Mukherjee and Yadav 1980: 38-42）（なお、ナクサライト運動については本書第六章を参照のこと）。

## 七　おわりに

本章では一九世紀後半から二〇世紀後半までのおよそ一〇〇年間にわたるビハール地方のシャハーバード県における農民運動を、フレームとサイクルという概念を使って分析した。一九二〇年代までの運動は、ヒンドゥー教の改革、カーストの地位上昇、宗教的シンボルの保護など目的はさまざまである。しかしそれらの運動は不可分の関係にあり、宗教的・社会的実践を見直して「我々」を再定義し、「他者」よりも広範かつ強力な集団を形成しようとするフレームを共有していた。一九二〇年代の非協力運動も、このフレームを継承する形で禁酒運動が展開されたからこそ、ビハール州やS県でもある程度の成功を収めたといえる。

一九三〇年代前半に展開した不服従運動は、植民地支配による民族的な矛盾に焦点を当て、インド社会内の差異を強調することを避けながら、農村に住む多くの人びとを「キサーン」として動員することに成功した。その結果、不服従運動後に再開され、かつてない盛り上がりを見せたキサーン・サバー運動もフレームを共有し、小規模地主・ライーヤト・小作人・農業労働者、または上位カースト・後進カースト・不可触民が同じ「キサーン」として結集し、植民地政府やそれに協力する大規模地主に対峙した。つまり農民が農民としての主張を行う狭義の農民運動が展開したといえる。しかし一九三〇年代末以降、「キサーン」内部に亀裂が生まれた。地主と小作人、小作人と刈り分け小作など、それぞれの間の権力関係や経済的格差を是正しようとする動きがバカーシュト闘争のなかで顕在化した。そして土地改革によってある程度の恩恵を受けた上位カースト層は「キサーン」から脱落し、狭義の農民運動は終わりを告げた。

一方ビハールではクウィット・インディア運動を経て社会主義者の影響力が強化され、一九四〇年代末のバカーシュト闘争は生産手段の公有や土地の再分配という「社会主義」フレーム中に位置づけられていた。その担い手も後進カーストや「不可触民」が中心となった。しかし土地改革法が成立した一九五〇年代前半に社会主義政党が暴力を放棄して議会選挙に参加するようになると、他党との選挙協力・合併、会議派や共産党との対抗関係のなかで、その「社会主義」は曖昧なものになった。ローヒヤーは経済的格差がカーストと不可分の関係にあり、カーストに基づく留保制度に賛成していたが、それはあくまでも上位カーストとの関係でのことだった。結果的に社会主義者は後進カースト農民と「不可触民」の農民との差異を見過ごし、その意味でナクサライト運動を促したともいえる。

こうしてビハール地方S県の社会運動は一〇〇年間に「宗教・社会改革」・「キサーン」・「社会主義」というフレームの変化を経験したが、この変化は運動のサイクルとの関係で理解することができる。同時期に展開する諸社会運動はそれぞれ個別の課題・要求を持っているが、その担い手は複数の運動にまたがっていることが多い。個々の運動がさらに成長するためには、課題や要求を単純かつ普遍的なものにしてより多くの人びとの賛同を得る、または政治的機会を利用することになる。この過程で複数の運動に関わる担い手を中心に、諸運動を架橋するフレームが洗練された形で顕在化してくるのではないだろうか。また結果的にフレームを共有して同時並行的に展開する運動は、共鳴することでさらに活発な展開を見せることもある。

しかし運動が制度化していく過程で、個々の運動がもともと掲げていた課題や要求のなかには捨象されていくものがある。これに不満を感じる人びとは、フレームを打ち破って運動を急進化させていく。急進化した運動のなかには、単にもともと掲げていた課題に逆戻りするのではなく、これまでとは異なる次元で新たな課題や要求を実現しようとする動きを示すものもある。ブーミハールのカースト運動のなかで認識された「ザミーンダールとキサーン」という矛盾、キサーン・サバー運動のなかで認識された「地主・小作・農業労働者」という矛盾、そして社会主義運動のなかで認識された「後進カーストと『不可触民』」という矛盾がこれに当てはまる。そしてこれらの異なる次元での矛盾の認識が次の運動のサイクルの始まりとなり、新たなフレームの形成につながっていくのではないだろうか。

注

＊1 Progs 214-34, May 1863, Judicial, West Bengal State Archives.

＊2 Extract from Hon. Mr. Mcpherson's note dated the 5-7-21, No. 69/ 1921, Political Department, Special Section（PS）,

Bihar State Archives（BSA）, Patna.

＊3　A report by Dheccaha Tahsildar, L. N. Singh, 7 Aug. 1931, attached to Memo 4131, 13 Aug. 1931, 34/1931, PS, BSA.

＊4　Report by L. N. Singh, 9 Aug. 1931, attached to Memo 4131, 34/1931, PS, BSA.

＊5　Extract of the confidential diary of SP, Patna, Memo 2361-R, 13 Oct. 1931; Supplementary weekly confidential diary of the SP, Patna, 17 Nov. 1931, 34/1931, PS, BSA.

＊6　From W. A. Goodbole, Commissioner of Patna Division, to Russell, D. O. 164/C, 159/1938, PS, BSA.

＊7　D. O. No. 813/C Confidential Report for the fortnight ending the 11th June 1939, D. O. No. 873/C Confidential Rport for the fortnight ending the 23rd June 1939, D. O. No. 959/C Confidential Report for the fortnight ending the 11th July 1939, Collector's House, Arrah, Freedom Movement Papers in Bihar（FMPB）No. 18, BSA.

＊8　Weekly confidential diary of the Deputy Superintendent of Police Ssaram for the week ending 20. 8. 1939, No. 17, FMPB, BSA.

＊9　Report of the Subdivisional Officer, Sadar, Chapra, Saran, dated 19. 1. 1948, No. 6（III）/ 1947, PS, BSA.

＊10　No. 6（I）/1947, PS, BSA.

＊11　Extract copy of letter no. 910/C dated 23. 6. 1946 and D. O. No. 924/C, dated 26/27 June 1946, from R. W. Radford, Collector, Shahabad, to E. C. Lee, Commissioner of Patna Division, No. 336/1947, PS, BSA.

＊12　Bakasht Lands Dispute in Babhua Subdivision（Shahabad Dist.）, a report by Radical Democratic Party, No. 336/1947, PS, BSA.

＊13　Memo No. 7774, Shahabad S. R. Case No. 134/135/1946 Report III dated 27. 7. 46; Memo No. 7626, Shahabad S. R. Case No. 134/135/1946 Report II dated 17. 7. 46, Bihar Special Branch, CID, Patna, 334/1947, PS, BSA.

## 参考文献

（未刊行史料：公文書）

Freedom Movement Papers in Bihar, Bihar State Archives, Patna, 1937-47.

Proceedings of Judicial Department, Government of Bengal, West Bengal State Archives, Kolkata, 1857-1912.
Special Section, Political Department, Government of Bihar (and Orissa), BSA, 1912-47.

（刊行史料：政府出版物）

Choudhury, Pranab Chandra Roy. *Bihar District Gazetteers: Shahabad*. by, Patna: Superintendent Secretariat Press, 1966.

*Census of India 1911, Vol. I, India, Part I, Report*, by E. A. Gait, Calcutta: Govt. Printing. 1913.

*Census of India 1911, Vol. V, Bengal, Bihar and Orissa and Sikkim, Part I, Report*, by L. S. S. O'Malley, Calcutta, Govt. Printing, 1913.

*Census of India 1921, Vol. I, India, Part I, Report*, by J. T. Marten, Calcutta: Govt. Printing. 1923.

*Census of India 1921, Vol. VII, Bihar and Orissa, Part I. Report*, by P. C. Tallents, Patna: Govt. Printing, 1923.

Hubback, J. A. 1928. *Final Report on the Survey and Settlement Operations in the District of Shahabad, 1907-1916*. Patna: Govt. Printing.

O'Malley, L. S. S. 1906. *Bengal District Gazetteers, Shahabad*. Calcutta: the Bengal Secretariat Book Depot.

Planning Commission, Government of India ［1958］, *Reports of the Committees of the Panel on Land Reforms*.

*Report on the Administration of Bihar and Orissa 1917-18*, Patna: Government Printing, 1920.

*Report of the Civil Disturbances in Bihar, 1942*, Patna: Superintendent, Govt. Printing, 1944.

（刊行史料：その他）

桑島昭　一九九二「レーオラー村の農民と農民指導者――インド・ビハール州農民運動とジャドゥナンダン・シャルマー」勝藤猛編『世界史上における人と物の移動・定着をめぐる綜合的研究』大阪外国語大学、四七―七三頁。

小嶋常喜　二〇〇五「コロニアル言説の受容と内面化の過程――植民地期インドにおける『カースト』の構築と『農民運動』の形成」西川正雄・青木美智男監修『近代社会の諸相――個・地域・国家』ゆまに書房、二四七―二七五頁。

サーンクリトヤーヤン、ラーフル　二〇〇〇「アムワーリーの戦線」桑島昭訳、『アジア太平洋論叢』一〇、一―一七頁。

Damodaran Vinita 1992. *Broken Promises: Popular Protest, Indian Nationalism and the Congress Party in Bihar, 1935-1946*. Delhi: Oxford University Press.

Das, Arvind 1983. *Agrarian Unrest and Socio-economic Change, 1900-1980*. Delhi: Manohar.

Dutta, K. K. 1957. *History of the Freedom Movement in Bihar*. 3vols. Patna: Government of Bihar.

Freitag, Sandria B. 1980. Sacred Symbol as Mobilizaing Ideology: The North Indian Search for a "Hindu" Community. *Comparative Studies in Society and History* 22-4: 597-625.

Gosh, Papiya 2008. *The Civil Disobedience Movement in Bihar* (*1930-1934*). Delhi: Manak.

Gough, Kathleen 1974. Peasant Uprisings in India. *EPW* Special number, Aug.: 1391-1412.

Hardiman, David 1994. *Peasant Resistance in India, 1858-1914*. Delhi: OUP.

Jaffrelot, Cristophe 2003. *India's Silent Revolution: The Rise of the Low Castes in North Indian Politics*. Delhi: Permanent Black.

Jannuzi, F. Tomasson 1974. *Agrarian Crisis in India: The Case of Bihar*. Austin: University of Texas Press.

Koopmans, R. 1995. *Democracy from Below: New Social Movement and the Political System in West Germany*. Boulder: Westview Press.

Lakhanpal, P. L. 1946. *History of the Congress Socialist Party*. Lahore: National.

Limaye, Madhu 1988. *Birth of Non-Congressism: 1947-1975*. Delhi: B. R. Publishing.

Lohia, Rammanohar 1964. *The Caste System*. Hyderabad: Navahind.

Mukherjee, Kalyan and Rajendra Singh Yadav 1980. *Bhojpur: Naxalism in the Plains of Bihar*. Delhi: Radhakrishna Prakashan.

Narayan, Jayaprakash 1959. *From Socialism to Sarvodaya*. Wardha: Akhil Bharat Sarva Seva Sangh Prakashan.

Pandey, Gyanendra 1990. *The Construction of Communalism in Colonial North India*. Delhi: OUP.

Pandey, Shreedhar Narayan 1975. *Education and Social Change in Bihar* (*1900-1921*). Varanasi: Motilal Banarasidas.

*Report of the second national conference of the Praja Socialist Party: held at Gaya* (*Bihar*) *Dicember 26-30, 1955*, reported and compiled by Somprakash Shaida, Prem Bhasin, R. P. Parasuram, Delhi: Delhi Press.

Sahajanand Sraswati, Swami 1947. *Kisan Sabha ke Sansmaran*. Allahabad: New Literature.

Sarkar, Sumit 1983. *'Popular Movements' and 'Middle Class' Leadership in Late Colonial India: Perspectives and Problems of a 'History from Below'* (Sakharam Ganesh Deuskar lectures on Indian history). Calcutta: CSSS.

Singh, Hari Kishore 1959. *A History of The Praja Socialist Party*. Lucknow: Narendra Prakashan.

Sinha, Awadhesh Prasad 1935. *Bihar Prantiya Kisan Sabha ki Report, November 1929 se November 1935 tak.*

Snow D. A. and R. D. Benford 1992. Master Frames and Cycles of Protest. In A. Morris and M. Carol (eds.), *Frontiers of Social Movement Theory*. pp.133-155. New Heaven: Yale University Press.

Tarrow, Sidney 1993. Cycles of Collective Action: Between Moments of Madness and the Repertoire of Contention. *Social Science History* 17 (2): 281-307.

Tarrow, Sidney 1998. *Power in Movement: Social Movements, Collective Action and Politics* (2nd ed.). New York: Cambridge University Press.

Tulika, Amrita 1986. An Intellectual Biographical Sketch of a Peasant Leader, Swami Sahajanand Saraswati, 1889-1950. M. Phil Dissertation, Jawaharlal Nehru University.

Tyagi, K. G. 1994. *Party and Politics in India: A Study of Samyukta Socialist Party*. Delhi: Ajanta Books.

Yang, Anand 1998. *Bazar India: Market, Society, and the Colonial State in Bihar*. Berkley: University of California Press.

# 第二章　「不可触民」のジレンマ

## 非バラモン運動における包摂と排除

志賀美和子

### 一　存続する「不可触民」差別

#### 「カースト問題」はなくなったか

現代インドにおいては、カーストはもはや「問題」ではないという議論がある。この議論はもちろん、カースト（ジャーティ）が消滅したと主張しているわけではない。内婚集団としてのカーストは、厳然として機能している。また、カースト単位で政党を結成する傾向は、いっそう強まっている。一方、各カーストのヴァルナ帰属は意識されなくなり、上下関係も都市部を中心に曖昧化している。このような傾向を捉えて、カーストは利益集団化し、縦のつながりから横のつながりへと水平化していると議論されているのである（Kothari 1994）。[*1]

しかし、この議論はある意味で危険を孕む。なぜなら、「不可触民」が直面してきた諸問題と、それを解決するための彼ら・彼女らの苦闘を看過することになるためである。「不可触民」は、「不浄」な存在[*2]としてカースト秩序の最下層におかれ、バラモンや政治経済上の支配カーストを中心とするカースト・ヒンドゥー（「不可触民」以外の諸カーストの総称）による激しい差別の対象となってきた。この「不浄」概念で規定される「不可触民」とカースト・ヒンドゥーの区別は、今日もなお、厳然として残っている。たとえば「不可触民」は、いまだに公共の井戸を使用できず、ヒンドゥー寺院に入場できないなどの差別を受けている。つまり、バラモンによるバラモン以外の諸カーストへの差別や、カースト序列をめぐる争いなどのカースト問題は解消したとしても、「不可触民」にとっては、カースト問題は不可触制に基づく差別という形で存在するのである。[*3] 宗教上の差別は経済上の不利益も生じさせる。「不可触民」は、経済的に有利な職に就くことがきわめて困難であるため、その多数が貧困層に属している。識字率や平均寿命もインド全体の平均値より低い（Ilaiah 2003）（「不可触民」問題については、本書第五章・第八章も参照のこと）。

### 運動が創造するアイデンティティ

タミル・ナードゥ州は、「不可触民」差別問題の中心地の一つである。同州において「不可触民」問題が未だ存在するという事実は、意外と思われるかもしれない。なぜなら同州は、一九世紀末にまで遡る非バラモン運動揺籃の地であり、それだけに、この地域ではカースト制度を支えるバラモン的価値観が徹底的に批判されてきたと一般に認識されているためである。

非バラモン運動とは、後述するように、バラモン以外の全コミュニティ、すなわち「非バラモン」が団結して、バラモンの政治社会的優位性に対抗する運動である。二〇世紀初頭に始まったこの運動が勢いを増すにつれ、「不可触民」は、「非バラモン」の一部として行動するか、それともあくまでも「不可触民」として独立した運動を展開するかという問題に直面した。人は、自己の不満や困難の源泉が自己の置かれた環境や立場にあると自覚すると、その立場を共有すると想定される人びとと共闘するべく、彼ら・彼女らを包摂する新たなアイデンティティを創造しようとする。非バラモン運動の思想が流布するにつれて、抑圧されてきたさまざまなカーストは、バラモン的価値観こそが己を「不浄」で「不可触」な存在に貶めてきたと認識するようになった。その結果、それまで個別のカースト成員としての認識しかなかった被抑圧民たちは、被抑圧諸カーストを包摂する「不可触民」という（語義上はネガティブで差別的であれ）アイデンティティを構築するにいたった。

しかし、このような立場の改善あるいは社会構造変革を求めて運動を開始した際に生じたのが、包摂と排除の問題である。「不可触民」というアイデンティティを構築した人びとにとって、非バラモン運動が提唱する「非バラモン」という概念は、運動の幅を広げる戦略的アイデンティティとして魅力的であった。なぜなら非バラモン運動は、バラモンが「不可触民」を含む非バラモンを抑圧してきたとカースト差別を糾弾する点において、「不可触民」の不満をも汲むものであったためである。しかしその一方で、同運動は、「非バラモン」という範疇に包摂される諸集団間の差別構造を必ずしも問題視しない点において、「不可触民」差別の根本的解決に直結するものではなかった。

現在タミル・ナードゥ州では、非バラモン運動の系譜に連なる二政党が交互に政権を担っている。その一方で、「不可触民」によるさまざまな活動が近年いっそうさかんになり、独自政党を結成する動きも観察される。非バラモン運動系二大政党制の下で、「不可触民」はいかなる問題に直面してきたのか。そして彼らは、いかなるアイデンティティを構築し、いかなる行動をとってきたのであろうか。「不可触民」内部のカーストの相違や言語、地域の枠を超えた、「ダリト」という包摂的アイデンティティに基づく連帯は成功しうるのか。本章は、これらの問題を、タミル・ナードゥの非バラモン運動と「不可触民」運動の相関関係の歴史を手がかりに考察する。

## 二　「非バラモン」アイデンティティの創造と「不可触民」

### 初期非バラモン運動の功罪

非バラモン運動[*4]の誕生には、南インド特有の歴史的背景がある。長年イスラーム政権の影響下にあった北インドと異なり、南インドでは、ヒンドゥー王権のもとでバラモンが政治経済的にも優勢を誇ってきた。彼らは、イギリス植民地支配下に入った後もいち早く環境の変化に順応し、西欧的教育を受け英語力を身につけて、植民地政府の行政職や専門職のインド人枠をほぼ独占した。しかし一九世紀末になると、有力商人カーストや有力農民カーストの一部が経済力を伸ばし、その経済力にふさわしい政治社会的地位を得られないことに不満を抱くようになった（Arooran 1980: 37; Hardgrave 1965: 11）。植民地支配体制下で政治的地位を高めるためには、バラモンのように植民地政府の行政職や専門職に就くしかない。そのためには英語教育が不可欠である。そこで、一九〇九年にマドラス非バラモン協会が結成されたのを皮切りに、次々と教育団体が設立され、非バラモン諸カースト出身の子弟の教育レベル向上が図られた（*Madras Mail*, 1 May 1909）。一四年にはマドラスに学生寮ドラヴィダ・ハウスが設立され、カースト規制のために下宿先確保に苦労していた非バラモン学生に住居を提供した。

これらの活動の特徴は、「非バラモン」あるいは「ドラヴィダ人」という戦略的アイデンティティが創造されたことにある。地位向上運動の多くがカースト単位であるのに対し、この活動は、カーストの枠を超え、バラモン以外の諸コミュニティが「非バラモン／ドラヴィダ人」というアイデンティティの下に一体となって発展を目指す姿勢をとったのである。「非バラモン／ドラヴィダ人」アイデンティティは、一九世紀後半に始まる文化現象に理論的基盤を有する。宣教師R・コールドウェルは、北インドのアーリヤ系言語とは異なる諸言語が南インドに分布していると指摘し、これをドラヴィダ語族と命名した。また、植民地官僚H・H・リズリは、南インドの住民の肌色が北インドの人びとに比べて黒いことに着目し、人種分布と言語分布は一致すると主張した。さらにこれをカースト制度と結び付け、「白色人種アーリヤ人」と「黒色人種ドラヴィダ人」の混血の度合いによってカーストの上下が決定されたというカースト制度誕生論を唱えた（Inden 1990: 56-65）。

南インドの非バラモンは、このカースト制度誕生論を応用し、アーリヤ人がインドへ侵入してその地にいたドラヴィダ人を南部に追いやり、バラモンを頂点とするカースト秩序を整備して支配を強化した、という理論を提唱した。そしてこの理論を根拠に、バラモンでないことはドラヴィダ人の証であり、恥ではなくむしろ誇るべきだと主張した。このような主張は、各カーストがバラモンなど上位カーストの慣習を模倣することによってその宗教的社会的地位を上昇させようとする傾向があったことを想起すれば、きわめて特異であった。

この特異な姿勢を支えた基盤は、「古代ドラヴィダ文明」への誇りである。ちょうどその頃、紀元初頭にまで遡るタミル古典文学が再発見された[*5]。これを機に、北のサンスクリット文学やヒンドゥー教文化とは異なる独自の文化が南インドに存在したということが、南インドの人びとに実感されるようになっていた。これが、「非バラモン」という、戦略的ではあるが「バラモンでない」というネガティブなアイデンティティを支えたのである。

非バラモン運動は、当初は教育普及を主眼とする非政治的なものであったが、第一次世界大戦期に展開された自治要求運動を契機に、政治運動へと転換する。イギリス本国政府は、戦争へのインドの人的物的貢献に対する代償として、州政府の一部権限をインド人に委譲すべく、州立法参事会に選挙制を導入することを検討すると発表した。非バラモンは、この制度改革は実質的にバラモンへの権力委譲につながると危機感を抱いた。なぜなら、選挙が実施されれば、マドラス州でほぼ唯一の政治団体であるインド国民会議派（以下、会議派）の勝利が予測され、その会議派のマドラス州支部幹部はバラモンで占められていたためである。そこで非バラモンは正義党[*6]を結成し、選挙を通じた政治権力獲得を目指した。ただし、正面から会議派と闘っては不利と判断し、人口比に応じて議席を非バラモン専用に留保するよう、イギリス政府への陳情活動を展開した。その甲斐あって、一九一九年インド統治法は、マドラス州のみ立法参事会議席の一部を非バラモン専用議席として留保した。二〇年に実施された選挙で州政権を勝ち取った正義党は、行政職における非バラモンへの留保制度を導入した。[*7]

しかし正義党は、政治権力を手にすると、宗教社会改革の分野では保守化した。それを象徴するのが、同党が起草したヒンドゥー寄進法案(二二年起草、州参事会での討議修正を経て二五年に成立・施行)をめぐる一連の論争である。同法の趣旨は、寺院資産の管理をめぐるバラモンと非バラモン管財人の対立を背景に、州政府が寺院資産運用を監督する体制を整備することにあった。しかし、正義党がバラモン批判やカースト差別批判など急進的発言をしてきたために、法案の真の意図は、寺院監督組織に「不可触民」を参加させ、寺院を彼らに開放することにあるのではないかと懸念する声が上がった。正義党はこれを受けて、法案に「宗教の領域には政府は干渉しない」という条項を追加した。これは、宗教的伝統の尊重・保護の名の下に、政府主導の宗教社会改革を事実上禁止するものであり、「不可触民」の地位改善には不利に作用することになった(志賀 一九九八)。

### 「ドラヴィダ人」か「不可触民」か――ダーサルとシュリーニヴァーサンの対立

非バラモン上層の有力カーストが経済力を強化し政治意識を高めていたころ、「不可触民」の一部も、植民地期の経済社会変動を利用して相対的自立性を獲得しつつあった。一九世紀後半から海峡植民地への出稼ぎの機会が生じると、インド洋に面するマドラス州の「不可触民」がその機会を捉えた。帰国後は出稼ぎで得た賃金を元手に隷属的農業労働者から小作農や自営農民になる者が、少数ながら出現した。新しい雇用機会とインド外の土地での経験も、次第に「不可触民」の精神的・社会的自立を促進した(Geetha and Rajadurai 1998: 82)。

「不可触民」のなかには、宗教社会的地位の向上を目指して、「不浄」と見なされる飲酒慣習を禁止し、伝統的サーヴィスの提供を拒否するカーストも現れた。椰子酒作りを伝統的職業とするシャーナールの一部が、これらの戦略を通じて母集団から分離し、ナーダルを名乗って地位を向上させたのが典型例である。なおこれは、カースト単位で行われ、かつカースト・ヒンドゥーとの同化を志向するもので、「不可触民」の団結や不可触制の弾劾を伴うものではなかった。

この傾向に一石を投じようとしたのが、パライヤ（「不可触民」の一カースト）出身のアヨーディ・ダーサルである。一八八六年、彼は「不可触民はヒンドゥーではない」と宣言する。カースト制度誕生論に刺激されていた彼は、この理論をさらにアレンジし、「不可触民」は先住のドラヴィダ人の仏教徒であったが、アーリヤ人侵入後も信仰を捨てなかったためにヒンドゥー教的秩序の外／最下層に貶められた、と訴えた。したがって「不可触民」は、カースト・ヒンドゥーへの同化ではなく「ドラヴィダ人」としてのアイデンティティに誇りを持ち、ヒンドゥー化以前のドラヴィダ人の伝統、すなわち仏教に回帰しなくてはならないと説いたのである。九一年にドラヴィダ大衆協会を創立したのに続き、九八年には南インド仏教徒協会を開始し、自説の宣伝に努めた[*8]。

ただしダーサルは、固定的で排他的なアイデンティティを構築しようとしたわけではない。彼は、生まれで決定されるカーストを信じない人だけが真の「ドラヴィダ人」であると定義し、カーストに拘泥する人を「カースト主義ドラヴィダ人」あるいは「居住ドラヴィダ人」として、真の「ドラヴィダ人」とは区別した。換言すれば、カーストを否定しヒンドゥー化以前の平等なドラヴィダ文化に回帰しようとする人物は、すべて「ドラヴィダ人」になる。その上で彼は、カースト・ヒンドゥー側に真の「ドラヴィダ人」になるよう、つまり「不可触民」差別を止めるよう呼びかけた。つまり彼の戦略は、動員の幅を広げる柔軟な包摂的アイデンティティの創造にあったといえる。

ダーサルとは対照的な活動方針を有した人物が、レッタマライ・シュリーニヴァーサンである。彼は、動員対象を「不可触民」に限定することによって「不可触民」固有の問題を解決しようとした。ダーサル同様パライヤ出身の彼は、「パライヤ、すなわち不可触民であるという認識・自覚を忌避すべきでない」と明言し、「仏教に改宗したダーサルにはパライヤを代表する資格はない」と批判した。彼は、ダーサルに対抗して「パライヤ大衆協会」を設立し、機関紙『パライヤン』を発行するなど、「不可触民」を前面に押し出した上で差別の廃止を目指して活動を展開した。[*9] しかし、肝心の「不可触民」の広範な支持を獲得するにはいたらず、二〇世紀初頭には表舞台から消えていった（Aloysius 2010; Geetha and Rajadurai 1998: 97-113）。

一方、ダーサルの活動は、その基本思想において非バラモン運動との共通項が多かったために、支持基盤の拡大には有利に働く可能性があった。しかし、非バラモン運動が勢いを増すにつれてその影響下に取り込まれ、主体性と独自性を失う運命を辿った。初期非バラモン運動は、既述のように正義党の政権獲得後は宗教社会改革的性格を喪失したために、「不可触民」の不満は高まっていった。

## 三　非バラモン運動の急進化とその影響

### 自尊運動の衝撃

「不可触民」を含む下層カーストの正義党に対する不満を汲んで、急進的な非バラモン運動を開始したのが、E・V・ラーマスワーミ・ナーイカル（尊称ペリヤール、以下ペリヤール）である。彼は、正義党が政治にかまけて宗教社会改革を蔑ろにしていると批判し、非バラモン／ドラヴィダ人社会内部の平等実現を目標に掲げた。彼がとくに問題視したのは「不可触民」差別であった。[*10] カースト制度を廃止するためには不可触制を放棄することが不可欠であり、かつ不可触制が放棄されればカーストも消滅すると考えたためである。

彼の名を一挙に高めたのは、「不可触民」の権利実現を求めたヴァイッカム寺院闘争である。トラヴァンコール藩王国の一都市ヴァイッカムでは、「不可触民」は寺院境内に入ることはおろか、寺院周囲の道路を通行することさえ許されていなかった。ペリヤールは、当地における「不可触民」への激しい差別的慣行に抗議して、[*11]一九二四年、道路の使用許可を求める運動を展開した。[*12]その結果、藩王の決断により、寺院前の道路がカーストの区別なく開放されることになった。この運動成果を機に、ペリヤールは「ヴァイッカムの英雄」として広く知られるようになった。

ヴァイッカム闘争は同時に、会議派指導部の保守性を露呈した。闘争中に、ペリヤールがヒンドゥー教の「悪弊」を批判すると、会議派幹部の多くは、ヒンドゥー教が攻撃され危機に瀕していると過剰反応した。事態を重く受け止め調停に乗り出したガーンディーも、ペリヤールに対して批判的であった。ペリヤールは、このような会議派指導部の姿勢に失望し、会議派を脱退した。そして、正義党が権力を掌握したあと蔑ろにしていたカースト差別問題に取り組むべく、一九二五年に独自の宗教社会改革運動を開始した。彼は、バラモンの慣習を模倣せず、ドラヴィダ人の子孫であることの証である非バラモン・アイデンティティに自尊心を抱くべきだと訴え、自らの運動を自尊運動と名づけた。

初期の自尊運動は、「迷信」や「悪習」を正当化する根拠とされてきたヒンドゥー法典類を批判し、それらをバラモンが都合よく解釈していると攻撃した。ペリヤールは、カーストごとに遵守すべき慣習が定められ、しかもそれに宗教的理由が与えられていることがカースト差別廃止の障害になっていると考えた。[*13]とくに「不可触民」がバラモン的価値観に基づき「不浄」とされるがゆえに寺院や井戸の使用を禁じられていることは、カースト差別を助長する悪弊の最たるものであり、断固廃止するべきだと主張した。[*14]

このように、自尊運動は、正義党に比べれば急進的な性向を示したものの、初期段階ではカースト制度の廃止までは唱えていなかった。しかし、カースト差別への批判を強めるほど、カースト制度自体とそれを正当化している思想体系、すなわちヒンドゥー教への疑念が生じることは避けられなかった。運動は、ほどなくヒンドゥー教そのものを攻撃の射程に入れるようになった（Nathan 1929: 110）。カーストが存在するかぎり他人を思いやる社会は実現しないとして、カースト制度の廃止を訴え、さらにはヒンドゥー教自体を利己的で排他的な宗教として断罪したのである。三〇年イーロードで開催されたマドラス州自尊大会は、カースト制度廃止の具体的手段として、カースト・シンボル使用禁止、[15] 異カースト間結婚の奨励、公共施設および寺院の使用の自由、不可触制の廃止を決定した。[16] これらの手段は、非バラモンにカースト制度を根絶するための実践を促した点で画期的であった。すなわち、正義党に代表される従来の非バラモン運動が、カースト差別の責任をバラモンに押し付けて、バラモン攻撃に集中してきたのに対し、自尊運動は、非バラモン側にも反省と認識の変化を求めたのである。[17]

しかし、さまざまな慣習が「悪習」「迷信」という烙印を押され、ヒンドゥー教そのものさえ否定されるようになると、それまで自尊運動に一定の理解を示してきた非バラモンのなかにも反感を抱く者が現れた。二九年以降、自尊運動に対抗するさまざまな組織が形成されたが、その多くは守旧的な性格のものであった。[18] ただしその一方で、ヒンドゥー社会の持つ矛盾や弊害を冷静に観察して、改革の必要性を認識し、菜食厳守などの一定条件を満たせば「不可触民」にも寺院入場を許可すると宣言する団体[19]も誕生した。これらの動きはいずれも、自尊運動が社会に与えたインパクトの大きさを示しているといえよう。

「後進諸階級」と「被抑圧諸階級」――M・C・ラージャの政治活動

自尊運動は、カースト制度とそれを正当化するヒンドゥー教を批判し、無意識のうちにバラモン主義的社会秩序を内面化している非バラモンにも自己省察とカースト差別撤廃に向けての実践を促した点で、「不可触民」差別廃絶への途をも拓くものであった。しかし、かつて州立法参事会選挙に参入して革新性を失った正義党を反面教師として、自尊運動は宗教社会改革に専心するべく議会政治に参加しなかったため、[20]「不可触民」の不満が政治的に表明されるチャンネルが限定されてしまった。したがって、「不可触民」が自らの利害を政治の場で主張するためには、自尊運動組織以外の団体に参加するか、無所属で選挙戦を戦わざるをえなかった。このような状況下で、「不可触民」代表として政治活動を展開した人物が、パライヤ出身のM・C・ラージャである。彼は、正義党創設メンバーの一人であり、二〇年に正義党員としてマドラス州立法参事会に当選したが、正義党の保守化に失望して二三年に離党した。しかし自尊運動にも参加せず、あくまでも「不可触民」を代表する議員として、「不可触民」固有の被差別問題を政治の場で告発する道を選択した。

　ラージャの政治活動の功績の一つが、「被抑圧諸階級」というカテゴリーを設定し、マドラス州政府に「不可触民」を公的保護の対象として認定させたことである。彼は、教育優遇対象として設定されていた下層カースト全般を包含する「後進諸階級」というカテゴリーから「不可触民」を「被抑圧諸階級」として分離区別し、後者をとくに保護するよう要求した。「不浄」な存在としてカースト・ヒンドゥーから差別され抑圧されてきた「不可触民」には特別の配慮が必要であるとして、不可触制問題の特殊性を主張したのである。その結果、二五年マドラス州政府は、後進諸階級リストを分割し、「被抑圧諸階級」リストと「被抑圧階級以外の諸階級」リストを作成した（Radhakrishnan 1990: 517, 520）。

　二〇年代末から三〇年代前半にかけて、一九一九年インド統治法の改正がインド政治の焦点になると、ラージャは会議派と交渉し、会議派を支持する条件として、「不可触民」に議席を留保することを承認させた。無所属の一議員に過ぎないラージャがマドラス州会議派と交渉することができた背景には、次に述べるように、自尊運動に代表される非バラモン運動が社会的に影響力を強め、会議派が危機感に煽られるという現実があったのである。

### 会議派の対抗と非バラモン運動のタミル化

非バラモン運動の興隆は、マドラス州会議派にとっては「インド民族」統合の危機と映った。そこで同州会議派は、一九三五年インド統治法で従来の州立法参事会に加えて設置された州立法議会に議員を送り、正規の政治的チャンネルを活用して非バラモン運動に対抗することを目指した。三七年選挙に勝利して州政権を掌握した会議派は、非バラモン運動を意識して二つの政策を実行した。第一は、不可触制廃止を目的とする一連の法律の導入である。その意図するところは、「不可触民」差別反対の姿勢を示すことによって、非バラモン運動のヒンドゥー教批判に対抗しつつ、「不可触民」の支持を会議派に引き寄せることにあった。しかし、「インド民族」統一の前提条件としてのヒンドゥー・コミュニティ統合こそが主眼であったことから、一連の法律は、カースト・ヒンドゥーの反感をかわないよう、中途半端で妥協的な内容に終始した。たとえば、一九三七年マラバール寺院開放法は、「不可触民」にヒンドゥー寺院を開放するべく導入された法律であるが、実際の内容は、その名が想起させるものとはかけ離れていた。同法は、「不可触民」に寺院を開放したいという申請がカースト・ヒンドゥーの参拝者から行政機関に提出された場合、その是非を寺院ごとにカースト・ヒンドゥーによる住民投票で決定すると規定していた。換言すれば、「不可触民」には「不可触民」の利害を主張する機会も権利もないと宣言するに等しい内容であった（志賀 二〇〇一）。

第二は、ヒンディー語を「インド民族」共通のコミュニケーション手段、すなわち「国語」にするべく、公立学校でのヒンディー語学習を必修化するという政策である。ヒンディー語はアーリヤ語族の一言語であったために、ペリヤールはアーリヤ文化の侵略からタミル語とドラヴィダ文化を擁護しようと訴えた。自尊運動の急進性に反発してきた正義党も、運動の焦点がタミル語擁護に変わったのを契機にペリヤールとの共闘に踏み切り、反ヒンディー語闘争に関連して投獄されていた彼を党首に選出した。正義党党首となったペリヤールは、四四年に党名をドラヴィダ連盟へと変更した。

会議派のヒンディー語必修化政策への反対運動を通じて、非バラモン運動は、マドラス州のなかでもタミル語圏に支持基盤を確立することに成功した。[*21] しかし同時に、タミル語とタミル文化の擁護に運動の力点を移したために、宗教社会改革上の急進性は後退した。北インドのアーリヤ文化への抵抗とドラヴィダ人（実質的にはタミル人）の団結が叫ばれるなか、「不可触民」が固有の問題の解決を訴える機会は失われていった。このような状況は、独立達成後にも継承されることになる。

## 四　非バラモン運動の主流化と「不可触民」の苦悩

### 二大政党制の確立

現在タミル・ナードゥ州[*22]では、ドラヴィダ連盟から派生したドラヴィダ進歩連盟[*23]（以下ＤＭＫ）と全インド・アンナー・ドラヴィダ進歩連盟[*24]（以下ＡＩＡＤＭＫ）が勢力を確立している。その意味で非バラモン運動は主流化したといってよい。四七年のインド独立後しばらくは、会議派州政権が続いていた。中央の連邦政府でも政権をとっていた会議派は、六〇年代にヒンディー語を唯一の連邦公用語とする姿勢を示した。[*25] これに対してＤＭＫが激しい反対運動を展開し、六七年州議会選挙で会議派から政権を奪取した。以後今日にいたるまで、ＤＭＫとＡＩＡＤＭＫが交互に政権を担う二大政党制が続いている。[*26]

非バラモン運動の主流化は、「不可触民」にとっては肯定的にも否定的にも作用してきた。肯定的作用は、「不可触民」を含む「後進諸階級」への積極的格差是正措置が他州に比べて早期に実施され、かつ充実していることである。一九二〇年代に正義党によって非バラモンを対象とする留保制が導入されていたマドラス州では、独立後も非バラモンを対象とする各種の優遇措置が維持された。これに対し、マドラス高等裁判所は、法の前の平等を謳う憲法の精神に違反するとの司法見解を示した。しかしペリヤールらが激しい抗議運動を展開した結果、五一年に第一次憲法改正が行われ、政府が社会的教育的後進階級、指定カーストおよび指定トライブのために特別措置を講ずることが可能になった（Viswanathan 2007; 孝忠・浅野 二〇〇六：二四）。これを受けて、タミル・ナードゥ州においては、DMKとAIADMKの両党が競うように指定カーストとその他の後進諸階級に対する教育優遇・公職留保枠を拡充してきた。

しかしまさにそのことが、皮肉にも「不可触民」に否定的作用を及ぼした。タミル語・タミル文化が称揚され「均質で平等なタミル社会」という言説が流布する過程で、タミル社会内部の差別問題に関する議論は公的な場から排除され、不可触制問題が周縁化・不可視化されてしまったのである。

「不可触民」を魅了するヒンドゥー・ナショナリズム

非バラモン運動系二大政党制の下、「不可触民」の間に次第に不満が蓄積されていった。非バラモン運動のイデオロギーがバラモン的価値観への異議申し立てという側面を持つにもかかわらず、「不可触民」に対する社会的差別が止まないことが、彼らの不満を助長させた。加えて、留保制度を利用して経済的地位を向上させる「不可触民」が少数ながらも現れたことで、カースト・ヒンドゥーの間に焦燥感と妬みが広がり、「不可触民」への暴力が増加するという悪循環も生じた。

「不可触民」に暴力を振るう主体は、カースト・ヒンドゥーのなかでは下位で「不可触民」のすぐ上に位置するテーヴァルやヴァンニヤルであった。五七年ラームナード県で、「不可触民」のリーダー的存在であった一青年が殺害された。これを契機に起こった暴動は瞬く間に周辺村落に広まり、「不可触民」とテーヴァルの相互襲撃で八〇名以上の犠牲者を出したが、そのうち約七〇名は「不可触民」で占められた。六八年には、タンジャーヴール県ヴェンマニ村において、カースト・ヒンドゥーの地主に対し「不可触民」農業労働者が賃上げを要求したために、女性や子どもを含む四四名の「不可触民」が焼き殺された。七八年南アルコット県ヴィッルプーラムで、「不可触民」と商店主の些細な口論を契機にヴァンニヤルが「不可触民」居住区を襲撃し、一二名を殺害した（Athreya and Chandra 2000; Thirumaavalavan 2003）。

これらの事件は、大規模だったために報道され明るみになったのであって、「不可触民」に対する日常的な差別や暴力は無数に存在した（Viswanathan 2005）。表沙汰になったとしても、カースト・ヒンドゥーの容疑者は、証拠不十分として無罪となる事例が多かった。八一年にティンネヴェッリ県ミーナークシプーラム村で「不可触民」がイスラームに集団改宗するという「事件」が起きたが、この改宗には、差別から脱却したいという希求に加えて、不可視化された差別状況を告発する意味が込められていたと思われる。

「不可触民」は次第に、留保制度だけでは満たされえない欲求、すなわち自己の尊厳、存在の意義を確認したいという欲求を強めていった。留保制度の恩恵に浴する者は一部に限られ、「不可触民」全体の地位向上には直結しなかった。また、留保制度を活用し苦労の末に大学を卒業しても、学歴相応の職を得られる者はごく少数で、「不可触民」であるがゆえの差別も変わらなかった。[*27] 農村の閉塞的な社会関係とカースト慣習から逃れるべく都市に流入した「不可触民」は、そこでもまた、職業や居住の面で差別を受けた。九一年の経済開放後、格差の存在が当然視され、平等実現という社会主義的ビジョンが後退したことは、「不可触民」に心理的打撃を与えた。こうして「不可触民」は、自身の尊厳や社会における存在意義を確立したいという欲求を強めていったのである。

写真2-1　ガネーシャ祭最終日の様子
（1999年9月19日、筆者撮影）

ヒンドゥー・ナショナリストの活動は、タミル・ナードゥ州においては「不可触民」の不満と欲求に付け入る形で潜行的に展開されてきた。ヒンドゥー・ナショナリスト諸団体は、「不可触民」が集住する都市部スラムに拠点を置き、子ども向けの無償学級や成人向け夜間学校の運営、災害救援などの活動を展開している。これらの活動は、カースト・ヒンドゥーが「不可触民」をヒンドゥーの対等な一部として包摂するような印象を与える行為を伴う。「不可触民」との共食はその典型である。そのため「不可触民」のなかには、「ヒンドゥー」という肯定的アイデンティティを獲得できると解釈し、積極的にヒンドゥー・ナショナリスト団体に参加する者も現れた。

　しかし、ヒンドゥー・ナショナリストの真意は、ヒンドゥーというカテゴリーに包摂される人員を増やすことにより、ムスリムやキリスト教徒などの「よそ者集団」に対抗することにある。この意図を端的に示しているのが、ガネーシャ祭に関連する一連の活動である。ガネーシャ祭は、もともと家庭内祭祀であったが、八〇年代にタミル・ナードゥで活動を活発化させたヒンドゥー・ナショナリストが、派手な行進を伴う公共祭祀へと変貌させた（Ilangovan 2014）。ヒンドゥー・ナショナリストは、スラムの「不可触民」住人に祭の運営資金を提供したり、スラム各地区に巨大なガネーシャ像を寄贈したりする。一見無害な平和的活動であるが、祭最終日に各地区から回収したガネーシャ神像を牛車やトラックに載せて意図的にモスクの前を行進し、「不可触民」たちにあらかじめ無料学校で暗記させた反イスラーム的スローガンを叫ばせて、宗派対立を扇動している（Anandhi 1995: 38-39）。写真２‐１は、九九年チェンナイ市内のガネーシャ祭最終日の行進で見られたガネーシャ像の一つであるが、同年五月カールギルでのインド・パキスタン間紛争をジオラマで表現し、パキスタン兵（ムスリムを暗示）に勇敢に戦いを挑むインド兵（ヒンドゥーを暗示）を加護するガネーシャ神といった趣で、宗派対立を煽る意図は明白である。

「不可触民」は、徐々にヒンドゥー・ナショナリズムの限界を自覚し始めた。ヒンドゥー・ナショナリストが「不可触民」をヒンドゥー・コミュニティに包摂しようとするのは、ヒンドゥー人口の減少を阻止したいという数の論理が強く働いている。スラムにおける活動も、無料学校やヨガ教室などは開催するものの、水や電力へのアクセス、衛生環境の改善など、福利厚生に直接寄与するものはない。また、彼らの態度は家父長的であり、「不可触民」を指導し動員するという上からの視線に貫かれている。たとえ「不可触民」がヒンドゥー・ナショナリスト団体に所属しても、幹部クラスに昇進することはほとんどないという。[*28] それゆえ「不可触民」は、ヒンドゥー・ナショナリズムのなかには不可触制を根本的に解決するようなプログラムはないと認識し始めたのである（Thirumaavalavan 2004; Anandhi 1995: 44-46）。

## 五　「不可触民」の新たな動き

### 「原ドラヴィダ人」から「ダリト」へ――団結への志向

九〇年代半ば頃から「不可触民」の間に新しい動向が生じた。まず「不可触民」は、八〇年代と異なり、差別行為や暴力に対して反撃し、事件が闇に葬られることがないよう声を発するようになった（Viswanathan 2007: xxix）。この変化は「不可触民」に関連する記事の増加に端的に表れている。[*29]

「不可触民」の活動は、いまだ個別の事件や差別行為に対するコミュニティ単位での対処療法的性格が見られるものの、カーストの枠を超え地域をも横断する「不可触民」の集団行動への兆候を示しつつある。たとえば、九七年にマドゥライ県メーラヴァラヴ村で「不可触民」七名が虐殺された事件に対して[*30]、州全土で「不可触民」自身による激しい抗議活動が展開され、合同抗議集会やデモが実施された。さらに、この虐殺事件の風化を防止すべく、毎年事件発生日に他州でも記念抗議集会が実施され、多数の「不可触民」参加者を集めている（Thirumaavalavan 2003: 23-32）。

「不可触民」のみならず、ムスリムやキリスト教徒など宗教マイノリティとの連携が実現した点で特筆に価するのが、二〇〇二年制定の強制改宗禁止法への抗議運動である。同法は、当時タミル・ナードゥ州政権を担っていたＡＩＡＤＭＫが起草施行したもので、強制あるいは便宜供与（食物提供、教育行為などを含む）による集団改宗を禁止し、違反者には五万ルピー以下の罰金と三年以下の禁固刑を科すと規定した。さらに改宗対象が「不可触民」や女性、未成年者の場合は、一〇万ルピー以下の罰金および四年以下の禁固刑を科すとしていた[*31]。この罰則条項が示すように、同法では、「不可触民」の改宗は基本的に自律的行為ではないことが前提になっている。また、「不可触民」は未成年者と同様に保護監督対象であり、自立した個人ではないと宣言しているも同然であった。「不可触民」は、同法を自分たちの信仰の自由への侵害と解釈し、さまざまな抗議活動を展開した。各地でキリスト教徒やムスリムとの合同集会が開催された。共同の抗議活動計画が企画され、抗議デモ、集団断食、宗教系教育機関の一斉休校などが実行に移された（*The Hindu*, 11 Oct. 2002）。

そもそも、「不可触民」による集団改宗は、単なる差別からの解放や逃避にとどまらず、抗議運動としての積極的かつ多様な意味を持っていた。第一に、改宗理由を公に宣言することにより差別行為を告発することができた。たとえば、寺院都市カーンチープーラム近郊のコーディラムバッカム村で、「不可触民」全五八世帯が、「自分たちを不可触民扱いするような神など信仰できない」として居住区内の寺を閉鎖し、「入獄する覚悟でイスラームに改宗する」と宣言した（*The Hindu*, 13 Oct. 2002）。非バラモン運動系二大政党制の下で差別の実態がかえって周縁化されてきたタミル・ナードゥ州では、改宗はヒンドゥー・ナショナリズムのみならず、非バラモン運動の伝統に対する挑戦でもあったといえよう。第二に、改宗宣言は、社会経済的利益を獲得する手段でもあった。コーディラムバッカム村では、九三年以降改宗する意思をちらつかせて、公定価格小売店の設置、貯水タンクの整備、「不可触民」居住区にいたる道路の舗装などの要求を実現してきた（*The Hindu*, 13 Oct. 2002）。改宗の「脅し」は、ヒンドゥー・ナショナリストが台頭し、イスラームやキリスト教への対抗手段として「不可触民」を包摂しヒンドゥーの団結強化を図ってきた状況を逆手にとった巧みな戦略とも解釈できよう。

なお、「不可触民」指導者の一人でパライヤ出身のR・ティルマーヴァラヴァンは、差別からの解放の手段としての改宗の有効性には否定的で、社会的抑圧とは正面から闘うべきだという立場をとっていた（*The Hindu*, 13 Oct. 2002）。その彼が強制改宗禁止法に抗議してとった手段が、「宗教名」から「世俗名」への改名運動である。たとえば彼は、自分の名前に「ラーマ神（Ramaswami）」が含まれているため、「トルハーッピヤム」というタミル古典の著者名へと名前を変更することによって、ヒンドゥー教を拒否する決意表明をしたのである（Thirumaavalavan 2003: 164）。多くの「不可触民」が彼に賛同し、州政府に申請して正式に「世俗名」に改名した（*Tamil Nadu State Gazette*, December 2002）。

カーストや地域を超えた「不可触民」連携の兆候は、B・R・アンベードカルのシンボル化にも現れている。従来タミル・ナードゥ州では、「不可触民」解放運動のシンボルといえばペリヤールを意味した。アンベードカルは独立インドの憲法起草委員長、法務大臣を務めたとはいえ、その影響力は出身カーストであるマハール（現マハーラーシュトラ州を中心に分布）にほぼ限定され、タミル・ナードゥ州で象徴的意味を持つことはなかった。

写真2-2　エグモア駅入口脇のアンベードカル記念碑（2013年3月25日、筆者撮影）

しかし近年、アンベードカルは崇拝対象となり、彼の誕生日、命日、仏教改宗日に、州内各地で記念式典が開催されている。都市部や村落にアンベードカルの銅像が急増し、壁には肖像画が描かれるようになった（写真2-2）。タミル・ナードゥ州都チェンナイに、アンベードカルの名を冠する地区、道路名が急増したのは、このような「不可触民」の傾向を州政権が敏感に感じ取った結果といえよう。[*32]

アンベードカルのシンボル化に平行して、「抑圧された者」を含意する「ダリト」という用語が、タミル・ナードゥの「不可触民」に使用されるようになってきた。同時に、非バラモン運動の伝統の下で「不可触民」が被抑圧カーストを包摂するアイデンティティとして採用してきた「アーディ・ドラヴィダ（原ドラヴィダ人）」という呼称は、放棄される傾向にある。そもそも「ダリト」という用語は、鈴木が本書第八章の冒頭で説明しているように、マハーラーシュトラ州を中心に一九六〇年代から活況を呈した「不可触民」をテーマとする文学作品群（ダリト文学）の出版と、同州で七〇年代から八〇年代に興隆したダリト・パンサー運動を通じて、人口に膾炙するようになった。「抑圧された人びと」という原義が示すように、元来は「不可触民」に限定されず、労働者や農民、女性など、より包摂的なカテゴリーであった。しかし今日、メディアや学術書では、差別用語の「不可触民」や行政用語の「指定カースト」の代わりに「ダリト」を使用するのが一般的になっている。

独自の運動を展開してきたタミル・ナードゥの「不可触民」が、ドラヴィダの地の外に起源を持つ用語を敢えて使用するようになりつつあることは、二つの可能性を秘めている。第一は、今やインドに限らず世界的に流布している「ダリト」を使用することにより、自分たちの運動への注目度・重要性を高める可能性である。第二は、実質的にタミル・ナードゥ州域内に限定されてきた活動範囲を拡大し、「抑圧された者」という抵抗的アイデンティティに基づく、カーストや地域の枠を超えた連携を実現する可能性である。これらの可能性を示唆する新しい動向を、次に見ていこう。

### グローバル化する「ダリト」運動

近年「ダリト」の運動は、人権をキーワードにグローバル化する傾向を見せている。この十数年の間に、「不可触民」は、宗教マイノリティや少数民族、女性とともに、人権の実現を共通目標とするグローバルな運動を展開するようになっている。その典型が、九八年チェンナイで創設されたタミル・ナードゥ・ダリト女性運動（ＴＮＤＷＭ）と、八八年に結成され東京に本部をおく反差別国際運動（ＩＭＡＤＲ）の連携である。ＴＮＤＷＭはさらに、国際ダリト連帯ネットワーク（ＩＤＳＮ）のメンバーになり、活動の場を広げている。

しかし、人権をキーワードとする国際連携は、運動の包摂範囲を拡大させ、差別問題の国際社会における可視化と認知、影響力の強化を可能にする一方で、「不浄」概念で正当化されてきた差別実態を周縁化する結果をも招いている。そのため、最近では「不可触民」の一部が「ダリト」「カースト制」というキーワードを逆にグローバル化し、国際社会の注意を喚起する戦略を採用していることは注目に値する。

たとえば、ＩＤＳＮのウェブサイトは、「カースト制は、特定の宗教や地域に限定されないグローバルな現象である」[*33]とした上で、「カースト制」が存在する地域あるいは国として、南アジア諸国の他に、セネガル、ブルキナファソ、マリ、カメルーン、モーリタニア、シエラレオネ、ナイジェリア、ケニア、エチオピア、ソマリア、イエメン、そして日本を挙げる。[*34] ＩＤＳＮによると、「カースト制」とは、生まれによって権利と義務を不平等に配分する階層制度であり、上層カーストは最大限の権利と最小限の義務を割り当てられ、下層カーストは最大限の義務を強制されながら最小限の権利も与えられない。そしてダリトとは、この「カースト制」の影響を受けた「不可触民」あるいは指定カーストと呼ばれるコミュニティ、および類似のコミュニティを指すと説明される。[*35]

ここまでの説明に関する限り、ＩＤＳＮが定義する「カースト制」とは、普遍的な差別的階層構造である。しかし同時に、「カーストは、不可触制および不浄という信条を有する点で、人種や生まれにもとづく差別とは異なる」と指摘し、「単なる人権問題とは別個の、特殊な対策を必要とする」[*36]と訴えている。つまりＩＤＳＮは、現代の「カースト問題」とは「不浄」概念に基づく「不可触民」差別を意味し、他の一般的差別問題（カースト・ヒンドゥー内部の上下関係も含む）とは明確に区別されるべき深刻な問題であることを、インド国内外に顕示しようとしているのである。

## 六　おわりに——「不可触民」内部の声

近年、タミル・ナードゥ州の「不可触民」は、「不浄」概念に基づく差別体験を共有する、すなわち労働者や農民を除外した狭義の「ダリト」の連携を模索しているように見える。つまり、不可触制を前面に出すことによって、差別経験を共有できる連帯を実現し、単なる経済的後進性に還元されえない宗教社会的差別という固有問題の根本的解決を図ろうとしている。[*37]

しかし、狭義の「ダリト」連帯といえども、その実現への道は平坦ではない。まず地域を横断する連携となると、意思疎通の手段、すなわち言語の壁と地域主義が立ちはだかる。とくにタミル・ナードゥでは、非バラモン運動の影響が色濃く残り、タミル人意識とその文化への愛着が強いことが「不可触民」の意識にも影響を与えており、他言語圏出身者とともに活動することを阻害している。たとえば、八〇年代にマハーラーシュトラ州で始まったダリト・パンサー運動は、タミル・ナードゥ州にも広がり、マドゥライに支部が設立されたものの、この支部はすぐに自律的な活動を開始した。現在は、ティルマーヴァラヴァンの指導下で、完全に独立した政党組織（解放パンサー党、ＶＣＫ）になっており、その影響力も活動範囲もタミル・ナードゥ州に限定されている。また、北部インドにおいて成長著しい多数者社会党（ＢＳＰ）は、「不可触民」を主な支持基盤とする全国政党であるが、タミル・ナードゥでは、その積極的活動にもかかわらず、まったく支持を獲得していない。

最後に、狭義の「ダリト」つまり「不可触民」の団結が実現したとしても懸念される問題を二点指摘しておこう。第一は、「不可触民」内部の差別構造が看過されることである。「不可触民」内部にも諸カースト間の差別は存在する。しかし、タミル・ナードゥ州において「不可触民」運動の中心的役割を担ってきたのはパライヤであり、彼らは「不可触民」諸カーストのなかでは人口比率[*38]も地位も高いがゆえに、その他の「不可触民」に配慮する姿勢が希薄であるように見える。その結果、「不可触民」のなかでも最下層に位置する清掃カーストのアルンダーティヤルが、指定カースト留保枠内に専用特別枠を設置することや、労働環境の改善（屎尿処理の水洗化）などを求めて、独自の運動を展開するようになっている（*The Hindu*, 13 June 2007, 26 February 2010）。そして決して忘れてはならないのは、「不可触民」女性に対する「不可触民」男性による抑圧、差別の構造である。かつて非バラモン運動は、カースト差別とそれを正当化するバラモン主義を糾弾する急進性を有しながら、「非バラモン」の団結を謳い「平等なタミル社会」言説を流布させる過程で、内部の差別構造を周縁化していった。それと同様に、「ダリト」というアイデンティティの下で団結を追求する過程で、「不可触民」女性がジェンダー差別を問題化することや、「不可触民」の下層カーストが「不可触民」上層カーストによる抑圧実態を告発することが阻害される可能性は否定できない。

第二は、社会経済的地位の上昇を果たした「不可触民」が、「不可触民」アイデンティティを脱却して、たとえば「市民」や「インド人」に包摂されることを望んでも、周囲がそれを許さないという状況である。彼ら・彼女らは、いかに社会経済的に成功しようとも、「ダリトの作家」「ダリトの医者」というように「ダリト出身の何々」と見なされる。同時に「不可触民」も、成功者たちに「不可触民」を代弁して権利獲得のために闘うことを要求し、それを当然視する傾向が見られる。[*39] つまり「不可触民」は、いかなる立場にあろうとも、「不可触民」以外になることがきわめて困難なのである。

今後の「不可触民」運動は、「不可触民」内部のさまざまな声を黙殺することなく自由な発話を許容する柔軟性と、ときにはそのアイデンティティからの脱却を容認する「寛容性」が求められるようになるであろう。

追記

本章は『専修大学人文科学研究所月報』二六七号（二〇一三年）に掲載した論考を改稿したものである。

注

＊1　歴史人類学者の田辺も、フィールド調査に基づき同様の結論を導き出している。彼は、現代におけるカーストの意義と役割を観察して、「低カースト民たちの多くは、差別には強く対抗しながらも、カーストによる区別自体は、自らの固有のアイデンティティの基盤としただけでなく、多元的な諸集団がより平等な政治参加権を確保するために現状で必要とされる政治的枠組みであると捉えているようだ」とする。そして低カーストが、他集団と平等に政治参加する権利を主張するために、伝統的なカースト分業・分配体制を正当化してきた「義務」や「奉仕」という言葉を読み替えて使用するようになっ

ていると主張する（田辺 二〇一〇：四七六―四七九）。

＊2　文化人類学者の関根は「不浄」と「ケガレ」を区別する必要を説く。さらに「ケガレ」には、肯定的・受容的態度から導き出される意味と、否定的・排除的態度から生み出される意味があると指摘する。ケガレは、他界（死など）との境界に位置し、他界に接触することから生ずるとされる。「不可触民」は、ヒンドゥー教的社会秩序の内と外との境界上に位置し、ときに他界に参入し受容することで新たな創造的力を獲得しうる存在である。しかし、このような存在は、同時に既存の社会秩序を破壊する可能性を秘めるため、システムの周辺部に追いやられ抑圧される。これを正当化するイデオロギーが浄・不浄の原理であり、この原理のもとで、「ケガレ」は「不浄」として否定され、排除されるべきものとなる。ただし留意すべきは、ケガレは完全に追放されるのではなく、秩序の周縁にあって内と外をマークするものとして存在し続ける（関根 一九九五：二八―四三）。

＊3　「不可触民」は、差別用語であるため、公の場では「指定カースト」という語が用いられる。タミル・ナードゥの「不可触民」の一部は、後述のように、同地域で展開された非バラモン運動の理念に従って、「アーディ・ドラヴィダ（原ドラヴィダ人）」を自称してきた。また、独立運動指導者のガーンディーは、不可触制の根絶に精力を注ぎ、「不可触民」を「ハリジャン（神の子）」と呼んだ。しかし、現在「ハリジャン」を自称する「不可触民」は、ほとんどいない。なお、学術書やメディアでは「ダリト」という用語が優勢である。どの用語を使用するかは、それ自体、政治的社会的立場を表明する行為である。本章は、「不可触民」が「不浄」概念ゆえに苦悩してきたという事実を直視するために、敢えて「不可触民」という用語を採用する。

＊4　非バラモン運動（Non-Brahmin Movement）は、反バラモン運動と訳されることがある。しかし同運動は、以下述べるように「非バラモン」が主体となり、「非バラモン」アイデンティティの下での団結を謳ったことから、筆者はこれを非バラモン運動と表記する。

＊5　寺院などに保管され一部の人間にしか知られていなかった古典の成立年代が特定されたり、標題しか知られていなかった文献の本体が発見されたりした。これらは、ダーモーダラム・ピッライなどの尽力で出版され、一般の目にも触れるようになった（志賀 二〇〇七：二九九―三〇一）。

＊6　正式名称は南インド自由連盟であるが、党機関誌『正義』にちなみ正義党と呼ばれた。

＊7　サルカールは、非バラモン運動を推進した正義党は、非バラモンに公職を留保することと、バラモンを模倣すること（サ

ンスクリット化）に関心を抱いていたにすぎないとしている（Sarkar 1983: 242）。しかし、非バラモン運動を支えた思想や、正義党内閣が「不可触民」にも一定の権利を保障したことを考慮すれば、この評価は妥当とはいえない。

*8　ダーサルは、しばしば「ドラヴィダ人」の代わりに「タミル人」という用語を使用した。南インド政治社会に大きな影響を及ぼしたカースト制度起源論は、ドラヴィダ語族の発見とドラヴィダ人種論に依拠しているが、これらの議論がとりわけさかんだったのは、タミル語地域であった。古代ドラヴィダ文明が存在した証拠の一つとされたのが、タミル古典文学の再発見であったためである。そのため、タミル語話者は、「ドラヴィダ文明」「ドラヴィダ人」を「タミル文化」「タミル人」とほぼ同義に使用することが多かった。タミル語話者であるダーサルの用語法は、その典型といえる。

*9　ダーサルの陳情活動によって、公的文書で「パライヤ」という用語は使用禁止となっていた。しかし、シュリーニヴァーサンは、敢えて「パライヤ」を頻用したため、ダーサルに起訴され、敗訴した。

*10　彼は、女性差別も問題視し、幼児婚の慣習が女性の自立を阻害しているとして、その法的規制を求めた。また、女性への教育普及を推進した。

*11　トラヴァンコール藩王国を含むケーララ地方は、「不可触民」差別がとくに激しいことで有名で、「不可触民」どころか「不可視民」制度があるとさえいわれていた（*Madras Legislative Assembly Debates*, vol.VII, p.426）。

*12　ヴァイッカム寺院闘争の直接の契機は、イーラーヴァル・カースト出身の弁護士が、トラヴァンコール藩王の宮殿内部に設置された裁判所に出向いたものの、藩王の誕生祝が行われていたために入場を拒否されたことである。イーラーヴァルは、「不可触民」とはいえ人口が多く有力であり、会議派の地方支部では一定の地位を占めていた。そこでイーラーヴァル出身の会議派議員の提案により、抗議行動を起こすことが決定され、運動開始の場所として、不可触民差別の厳格さで有名なヴァイッカム寺院が選ばれたのである。しかし、運動開始直後に主な指導者が逮捕されたために、一時中断を余儀なくされた。そこで新たな指導者としてペリヤールが選ばれた（Diel 1978: 10-13; 山下 一九九六：三一五―三三六）。

*13　Speech at the Self-Respect Conference, 22 Nov. 1927.（Ramaswami 1994: 32-37）.

*14　Resolutions passed at the Tirunelveli District Self-Respect Conference under the Presidentship of Sriram Naicker（Mangalamurugesan 1979: 168-172）.

*15　カースト・シンボルとは、個人名の末尾に付されるピッライ、ナーイカルなどの称号や、カースト固有の衣服の着方な

どである。大会決議は、政府機関や新聞各社に個人名を記載する際カースト称号を削除するよう求め、一般人にも自発的に使用を中止するよう求めた。ペリヤールもナーイカルという称号を捨て、他の指導者もこれに従った。

＊16 Report 1427c, Deputy Inspector-General of Police, 22 Jun. 1934, *Under Secretary Secret Safe File 896*.

＊17 正義党の機関紙『正義』に投稿された「自尊運動について」という文章は、非バラモンが日常生活において無意識にバラモンの優位性を認め、たとえば喫茶店を利用する際もバラモンが経営する店舗を好む傾向があると指摘し、バラモン経営の喫茶店をボイコットするよう呼びかけている。投稿者は、ムダリヤールやナーイドゥはチェッティやコーマティなどの他のジャーティが用意した食べ物をいっさい食べず、逆もまた然りであるとし、このままでは非バラモンの団結など不可能だと警告している（Newspaper Cuttings, *Justice*, 12 Jan. 1929, *Under Secretary Secret Safe File 896*）。

＊18 たとえば、二九年四月に開催されたアガスティヤ・サンガ会議は、カースト制を援護し、生まれによる優劣、浄・不浄の区別のない平等社会など望ましくないと明言してはばからなかった（Mangalamurgesan 1979: 90）。

＊19 二九年三月にティンネヴェリ県で開催されたシャイヴァ・シッダーンタ会議など。

＊20 Report 1427c, Deputy Inspector-General of Police, 22 Jun. 1934, *Under Secretary Secret Safe File 896*.

＊21 ドラヴィダ語族に属する他の言語（テルグ語、カンナダ語、マラヤーラム語）は、タミル語よりはアーリヤ系言語の影響を受けていたこともあり、タミル語圏ほど激しい反ヒンディー語運動は起きなかった。むしろ、ペリヤールらがドラヴィダ文化擁護といいながら実質的にはタミル語・タミル文化しか念頭にないことに反発が高まり、他の言語圏は反ヒンディー語運動、非バラモン運動から離れていった。

＊22 五六年、言語分布に基づく州再編が行われ、マドラス州からカンナダ語、テルグ語、マラヤーラム語地域が分離して、それぞれ州を形成した。タミル語地域で構成されることになったマドラス州は、六九年にタミル・ナードゥ州と改名された。

＊23 ドラヴィダ連盟の若手有力メンバーであったC・N・アンナードゥライが、四九年に離党して創設した。独立インド国家を評価し、その枠内での州権限強化を目指した。

＊24 DMK党員で著名な映画俳優でもあったM・G・ラーマチャンドランが、党首K・カルナーニディと対立し、アンナードゥライの遺志を継ぐと主張して、七二年に結党した。

＊25 インド憲法（五〇年施行）は、インド連邦公用語をデーヴァナーガリー文字表記のヒンディー語としつつも、一五年間の

暫定措置として英語使用を認めていた。この条項を受けて、会議派政権は、六五年以降は英語使用を減少させヒンディー語に代替させるとの大統領令（六〇年）を発した。さらに、連邦公用語法（六三年）を制定し、六五年以降ヒンディー語を唯一の連邦公用語にすると発表した。

＊26　より正確には、DMKとAIADMKをそれぞれ核とし、その周囲に小党が集結して連合を形成する二大政党連合体制である。会議派も単独では有利に選挙戦を戦えず、選挙のたびにDMKかAIADMKのいずれかと連立を組んで議席を確保している。

＊27　たとえば、喫茶スタンドで「不可触民」とカースト・ヒンドゥーに、それぞれ異なるティーカップを使用する慣習が一部に残っている。「不可触民」は、高学歴で相応の職についていても、素焼やプラスチック製の使い捨て容器で茶を供されている（*The Hindu*, 24 May 2012）。

＊28　民族奉仕団を脱退し仏教に改宗（回帰）した人物へのインタビュー（二〇〇九年一〇月二五日、ハイダラーバードG地区）。

＊29　ただし「不可触民」も暴力に訴える例が増え、カースト・ヒンドゥー側にも死傷者が出るようになり、紛争が長期化したことも、記事化の背景と推測される。

＊30　九六年、村議会に「不可触民」への留保制度が導入された。しかし、メーラヴァラヴ村では、「不可触民」の立候補者はカースト・ヒンドゥーから繰り返し妨害行為を受けた。九七年二月、「不可触民」のムルゲサンが当選したものの、村議会事務所への入室を妨害された。ムルゲサンは、同年六月に県長官へ陳情書を提出したが、その帰路で支援者六名とともに殺害された。遺体は首を切断され井戸に投棄された。

＊31　*The Tamil Nadu Prohibition of Forcible Conversion of Religion Ordinance, 2002.*

＊32　たとえば、九七年頃に発刊されたチェンナイ市街地図によると、アンベードカルの名を冠した地区は三地区、道路は一六本だが、二〇一二年に入手した地図（発刊年記載なし）では、一八地区、三三本を数えるまでになっている。

＊33　IDSNウェブサイト http://idsn.org/caste-discrimination/（最終アクセス二〇一二年一一月一〇日）

＊34　IDSNウェブサイト http://idsn.org/caste-discrimination/caste-exists-where/（最終アクセス二〇一二年一一月一〇日）

＊35　IDSNウェブサイト http://idsn.org/caste-discrimination/（最終アクセス二〇一二年一一月一〇日）

＊36　IDSNウェブサイト http://idsn.org/caste-discrimination/caste-race-and-descent/（最終アクセス二〇一二年一一月一〇日）

＊37 たとえば、寺院入場権や、村の祭礼への参加権を要求する運動は、今日でも行われている（Ragunathan 2014）。

＊38 二〇〇一年センサスによると、タミル・ナードゥ州の指定カーストは七六あるが、そのうち五つのカースト（パッラル一九・二％、パライヤ一五・七％、チャッキリヤル六・六％、アルンダーティヤル六・五％、アーディ・ドラヴィダ四五・六％）で同州指定カースト人口の九三・五％を占める。ただし、パライヤの人口比率は注意を要する。なぜなら、既述のように、一九世紀末のダーサルの活動により、パライヤのなかにアーディ・ドラヴィダを自称する者が増え、現在アーディ・ドラヴィダという「カースト」を構成しているためである（*Census of India 2001, Tamil Nadu Date highlights: the Scheduled Castes*）。

＊39 Pandey 2013: Chapters 6 and 7. なお、二〇〇九年一〇月、マハーラーシュトラ州、およびアーンドラ・プラデーシュ州で「不可触民」活動家たちへ行ったインタビューにおいて、いったん成功した者は自分たちを見捨ててしまうと不満を述べる場面があった。

## 参考文献

孝忠延夫・浅野宜之　二〇〇六『インドの憲法――二一世紀「国民国家」の将来像』関西大学出版部。
志賀美和子　一九九八「一九二五年マドラス・ヒンドゥー寄進法の性格――『政教分離』理念の分析を手がかりに」『南アジア研究』一〇、九二―一一五頁。
志賀美和子　二〇〇一「寺院開放諸立法と『政教分離』概念――一九三〇年代マドラス州の場合」『史学雑誌』一一〇（一〇）、五一―七二頁。
志賀美和子　二〇〇七「タミル・ルネサンス――タミル人意識の源流」辛島昇編『世界歴史体系南アジア三　南インド』山川出版社、二八八―三〇六頁。
関根康正　一九九五『ケガレの人類学――南インド・ハリジャンの生活世界』東京大学出版会。
田辺明生　二〇一〇『カーストと平等性――インド社会の歴史人類学』東京大学出版会。
山下博司　一九九六「ドラヴィダ運動の烽――ヴァイッカム・サティヤーグラハとE・V・ラーマサーミ・ナーイッカル（ペリヤール）」内藤雅雄編『叢書カースト制度と被差別民　第三巻　解放の思想と運動』明石書店、三一五―三三六頁。
Aloysius, G. 2010. *Dalit Subaltern Self-Identifications: Iyothee Thassar and Tamizhan*. New Delhi: Critical Quest.

Anandhi, S. 1995. *Contending Identities: Dalits and Secular Politics in Madras Slums*. New Delhi: Indian Social Institute.
Arooran, K. N. 1980. *Tamil Ranaissance and Dravidian Nationalism 1905-1944*. Madurai: Koodal Publisheers.
Athreya, V. and R. Chandra. 2000. Dalits and land Issues. *Frontline* 17（12）.
http://www.frontline.in/static/html/fl1712/17121050.htm（最終アクセス二〇一四年四月一五日）
*Census of India 2001, Tamil Nadu Data Highlights: the Scheduled Castes.*
http://www.censusindia.gov.in/Tables_Published/SCST/dh_sc_tamilnadu.pdf（最終アクセス二〇一四年六月三〇日）
Diel, A. 1978. *Periyar E. F. Ramaswami: A Study of the Influence of a Personality in Contemporary South India*. Bombay: B. I. Publications.
*Frontline*. http://www.frontline.in/（最終アクセス二〇一四年四月一六日）
Geetha, V. and S. V. Rajadurai. 1998. *Towards a Non-Brahmin Millennium: From Iyothee Thass to Periyar*. Calcutta: Samya.
Hardgrave, R. L. Jr. 1965. *The Dravidian Movement*. Bombay: Popular Prakashan.
*The Hindu*. http://www.thehindu.com/（最終アクセス二〇一四年四月一六日）
IDSN Website. http://idsn.org/（最終アクセス二〇一二年一一月一〇日）
Ilaiah, K. 2003. Caste, Corruption and Romanticism. *The Hindu*, 22, March.
Ilangovan, R. 2014. Worming Its Way. *Frontline*, 30 April.
http://www.frontline.in/cover-story/worming-its-way/article5956303.ece（最終アクセス二〇一四年六月三〇日）
Inden, R. 1990. *Imaging India*. Delhi: Oxford University Press.
International Dalit Solidarity Network. http://www.idsn.org/（最終アクセス二〇一四年四月一七日）
Karthikeyan, D. 2012. Madurai Villages Still Practicing the Two-Tumbler System. *The Hindu*, 24 May.
http://www.thehindu.com/news/states/tamil-nadu/article3449855.ece（最終アクセス二〇一四年三月三〇日）
Kothari, R. 1994. Rise of the Dalits and the Renewed Debate on Caste. *Economic and Political Weekly*, June 25, pp.1589-1594.
*Madras Legislative Assembly Debates, 1937-39.*
Mangalamurugesan, N. K. 1979. *Self-Respect Movement in Tamil Nadu 1920-1940*. Madurai: Koodal Publishers.
Nathan, A. V. 1929. *Justice Year Book*. Madras: no publisher's name.

Pandey, G. 2013. *A History of Prejudice: Race, Caste, and Difference in India and the United States*. Cambridge: Cambridge University Press.

Radhakrishnan, P. 1990. Backward Classes in Tamil Nadu: 1872-1988. *Economic and Political Weekly*, 10 March.

Ragunathan, A. V. 2014. Dalits assert their right to take part in temple festival. *The Hindu*, 8 June. http://www.thehindu.com/news/national/tamil-nadu/dalits-assert-their-right-to-take-part-in-temple-festival/article6090545.ece（最終アクセス二〇一四年六月三〇日）

Ramaswami, E. V. 1994. *Religion and Society: Selections from Periyar's Speeches and Writings*. Madras: Emerald Publishers.

Sarkar, S. 1983. *Modern India 1885-1947*. Delhi: Macmillan.

*The Tamil Nadu Prohibition of Forcible Conversion of Religion Ordinance, 2002.* http://www.tn.gov.in/acts_rules/archives/Prohibition_of_Forcible_Conversion_of_Religion_Ordinance_2002.pdf（最終アクセス二〇一二年一一月一九日）

Thirumaavalavan. 2003. *Talisman*. Kolkata: Samya.

Thirumaavalavan. 2004. *Uproot Hindutva: The Fiery Voice of the Liberation Panthers*. Kolkata: Samya.

*Under Secretary Secret Safe File 896*, Government of Madras, 16 October 1934.

Venkatesan, R. 2002. Tough Ordinance to Ban Conversions. *The Hindu*, 6 October. http://www.thehindu.com/2002/10/06/stories/2002100605160100.htm（最終アクセス二〇一四年三月三〇日）

Viswanathan, S. 2005. *Dalits in Dravidian Land: Frontline Reports on Anti-Dalit Violence in Tamil Nadu（1995-2004）*. Pondicherry: Navayana.

Viswanathan, S. 2007. A Step Forward. *Frontline* 24（22）. http://www.frontline.in/static/html/fl2422/stories/20071116502203400.htm（最終アクセス二〇一四年四月一五日）

# 第三章　産児制限運動の複相的展開

## 危険なリプロダクションへのまなざし

松尾瑞穂

## 一　はじめに

本章は、英領期からポストコロニアル期に向かうインドにおける産児制限運動[*1]を、運動に関わった欧米の産児制限活動家や、インドの社会改革活動家および女性運動家の思想と実践から明らかにし、インドにおける性と生殖をめぐる議論がいかに構築されたかを論じるものである。

産児制限運動は、二〇世紀初めに世界中で同時代的に生起した運動である。その「始祖」を求めるならば、避妊について語ることさえ猥褻行為だとして禁止されていた一九一〇年代に、産児制限を女性の権利として唱えたアメリカ合衆国のマーガレット・サンガーや英国のマリー・ストープスなどの女性の先駆者が挙げられるだろう。[*2]彼女たちの活動は、雑誌・書物の刊行、講演だけでなく、産児制限クリニックやセンターの設立など多岐にわたり、世界各地にも影響を与えた。

女性による自らの性と生殖への権利を求める運動は、それから約七〇年の時を経て、一九九四年のカイロ国連世界人口開発会議において採択された「リプロダクティブヘルス・ライツ[*3]」という理念に結実されたといってよい。その後、この概念は保健／開発分野で主流となり、その達成度や実質的な中身に関しての批判や疑問はあれども、各国が掲げるジェンダー関連政策の基本方針となっている。だが、産む／産まないを決めるのは女性個人の権利であるという、性と生殖をめぐる自己決定権を声高に主張しなければならないということは、裏を返せば国家や社会、宗教、そして家族や親族による女性の身体への介入は、今日においても続いているということでもある。まさしく、「個人的なことは政治的なこと」という、一九七〇年代にフェミニストが掲げたスローガンにあるように、女性の性と生殖は政治的論争を引き起こすセンシティブな問題である。[*4]

社会運動は、どのような形態をとるものであれ、現状の問題に対する抵抗や不満、異議申し立てがあり、運動を通して集合的に何らかの主義や主張が表明されるものである。産児制限運動の場合は、文字通り「女性の産む子どもの数を減らす」ということが求められたわけであるが、その意図や理念は運動内部においても大きく異なっていた。前述したように、サンガーをはじめとする女性運動家が、女性の権利獲得運動の一環として繰り広げた産児制限運動には、ジェンダーの平等や教会や国家という家父長制的権力への抵抗というフェミニズム運動としての側面も見出される。

そもそも人口の量的な管理の必要性は、経済学者のマルサスが一七九八年に『人口論』のなかで、食糧生産率を凌駕する人口増加率が社会の窮乏をもたらすと主張したことに端を発する。彼の人口理論はのちに、マルサスが主張したような禁欲ではなく、避妊による生殖の管理を説く新マルサス主義と呼ばれる思想家らによってリバイバルし、一九世紀から二〇世紀を通じて大きな影響力を持った。

その一方で、量よりも人間の質を問う優生学的な思想をもとに、ある特定集団の人口増加――および、それとの関係で、ある集団の相対的な人口割合の低下――を懸念する、集団の質の向上を目指す立場があった。一九世紀末から二〇世紀にかけては、欧米の大都市で「貧民」が急増し、増加する貧困者への対応を余儀なくされた近代国家において、「劣等集団の子沢山」に対する強い憂慮や危機感が広がる社会的背景もあった。また、第一次世界大戦をはじめとする相次ぐ戦争により、若く健康な成人男性が多く戦死したことは、ヨーロッパ社会にも大きな衝撃を与え、国民の質の向上への機運を高めることとなった。

帝国の拡大と植民地支配の歴史のなかで、こうした社会の改良と発展を目指す啓蒙主義的まなざしが、本国の貧民に対してだけでなく、植民地の「ネイティブ」に対しても向けられるようになるのは、自然な流れであった。そしてそのまなざしは、インドのような植民地の場合はさらに、野蛮な因習にとらわれた悲惨なネイティブ女性を白人が救済するという、西洋による「文明化の使命」とも結び付いていた（Arnold 1993）。

このように、産児制限運動は複数の異なる立場や思想からなる複相的な運動として、世界各地で同時代的に展開されたものだったのである。当然のことながら、インドもこうした国際的な動きと無関係ではありえない。本章では、二〇世紀初頭から半ばにかけてのインドにおけるリプロダクション（性と生殖）をめぐる運動を、インドの社会改革運動や女性運動の展開のなかに位置づけ、そこに関わった多様な運動の担い手に注目して論じていく。そして、この「善意」からなる社会運動が、コロニアルからポストコロニアル・インドの転換期にいかなる展開を見せ、結果的に今日の人口政策のなかにどのように取り込まれたのかを明らかにする。

## 二　産児制限運動の世界的な展開

### パイオニアによる産児制限運動

まず、一九一〇年代以降に本格化した欧米における産児制限運動を概観しておきたい。

バース・コントロールという言葉は、マーガレット・サンガーが使い始めたといわれている。一八七九年にアイルランド系移民の家族の一一人兄弟の六番目としてニューヨーク郊外に生まれたサンガーは、訪問看護師として移民地区で働くなかで、多産や中絶、堕胎によって苦しむ労働者階級の女性たちの状況を目の当たりにし、女性が自らの身体と避妊についての知識を獲得し、出産を自分で選択できるようになることが、女性の自由と解放のための「絶対条件」であると考えるようになった。初期のサンガーの活動は、階級闘争の色彩が強く、これまで女性の性や身体を不道徳なものとして排除し、隠匿してきた教会や国家への明白な抵抗であり、身体に対する女性の自治権を求めるものであった。それは、一九一四年に創刊された『女反逆者』という雑誌で、アナキズムの「神もなく、主人もない」というスローガンを採用したことにも表れている。そして、同年にはバース・コントロールという名称で、避妊のための知識を大衆に広める運動を開始した。

当時のアメリカ合衆国には、コムストック法という、避妊や中絶などの「猥褻」に関する情報を郵便で伝達することを禁じる法律が存在しており、サンガーが発行した性や避妊についての雑誌や記事は、この法に抵触するものと見なされた。逮捕を避けるためヨーロッパに渡ったサンガーは、そこで新マルサス主義者やハブロック・エリスのような性科学者と交流を深めたり、避妊の先進国であったオランダで新しい避妊器具の知識や技術を獲得したりして、ヨーロッパの新しい潮流に触れると、一九一五年にアメリカに帰国し、翌年バースコントロール・クリニックを開設した。サンガー以前にも産児制限の必要性を訴える女性活動家はいたが、賛成、反対、拒絶も含めて広範な社会的論争を引き起こしたのは、逮捕や裁判を運動の宣伝に利用したサンガー自身の戦略やカリスマ性に負うところが大きい[*5]。

同時期のイギリスでは、マリー・ストープスの『結婚愛』や『賢明な親』が、結婚や男女のセクシュアリティ、避妊の指南書としてベストセラーとなっていた。一八八〇年にエディンバラで生まれたストープスは、古生物学で博士号を持つ知識人であるが、ヴィクトリア朝的価値観の強い家庭で育てられ、性については無知のまま成人したという（荻野 一九九四）。『結婚愛』は、夫婦の性の不一致が不幸の原因だとして、主に中流家庭における性愛の重要性を説いたものである。彼女は、一九二一年に夫婦でロンドンに「家族計画クリニック」を創設し、また「建設的バース・コントロールと種の向上のための協会」を発足させている。優生学支持者でもあったストープスが設立した協会のメンバーには、当時の著名人が名を連ねており、科学的なイメージが新しく産児制限に付与されることとなった。

二人とも国際的な産児制限運動を組織し、機関紙や書物の発行、講演旅行などを通して、各国の産児制限運動を支援した。ちなみに、サンガーは一九二二年の世界講演旅行の途中ではじめて日本を訪れ、入国を阻止しようとする内務省や警察の行動制限のもと講演を行い、同年の石本恵吉・静江（のちの加藤シヅエ）男爵夫妻らの呼びかけによる日本産児調節研究会の発足など、日本の産児制限運動の誕生にも大きな影響を与えている（荻野 二〇〇八）。

### 世界旅行を通した産児制限の「伝道」

サンガーは一九二〇年代以降、日本や中国、インドをはじめとする世界各国をまわり、産児制限について講演を行う世界ツアーを積極的に展開していく。イギリスでのサンガーの同志となったのが、新マルサス主義同盟のメンバーのエディス・ハウ＝マーティンだった。急進的な女性参政権論者だったハウ＝マーティンは、一九一五年に当時ヨーロッパに亡命中だったサンガーと知り合うと、自らも産児制限運動に積極的に従事することになった。彼女はサンガーとともに一九二七年にジュネーブでの第一回世界人口会議を組織し、サンガーを理事長とする産児制限国際情報センター（Birth Control International Information Centre）の母体となった産児制限運動情報センターを設立した（Rappaport 2001: 313）。ハウ＝マーティンは、産児制限のネットワーク形成のため一九三四年一一月から三五年三月にかけてインドに滞在したのを皮切りに、その後何度もインドを訪れている。

ここでは一九三五年から三六年にかけて行われた、サンガーとハウ＝マーティンの世界ツアーについて見てみよう。サンガーはインド女性運動の代表的組織である全インド女性会議（All India Women's Conference, AIWC）からの招待を受けて、世界ツアーの最初の訪問地として一九三五年一一月末にインドにやってきた。一九三五年から三六年の世界ツアーは、ロンドンを皮切りにインド、ビルマ、マレー半島、中国、フィリピン、日本、ハワイ、カナダ、合衆国をまわるものであり、世界中で産児制限センターの設立に向けた大衆の意識を高めることを目的としていた。インドでの九週間の滞在で、サンガーはトラヴァンコールで開かれた第一〇回全インド女性会議への参加をはじめとして、ボンベイのジャハーンギールホールで開催された「産児制限と近代文明化」と題する講演、ボンベイ管区行政庁で行われた「西洋の政府は産児制限を促進するために何をしているか」と題する講演、「産児制限はインドのために何ができるか」というテーマのラジオ講演など、現地の医師、知識人、活動家との交流を精力的に行っている。

このときサンガーは一八都市を訪れ六四会議、ハウ＝マーティンは一六都市で四一会議を開催または出席し、二人の総移動距離は実に一万六五〇〇マイルに及んでいる。[*6] その後もハウ＝マーティンは秘書のエイリーン・パルマーとともに、同年および翌一九三七年と立て続けにインド訪問を繰り返し、産児制限を広げるための講演活動や、医療関係者との会合をインド各地で実施した（図3‐1、2）。

彼女たちは、インドにおける産児制限運動の必要性を、インド女性が置かれた多産と妊産婦死亡率の高さという「悲惨な」状況の改善という理由から主張した。アメリカ人作家のキャサリーン・メイヨーが一九二七年に出版し物議を醸した『マザー・インディア』に典型的に表れているように、西洋社会ではインド女性は因習にとらわれ隷属的な地位にある存在として描かれてきた。そうした女性を「救済」することは、西洋女性にとっての「使

図3-1　ハウ＝マーティンによるインド講演ツアー（1936年）の訪問地
出典）筆者作成

命」ともなると同時に、パルダによって隔離され、男性医師の診察が難しいインド女性を対象とする医療援助は、本国では職を得にくい欧米の女性医師たちにとって、重要な活動領域となっていた（Arnold 1993）。サンガーやハウ＝マーティンらの産児制限運動も、こうした当時のインド女性に対するまなざしを踏襲することで、欧米の篤志家たちからの資金援助や支持を図ったといえるだろう。

また、インド社会の理解を得るため、サンガーらは産児制限をあくまでもインド女性の健康の改善や貧困問題の解決策として示し、女性のセクシュアリティや性の自己決定といったフェミニズム的主張を前面に押し出すことはしなかった。たとえば、一九三五年一一月三〇日にボンベイラジオに出演した際、サンガーは「ボンベイで私は貧困家族が集住して住

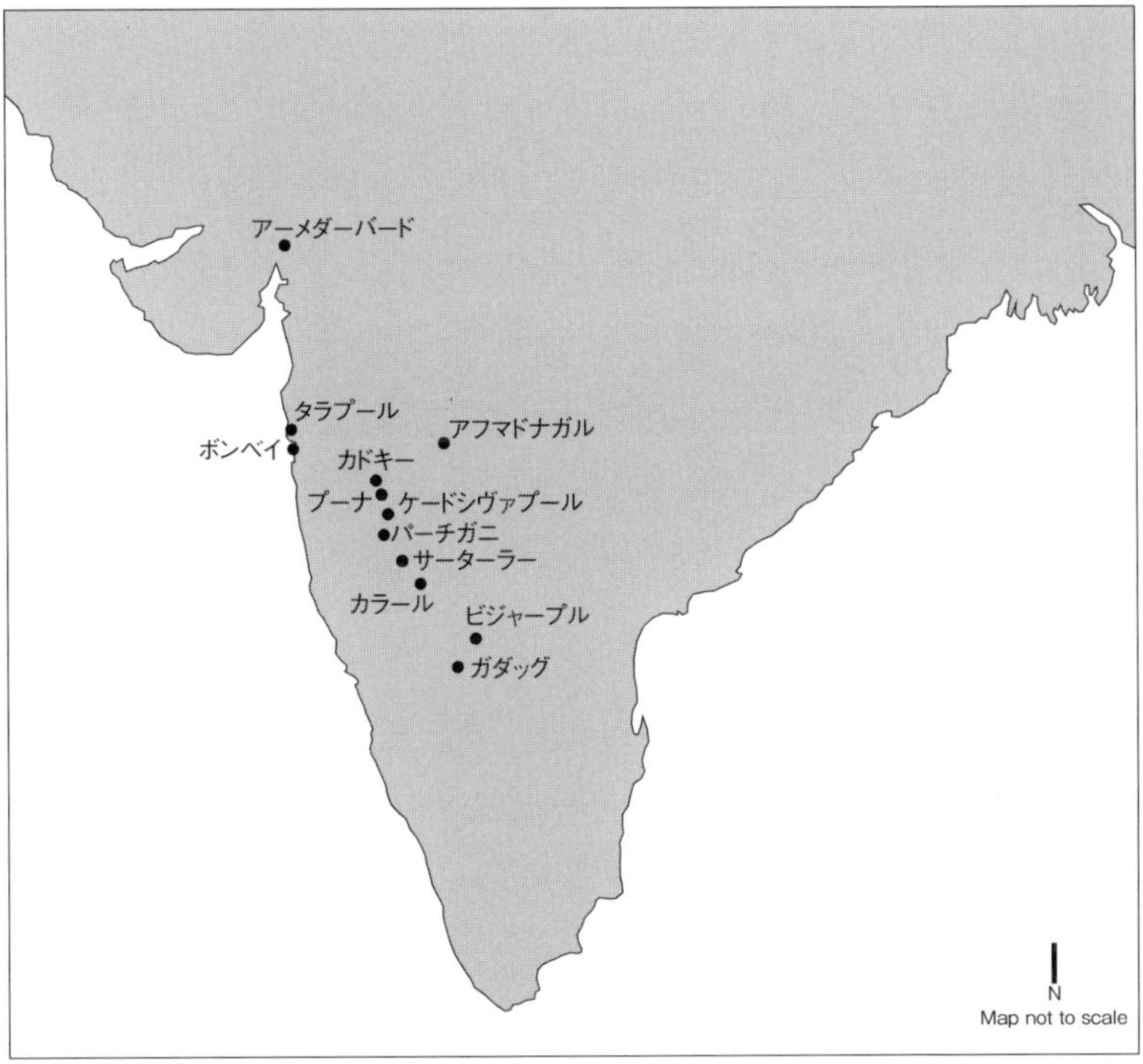


図3-2　ハウ＝マーティンによるインド講演ツアー（1937年）の訪問地
出典）筆者作成

む家（*chal*）を訪れました。そこでは二〜三の家族が一つの小さな部屋に住み、子どもも大人もかわいそうなほど悲惨で栄養不足に見えました。私たちがみじめなあばら家の前に佇んでいる女性に、さらにどれだけ子どもがほしいのか聞きましたら、全員が『神様、もうこれ以上は！』と言ったのです」と演説し、多産による生活の困窮と産児制限を通したその解決を訴えている。[*7]

こうした女性活動家による産児制限運動と並行して、欧米では一九世紀末から二〇世紀初頭にかけて、新マルサス主義や優生学が流行し、それが新マルサス主義同盟、優生学協会などの組織の設立へとつながっていく流れがあった。一九二〇年代から三〇年代にかけて欧米を中心に広く支持された新しい科学としての優生学[*8]は、単なる理論にとどまらず、アメリカの移民法や、「精神薄弱者」や「社会的不適合者」の断種、ヨーロッパの福祉国家建設における逸脱者の排除、さらにはドイツのナチズムにいたるまで、政治や医療政策に取り入れられ、大きな社会的影響力を有した(市野沢 一九九六、米本 二〇〇〇、Levine and Bashford 2010)。

サンガーら女性活動家の運動もそうした趨勢と無関係ではなく、戦間期のころには、医師ら専門家を運動に取り込み、活動に正当性と権威を与えるため、優生学に接近していった。産児制限運動は、猥褻とされる性の問題だけでなく、国家や社会の向上にとって産児制限こそが有効かつ科学的な手段であると訴えることで、社会的威信を得て、これまでの急進性や違法性を払拭することを目指した。だが、結果として、それとともに、初期に掲げていた、女性の権利としての生殖と身体の管理と自己決定というフェミニズム的主張は影をひそめた。そして、産児制限運動の積極的な対象となった貧困層や移民へのまなざしは、やがて植民地の現地社会、前述したような「ネイティブ女性」へのまなざしとも連動し、運動を世界へ拡大する必要性が認識されていったのである。

## 三 「規模」の論理と「質」の論理——社会改革の一環としての産児制限

### カウンターパートとしての社会改革者

西洋の活動家も、単身インドに乗り込んで活動できたわけではない。とくに、インド各地を旅し、講演旅行を実施するには、現地の協力なしでは難しかっただろう。サンガーら欧米の産児制限活動家のインドでの協働者となったのが、社会改革者と呼ばれる人びとである。社会改革運動(social reform movement)は、世紀末から二〇世紀にかけて、西洋近代との邂逅を通して自社会を自省的に振り返ったインドの人びとが、イギリス支配からの独立を目指すナショナリズムの高まりのなかで、宗教の近代化を図ったり、寡婦殉死(サティー)、寡婦の再婚禁止のようなインドの「因習」を打破することを目指したりして、社会を向上させようとした運動である。彼らの多くは、しばしば欧米への留学経験を持つ、英語教育を受けた知識人エリートであり、バラモンをはじめとする高カースト・ヒンドゥーや、地位の高いムスリム家庭の出身者であった。

女性問題が社会改革運動の焦点となったのは、ある社会の文明化の度合いは女性の地位によって計ることができるとされ、インド女性の地位の低さが「文明化の使命」を主張するイギリスによるインド支配の正当化に使われたためである（粟屋 二〇〇三）。当時は、生物学の進化論を人間社会の単線的発展にあてはめたハーバード・スペンサーらの社会進化論が広く支持されており、人間社会のある文化要素を抽出して比較し、社会を序列化するということが行われていた。たとえば、人間の婚姻形態は、原始乱婚（最も野蛮な状態）から兄弟姉妹婚、一妻多夫婚、一夫多妻婚、そして一夫一妻婚（最も文明化された状態）へと進化するとされたり、信仰形態は、原始宗教（アニミズム）から多神教、そして一神教へと進化すると考えられたりした。

インドの知識人である社会改革者たちが、こうした文明史観を内面化し、自省的にインド社会を見返したのも無理のないことであったかもしれない。植民地化されたインドにおいて、政治的な独立運動が組織され、ガーンディーによって「自治（スワラージ）」が唱えられるまで、インドの知識人にとっての近代化は西洋化を意味しており、西洋的価値観のもとでの社会発展が目指されたからである。

## 人口変動の推移

それでは、当時のインドの人口変動はどうなっていたのだろうか。英領インドでは国勢調査は一八七一年に開始され、以後一〇年に一度全国的に実施されているため、それ以降の人口変動は、正確さはともかくとしても、ある程度のレベルまで把握することが可能である。脇村は、一八九〇年から一九二〇年代までのインドを「飢

表3-1　1871〜1941年の人口変動

| 年 | センサス | | | デイヴィスによる修正値 | | |
|---|---|---|---|---|---|---|
| | 人口（100万人単位） | 10年間の変化（%） | 人口成長率（年率%） | 人口（100万人単位） | 10年間の変化（%） | 人口成長率（年率%） |
| 1871 | 203.4 | 12.4 | 0.58 | 255.2 | – | – |
| 1881 | 250.2 | 23.0 | 2.07 | 257.4 | 0.9 | 0.09 |
| 1891 | 279.6 | 11.7 | 1.11 | 282.1 | 9.6 | 0.92 |
| 1901 | 283.9 | 1.5 | 0.15 | 285.3 | 1.1 | 0.11 |
| 1911 | 303.0 | 6.7 | 0.65 | 303.0 | 6.1 | 0.60 |
| 1921 | 305.7 | 0.9 | 0.09 | 305.7 | 0.9 | 0.09 |
| 1931 | 338.2 | 10.6 | 1.01 | 338.2 | 10.6 | 1.01 |
| 1941 | 389.0 | 15.0 | 1.40 | 389.0 | 15.0 | 1.40 |

出典）脇村（2002:44）を一部修正

餓と疾病のインド」と呼び、一九世紀末から二〇世紀前半は、インド史のなかでもとくに死亡率が高位で推移した時期だとする（脇村二〇〇二）。その間、インドには一八七六〜七八年、一八九六〜九七年、一八九九〜一九〇〇年の三大飢饉をはじめとする一一回の飢饉が生じた上、コレラ、天然痘、マラリア、インフルエンザなどの伝染病も相次いで流行した。一八七一年から一九二〇年までの約五〇年間は、これらの要因による高死亡率のために、人口増加率も〇・三七%と低位で推移していた（脇村二〇〇二：一二七）。

こうした高死亡率が解消され、人口増加率が一%を超え、インドの「人口問題」が認識され始めるのが、一九二〇年から三〇年代にかけてである。デイヴィスによれば、センサスをもとに修正を加えながら人口増加率を推計すると、一九一一年から二一年の一〇年間の人口増加率は〇・〇九%ととくに低かったとされている（Davis1951, 脇村（二〇〇二）による引用）（表3-1）。

実は、一九二一年センサスから一〇・六%の人口増加を示した三一年には、センサス行政官のJ・H・ハットンが、イギリス植民地政府として初めて公式にインドの「人口問題」に警告を鳴らしており、インドの過剰人口というものへの取り組みの必要性が主張されるのだが、それには、その前の一九一一〜二一年の一〇年間が、

○・○九％というまれに見る低成長率であったために、一九三一年期の増加率がことさら目立ったという背景もおそらくあっただろう。[*9]

## 産児制限への期待

だが、問題はインドの総人口が増えるということのほかに、ある特定の集団――この場合はムスリム――の増加率の高さと、それに対するヒンドゥー増加率の相対的な低さにも見出された。統計学者のP・K・ワッタルはセンサスの数値に基づき、自著のなかで、一八八一年から一九一一年の三〇年間でヒンドゥー人口が一五・一％増加したのに対し、ムスリム人口は二六・四％増加したと推計している（Wattal 1916: 15）。このように、センサスや統計を活用してヒンドゥーの危機を説く動きは、二〇世紀に入ってからインド各地で活発化していった（小牧二〇〇三）。集団による人口増加率の違いが、ヒンドゥーの数的優位性を脅かすものとして認識されていったのである。一九三六年にラクナウー大学で開かれた第一回全インド人口会議では、経済学者のラダーカマル・ムカルジーが「どの地域のすべての上位カースト・ヒンドゥーに比べて低識字で、かつビハール州やベンガル州ではサンタルやマヒヤース、ナマシュードラのような後進カーストよりもさらに低い識字率のムスリム集団は、この五〇年間で五一％も増加している」と指摘している（Mukherjee 1938）。このように、統計学や経済学のような科学的意味づけを付与された「統計的実体」が、世紀転換期以降のヒンドゥーとムスリムのコミュナルな対立の激化に果たした役割は、無視しえないものである。

インドにおいては、産児制限という運動のなかで、人口を抑制する「規模（量）」の論理を支える新マルサス主義と、集団の質を管理する「質」の論理を支える優生学思想が、同時期に新しい学術理論として輸入されたという経緯を持つ（Ahulwalia 2008）。ボンベイ管区では、性科学者のA・P・ピッライや哲学者のN・S・ファールケーらバラモンたちによって優生学協会が創設され、避妊具を用いた出産抑制が目指された。彼らは、優生学の論理を用いて、人間を「適合者（fit）」と「不適合者（unfit）」とに分けた上で、不適合者の増大によりアーリヤ人種、ひいてはインド国家の発展が阻害されることを憂慮した。このように、インドにおける優生学は当時流行していたアーリヤ人概念と結び付き、アーリヤ人の優性を維持するという「想像的」ナショナリズムとも容易に連動するものであった。

また、数学者のR・D・カルヴェーは、最初は新マルサス主義的な立場から、のちには無神論的な合理主義者の立場から、産児制限を推進し、一九二四年にボンベイの自宅に産児制限クリニックを開設して、ヨーロッパから輸入した避妊具の販売や情報の提供を行った。また、一九二七年から死去する一九五三年まで二六年間、現地語のマラーティー語の月刊誌『サマージ・スワスタャ（社会の衛生）』を刊行し、産児制限に関する教育活動に従事した（松尾 二〇〇九）。彼らは、サンガーやストープスが主催する著名な産児制限の雑誌に英語で寄稿し、現地の知識人として国際的な活動家と交流を持った。エディス・ハウ＝マーティンらのインド訪問時には、彼女たちの講演をアレンジするだけでなく、家族とも交流するなど個人的にも親しい関係を築いていた。[*10] サンガーたちの世界旅行の報告書〝Round the World For Birth Control with Margaret Sanger and Edith How-Martyn〟でも、ピッラライらの活動に敬意が表されている。

北部インドでは、ゴーパールジー・アフールワリヤが一九二一年にラーホールとシムラーに「インド優生学協会」を設立し、『優生学――鳥の目』というリーフレットを刊行している。彼は、一九二一年にニューヨークで開催された国際優生学会議や、一九二三年に同じくニューヨークで開催された国際産児制限会議で発表するなど、国際的な活動を展開した。インドの産児制限運動における新マルサス主義と優生学との結合を支持する論文「インドの人口問題――選択的な低出生率、インドの窮乏の解決策」において、アフールワリヤは、インドの貧困の主原因は中間および貧しい階層の間での無分別で無責任で甚大な繁殖だと主張し、「劣位」集団の「ねずみ講」的な拡大に警告を発している（Ahluwalia 1923）。

マドラス管区では、一九二八年にヴェパ・ラーメサムやP・S・シヴァスワーミ・アイヤルらによってマドラス新マルサス同盟が組織され、一九三〇年から一六頁にわたる会報が発行されてきた（Hodges 2008）。マドラス・新マルサス同盟の役員には、藩王をはじめとする南インドの名士のほかに、高裁判事、新聞記者などのインテリ層も名を連ねており、ハウ＝マーティンらのマドラスでの講演会や医師を対象とするワークショップの開催に尽力した。こうした組織のほかに、プーナ、カルカッタ、マイソール、バンガロール、ベナレス、ラクナウー、ラーホールのような都市に産児制限センターが次々と開設された。

このように、社会改革としての産児制限は、一部では猥褻罪への起訴や社会的制裁というリスクが存在していたにもかかわらず、一九二〇年代から三〇年代にかけて各地で盛り上がりを示しており、主に中間層以上の高カースト男性によって社会問題の解決策として捉えられていたといえるだろう。

## 四　インドにおける女性運動と産児制限への取り組み

### 女性運動の萌芽

それでは、インドの女性たちは産児制限にどのように取り組んできたのだろうか。実は、欧米の産児制限運動とは異なり、インドでは運動の中心はここまで論じてきたように男性の社会改革者が担い、出産・避妊を担う直接の当事者たる女性たちは、初期のころは産児制限に真正面から取り組んできたわけではなかった。

インドにおける女性運動は、一九世紀の社会改革の流れのなかで、男性の社会改革者からの働きかけに呼応するかたちで、各地で産声を上げた（Kumar 1993, Forbes 1996）。初期の女性運動では、宗教や社会の近代化を訴えたブラフマ・サマージやアーリヤ・サマージなどの社会改革組織と深く関わる活動家による、女子教育を中心とした取り組みがなされた。女子教育は、西洋的な教育を受けたベンガルやボンベイの「紳士」たちからも、近代化を目指す社会改革のために必要であると要望され、初期の女性運動の主流となったものである。一九世紀末になると、パンディター・ラマーバーイー[*11]（一八五八～一九二二）のような例外的な女性や、ラマバーイー・ラーナデー[*12]（一八六二～一九二四）、シャララデーヴィー・チョウダラニ[*13]（一八七二～一九五四）のように教育を受けた女性活動家も登場し、とくにボンベイ管区やマドラス管区を中心に女子教育のための学校や施設が作られていく。また、高カーストの間では再婚が禁止されていた寡婦が、残りの生涯を清貧と厳格な管理のもとで過ごさなければならないという状況の改善が目指された。とくに幼児婚によって若くして寡婦となった女性たちへの教育や、生計を立てるための職業訓練なども始められた。

女性運動にとって、こうした幼児婚、女子教育、寡婦の再婚禁止、そしてパルダという隔離の習慣が、女性の地位の向上を阻害する最も深刻な女性問題として捉えられた。したがって、初期の取り組みは、これまで教育を受ける機会を持たず幼児婚をし、結婚後はゼナーナーと呼ばれる女性の空間にとどまる中～上流のインド女性に、読み書きや刺繍や裁縫などの技術を身につけさせるものであり、農村や都市の貧困女性が抱える問題、すなわち階級差については自覚的ではなかった（Forbes 1996）。インド女性運動が持っていたこのような限界――エリートで富裕な階層の女性たちにとっての「問題」が普遍的な女性問題だと見なされ、インド女性の代表／表象をめぐる政治性に無自覚だったこと――は、独立後の一九七〇年代に新しい女性運動が起こるまで、大なり小なりインド女性運動に内在したといえる。さらにいえば、女子教育の普及はインド社会における女性の役割や地位を大きく変えるものではなく、むしろ子どもの教育や家庭の運営に寄与するものとされ、近代的素養を妻に求める知識人男性にとっても都合のよいものであったため、初期の女性運動は男性優位の家父長的社会構造に変革を促すものではなかった。

## 政治化する女性運動

こうした既存の社会構造追随的な女性運動がより政治化していくのが、一九二〇年代半ば以降である。主にインドの女性運動は、女性参政権の獲得と属人法の改革、そして幼児婚抑制法の制定を求めていく。とくに、女性は一四歳、男性は一八歳に結婚年齢を引き上げる一九二九年制定の幼児婚抑制法（通称シャールダ法）は、女性組織にとってもエポックメイキングな出来事であった。女性組織が男性の社会改革者ではなく、植民地政府と直接交渉をし、ロビー活動や激しい要求運動を繰り返したことは、これまでの女子教育を中心とする女性組織の方向性を大きく変えることになった（粟屋 二〇〇三）。

そうしたインドの本格的な女性運動は、アニー・ベサント、マーガレット・カズンズ、ドロシー・ジナラジャダーサといった神智学協会の会員であるイギリスの女性活動家らと深い関わりを持ちながら発展した。[*14] なかでも重要な組織として、女性インド協会（Women's Indian Association, WIA）、インド女性民族協議会（National Council of Women in India, NCWI）、そして既述した全インド女性会議（AIWC）が挙げられる。

女性インド協会は、上述したカズンズらが中心となり、アニー・ベサントを会長として、一九一七年にインドの上流階級の女性たちとともにマドラスを拠点として設立されたものである。女性インド協会は、神智学協会のネットワークを駆使して、設立翌年には二三〇〇人もの会員を得、インド各地に支部を拡大し、英語月刊誌『女性の道（*Stri Dharma*）』を刊行した。一九二五年には国際女性協議会のインド支部であるインド女性民族協議会、そして一九二六年には全インド女性会議が設立され、一九二七年一月五日から三日間、プーナで全インド女性会議の第一回会議が開催された。この会議の議長は、女性教育にも携っていたバローダ藩王国王妃であるチムナーバーイー・ガーイクワールが務めた。第一回会議では、教育改革を推進すること、幼児婚を禁止すること、そして幼児婚抑制法（シャールダ法）を支援すること、などが採択されている（AIWC 1979）。

全インド女性会議が年次会合の議題として産児制限を初めて取り上げたのは一九三二年であり、欧米の産児制限運動や社会改革者らによる取り組みが一九二〇年代初めに開始されたことを考えるならば、かなり遅いといえるだろう。一九三二年のラクナウー大会では、母体保護や貧困などの経済的理由に限定した産児制限に対して、賛成九九、反対七で産児制限を支持する決議を採択している（Ahluwalia 2008）。一九三六年のトラヴァンコール大会にはマーガレット・サンガーを招待しており、その際は賛成八五、反対二四で産児制限決議が可決した。このように、一九三〇年代前半から半ばにかけて、産児制限と人口抑制の必要性が全インド女性会議のメンバーらによっても認識され、発言されるようになっていった（AIWC 1979）。

だが、産児制限の推進に関しては、女性運動活動家の間でも意見が分かれている。インドの民族運動にも大きな影響を与えたアニー・ベサントは、禁欲以外の産児制限には反対の立場であったが、同じ神智学協会のカズンズやジナジャラダーサは、積極的に推進の立場をとった。とくにカズンズには、サンガーやハウ＝マーティンから、インド滞在時の支援に対して深い謝辞が贈られており、両者が協働関係にあったことを示している。

インド独立運動の指導者であるM・K・ガーンディーは、ブラフマチャリヤすなわち性欲の自己抑制の重要性を説いたため、全インド女性会議の主要メンバーのなかでも、ラメーシュワリー・ネルーのような国民会議派に近いガーンディー信奉者は、人工的な避妊には断固反対を表明した。その一方で、カマラデヴィー・チャットパッダイやラニ・ラクシュミバーイー・ラジワレ、ラクシュミー・メーノーンらインド人フェミニストたちは、産児制限を積極的に推進するべきだと主張した。彼女たちは、ガーンディーら国民会議派が唱えるように、女性の解放は民族解放が達成されれば自然と達成するという、独立運動への活動の一本化の潮流に抗して、産児制限というテーマを通して、女性の役割や母性を論争のトピックとして政治化することができると考えていたと見られる（Ahluwalia 2008）。

しかし、結果として女性による産児制限運動の多くは、独立運動のなかに取り込まれ、女性の権利としての産児制限ではなく、社会の発展や、進歩の指標としての女性の地位の改善としての産児制限、という言説から自由ではなかった。インドの女性運動において、産児制限の必要性は貧困層を対象とするものとして認識されており、中流・上流エリートに属する彼女たち自身に内在する切なる問題として対象化されたわけではなかった。

## 五　産児制限から家族計画へ

それでは、最後にインド政治の文脈では、産児制限はどのように見なされていたのかを見てみよう。センサスの統計データの蓄積により人口増加率が可視化されるようになったとはいえ、植民地政府および政治の取り組みは明示的な態度を示していたとはいえない。イギリス植民地政府は一九三一年センサス以降、人口問題について認識し始めてはいたが、社会的反発も大きい産児制限を積極的に擁護することは避けていた。そもそもイギリスは、産児制限に関する一致した公式見解というものは持っておらず、特別に推進もしなければ、アメリカ合衆国のコムストック法のような厳しい規制もしないという、どっちつかずの姿勢を保っていた（Ahluwalia 2008）。

植民地政府に支援された慈善組織や欧米のキリスト教ミッショナリーも、インド女性の健康を向上させるためには、出産をはじめとする生殖を取り巻く環境の整備が必要だとする意見は一致していても、産児制限には不介入の立場を貫いていた。キリスト教ミッショナリーがいっさいの産児制限を積極的に否定していたのは当然のこととして、主に総督や行政官僚としてインドに赴任する夫に同行してやってきたイギリスの上流婦人の慈善組織においても、性にまつわる事象はどのようなことであれ避けられたことは想像に難くない。

インドの政治家も、避妊具の使用に強く反対するガーンディーを擁する国民会議派のように、表だって産児制限を支持することはなかった。政治家で唯一ビームラーオ・アンベードカルは、不可触民社会の生活改善には産児制限が有効であり、ひいてはインドの貧困の解決につながるという立場から、一九三六年の独立労働党のマニフェストに過剰人口の抑制を掲げている。これは政党として産児制限を前面に押し出した最初の規約だとされている。[*15] 彼は議会に政府による産児制限への取り組みを提案するも、賛成一一（ほとんどが独立労働党員）、反対五二で否決されている（Mangudkar 1976）。

そのようななか、一九四三年にはベンガル大飢饉によって約三〇〇万もの人びとが餓死するという大惨事が生じる。インド女性組織も積極的に飢饉支援に乗り出し、それをきっかけとして貧困や低開発という、民衆が直面する生存に関わる問題へ直接的な取り組みを行うようになった。飢饉は過剰人口を原因とする食糧危機だとする新マルサス主義的な人口学者と、植民地支配による資源の低開発状態が原因だというナショナリストの議論を通して、植民地政府にとっても人口問題への早急な対応は無視しえない課題となっていく。

また、同時期の一九四六年には、健康調査と開発委員会（通称ボレ委員会）の報告書が発表された。このボレ報告書は、ポストコロニアル・インドの保健、医学行政を形作る重要な礎となったが、そのうち「人口問題」と名づけられた第二八章は、インドの発展と開発を阻害する要因として過剰人口に明確な警鐘を鳴らしている。

この数十年の間に見られる継続的な人口増加は、年々必要となる更なる数の住宅、衣服、食糧、彼らの教育、健康を保つための適切な手段の提供のような問題に大きな影響をもたらす。それゆえ、社会の再構築のためのいかなる計画も、人口問題の実施を無視することはできない。(Health Survey and Development Committee 1946: 477)

その後、一九四七年の独立をはさみ、一九五一年にはダーンワンティ・ラーマラム夫人らによって、ボンベイに政府とも協働する家族計画連盟が設立され、同時にインド政府も国家五ヶ年計画の重要課題として、家族計画プログラムを正式に開始した。ここにおいて、産児制限運動は国家政策（政治）のなかに取り込まれ、制度化されることとなった。それに伴い、二〇世紀初めから繰り広げられた社会運動としての産児制限運動は一応の終焉を迎え、個々の活動家や組織の手を離れていく。実に、八〇年代後半に副作用のない安全な避妊を求める女性たちの新たな運動が草の根から立ち上がるまで、性と生殖は社会運動のイシューとしては対象化されなくなったのである。そして、とくに都市や農村の貧困層への徹底的な家族計画の実施という、これまでの社会運動としての産児制限運動では実施されることはなかった広範な権力が遂行されることになった。

## 六　おわりに

本章では、二〇世紀初めから独立までの産児制限運動のプロセスを、そこに関わる多様なステークホルダーたちの活動から明らかにしてきた。

その後のインドの人口政策がたどった道については、改めてここで繰り返すまでもないだろう。[*16] 非常事態宣言下の一九七七年から七八年の一年間だけで、八〇〇万人を超える人――その大半が都市と農村の貧困層であった――が強制的な避妊手術を受けさせられたことは、インド現代史に残る出来事である。強制的な手術から、自主的で包括的な家族福祉（family welfare）、そしてリプロダクティブ・ヘルスへと人口政策が方向転換された今でも、農村では避妊手術が産児制限の最大の手段である現状は変わらない。インド全国で、女性への避妊手術は年四〇〇万件にもおよんでいる。

女性が生涯に産む子どもの数を減らし、人口を抑制するという目的だけを見るならば、産児制限運動は、ある意味「成功」した運動だといえるだろう。二〇一一年のインド平均の合計特殊出生率は二・四と劇的に低下し、地域によっては先進国並みの水準を示している。依然として人口増加は避けがたい規定トレンドであり、二〇三〇年ごろには中国を抜いて世界一の人口大国になると推測されているが、女性一人あたりが産む子どもの数でいえば、ほぼ人口置換水準に近づいている。

エリート層の間でのみ支持され、一般には宗教感情を逆なでし、猥褻に相当する反社会的行為だとして、広範な社会的支持を得るにはいたらなかった初期の産児制限運動は、イギリスからの独立前後に政治化されることによって、一部の活動家が主導する運動ではなく、有無をいわせぬ国家の「命令」となった。インドの産児制限運動の歴史は、現状の変革を求め、理念を達成しようとする複数のルーツを持つ運動が、最終的には国家政策のなかに取り込まれ、運動家の手を離れて国家事業となっていった歴史でもある。政治化されることで、この運動はその目的を広範に達成するのであるが、本章の事例は、市民やサバルタンらの異議申し立てとしての手段としての社会運動が、場合によっては人びとの生活や身体に介入する権力を招聘するというアイロニーを示している。

だが、当然ながら国家による量的な人口の管理は、複相的に展開した産児制限運動のごく一部を切り取って採用したに過ぎないものである。八〇年代後半から二〇〇〇年にかけては、避妊手術の後遺症や、避妊ホルモン注射デポ・プロベラ（Depo-Provera）やネット・エン（Net-En）の副作用による甚大な女性の健康被害が知られるようになり、使用制限を訴える女性組織からの反対運動も広まった。女性の健康や生活を守る基本的権利としての産児制限という、運動の初期理念の達成はいまだその途上にあるといえる。

注

＊1　Birth control は、日本語では産児調整、産児調節、受胎調整と訳されることもあるが、本章では産児制限で統一している。

＊2　教会や政府から禁止されているにもかかわらず、一九世紀半ばから医師や活動家によって書かれた避妊についての書物は出回り始めていた。たとえば、アメリカのチャールズ・ノールトンが私家版として一八三二年に出版した『哲学の果実』は、複写されて広く流通した。この本を一八七七年にイギリスで出版したアニー・ベサントとチャールズ・ブラッドローは逮捕され裁判沙汰となり、大きな社会的論争を引き起こした。なお、ベサントはのちに新マルサス主義を離れ、神秘主義的な神智学協会（Theosophical Society）の信奉者となり、インドに渡ってイギリス植民地支配からの独立を目指すナショナリズム運動に大きな影響を与え、国民会議派の年次大会議長などを担った。

＊3　カイロ会議の定義によれば、リプロダクティブ・ヘルスは「人間の生殖システム、その機能と過程のすべての側面において、単に疾病、障害がないというだけではなく、身体的、精神的、社会的に完全に良好な状態にあること」を指し、リプロダクティブ・ライツは「すべてのカップルと個人がその子どもの数と、出産の間隔、そして時期を自由にかつ責任をもって決定すること、そしてそれを可能にする情報と手段を有することを基本的人権として承認し、また、最高の水準のセクシュアル・ヘルスとリプロダクティブ・ヘルスを獲得する権利」を意味する（United Nations 1994）。

＊4　たとえば、アメリカ大統領選挙では中絶容認派（pro-choice）か反対派（pro-life）かは候補者の政治的立場を示す大きな指標となる。また、ローマ教皇の選出においても、避妊に対してどのような態度をとるかがリベラルと保守の差異化の一つの基準となっている。インドにおいても、女性や子どもの健康を達成するという意味でのリプロダクティブ・ヘルスは広まっても、自らのセクシュアリティや生殖について選択できる権利としてのリプロダクティブ・ライツについては容認されていない（Datta and Misra 2000）。

＊5　サンガーのクリニックで働いていた看護師のエセル・バーンが逮捕され、獄中でハンガーストライキを起こしたときは、全米のメディアがこぞって連日一面で報道した。また、サンガー自身も罰金刑ではなくあえて懲役刑を選ぶことで、大き

な社会的関心と支援を引き起こした（荻野 一九九四）。

＊6　講演旅行の報告書 "Round the World for Birth Control with Margaret Sanger and Edith How-Martyn: An Account of an international tour" によれば、二人はそれぞれ二手に分かれてインド中を駆けめぐったようである。ワークショップの中心は、各地の医師や医療関係者を対象とするものであり、そこではしばしばサンガーがアメリカで制作したフィルムが上映された。

＊7　"Round the World for Birth Control with Margaret Sanger and Edith How-Martyn: An Account of an international tour" 一七頁より。

＊8　優生学（eugenics）という語は、一八八三年にイギリスのフランシス・ゴルトンが作り出した言葉であり、人間の血統を改良し、より質の高い最良の人間種を作り上げるための研究を指す。ダーウィンの従兄弟であるゴルトンは、ダーウィンが唱えた生物進化と自然選択の法則を人間に適用し、合理的計画と人為的介入によって人間の改良を加速させるべきだと考えていた（Levine and Bashford 2010）。

＊9　一九一一年〜二一年の低人口増加率は、一九一八〜一九年に起こった世界的なインフルエンザの大流行によるものである。このインフルエンザはインド歴史上でも特筆すべき甚大な被害をもたらし、世界全体で約二五〇〇万人〜四千万人、インドだけでも一二五〇万〜二千万人の死者数を出したと推定されている（脇村 二〇〇二）。

＊10　Eileen Palmer Collections より。

＊11　サンスクリット学者の父親からサンスクリット語教育を受け、女性としては例外的にパンディットの称号を得る。後にイギリスでキリスト教に改宗し、帰国後、「シャーラダー・サダン」という寡婦および孤児のための施設の運営に尽力した。

＊12　一一歳で著名な社会改革者である判事マハーデーウ・ラーナデーと結婚し、夫から教育を受ける。マハーデーウ・ラーナデーらの支援のもと、女子教育のための「アーリヤ・マヒラ・サマージ」や寡婦の自立を目指す「セワ・サダン」を設立した。

＊13　一八五八年カルカッタ生まれ。ラビーンドラナート・タゴールの姪。タゴール家出身で作家の母親と、国民会議派の父親というベンガルの名家に生まれ、家庭で教育を受ける。一八九〇年カルカッタ大学から学士号を取得。一九一〇年にインドにおける初期の女性組織である第一回「バーラタ・ストリー・マハーマンダル（インド女性大会議）」をアラーハーバー

ドで開催し、各地に支部を作り、パルダをはじめとする女性問題の解決を目指した。

＊14　神智学協会は、ロシア出身のブラヴァツキー夫人とアメリカ人のオールコット大佐によってアメリカ、ニューヨークで一八七五年に設立された、真理の探究を掲げる神秘主義団体である。東洋、とくにインド思想への傾倒から南インド、タミル・ナードゥ州のアディヤールに本部を移し、神秘主義に限らず、独立運動、文芸、アート、女性運動など多岐にまたがる分野に大きな影響を与えた。アニー・ベサントとマーガレット・カズンズはアイルランド出身、ドロシー・ジナラジャダーサはスコットランド出身で、協会の活動のためインドへ移住している。それ以外にも多くの神智学協会の女性メンバーがインドで教育や慈善活動に従事した（Dixon 2001）。

＊15　アンベードカルは、弁護士時代に産児制限活動家のR・D・カルヴェーがプーナのバラモンから猥褻罪で訴えられた裁判の弁護を行っている。カルヴェーの裁判は敗訴したが、こうした活動家との親交を通して産児制限への認識が形成された可能性もある。

＊16　独立後の産児制限（＝家族計画）については、松尾（二〇一四）を参照のこと。

## 参考文献

（一次資料）

AIWC（All India Women's Conference）1979. *All India Women's Conference: A Historical Perspective*. New Delhi: AIWC.

Eileen Palmer Collections.（Wellcome PP/EPR/E. 1）

Round the World for Birth Control with Margaret Sanger and Edith How-Martyn: An Account of an international tour, under the auspices of Birth Control International Information Centre, London.（Wellcome CMAC PP/EPR/C. 1）

（二次資料）

粟屋利江　二〇〇三「南アジア世界とジェンダー——歴史的視点から」小谷汪之編『現代南アジア五　社会・文化・ジェンダー』東京大学出版会、一五九—一九〇頁。

市野沢容孝　一九九六「性と生殖をめぐる政治——あるドイツの現代史」江原由美子編『生殖技術とジェンダー』勁草書房、一六三—二一七頁。

荻野美穂　一九九四『生殖の政治学――フェミニズムとバース・コントロール』山川出版社。
荻野美穂　二〇〇八『「家族計画」への道――近代日本の生殖をめぐる政治』岩波書店。
小牧幸代　二〇〇三「英領インド期のセンサスと宗教」小谷汪之編『現代南アジア五　社会・文化・ジェンダー』東京大学出版会、一一―三六頁。
松尾瑞穂　二〇〇九「争点化するセクシュアリティ――英領期インドにおけるR・D・カルヴェーの産児制限運動を中心に」『南アジア研究』二一、一五二―一七三頁。
松尾瑞穂　二〇一四「多産、人口、統計学的未来――インドにおけるリスク管理としての産児制限」市野澤潤平・東賢太朗・木村周平・飯田卓編『リスクの人類学――不確実な世界を生きる』三九―六一頁。
米本昌平　二〇〇〇「イギリスからアメリカへ――優生学の起源」米本昌平・松原洋子・橳島次郎・市野沢容孝『優生学と人間社会』講談社現代新書、一三―五〇頁。
脇村孝平　二〇〇二『飢饉・疫病・植民地統治――開発の中の英領インド』名古屋大学出版会。
Ahluwalia, G. 1923. The Indian Population Problem: Selective Lower Birth Rate, a Sure Remedy of Extreme Indian Poverty. *Birth Control Review* 7: 288-291.
Ahluwalia, S. 2008. *Reproductive Restraints: Birth Control in India, 1877-1947*. Urbana and Chicago: University of Illinois Press.
Arnold, D. 1993. *Colonizing the Body: State Medicine and Epidemic Disease in Nineteenth Century India*. Berkley: University of California Press.
Datta, B. and G. Misra. 2000. Advocacy for Sexual and Reproductive Health: The Challenge in India. *Reproductive Health Matters* 8（16）: 24-34.
Davis, K. 1951. *The Population of India and Pakistan*. Princeton: Princeton University Press.
Dixon, J. 2001. *Divine Feminine: Theosophy and Feminism in England*. Maryland: Johns Hopkins University Press.
Forbes, G. 1996. *Women in Modern India*. Cambridge: Cambridge University Press.
Health Survey and Development Committee. 1946. *Report of the Health Survey and Development Committee Vol. I-IV*.

Calcutta: Manager of Publications.

Hodges, S. 2008. *Contraception, Colonialism and Commerce: Birth Control in South Asia, 1920-1940*. Aldershot: Ashgate.

Kumar, R. 1993. *The History of Doing: An Illustrated Account of Movements for Women's Rights and Feminism in India, 1800-1990*. New Delhi: Kali for Women.

Levine P. and A. Bashford. 2010. Introduction: Eugenics and the Modern World. In A. Bashford and P. Levine（eds.）, *The Oxford Handbook of the History of Eugenics*, pp.3-24. Oxford: Oxford University Press.

Mangudkar, M. P. 1976. *Dr.Ambedkar and Family Planning*. Poona: Publisher Mrs. Suvarna Mangudkar.

Mukherjee, R. 1938. Population capacity and control in India. In *Population problem in India*, pp.7-17. Mylapore: Madras Law Journal office.

Rappaport, H. 2001. *Encyclopedia of Women Social Reformers vol.1*. Santa Barbara: ABC-CLIO.

United Nations 1994. *Population Division, Reproductive Rights*. http://www.un.org/en/development/desa/population/theme/rights/index.shtml（最終アクセス二〇一四年六月一五日）

Wattal, P. K. 1916. *The Population Problem in India: A Census Study*. Bombay: Bennett, Coleman & Co.

# 第四章　新州設立運動の系譜学

## オディシャー州西部における反平野意識の形成

杉本　浄

### 一　はじめに

連邦制を採用したインドにおいては、一つの社会変革の方法として地方政府の要である「州」創設を求める運動が展開されてきた。独立直後は「言語」に基づく州再編運動が活性化し、一九五〇年代から六〇年代にかけて新たな州がぞくぞくと登場した。これとは別にインド国境外にも広がるトライブ人口の多いインド北東部は、一九六〇年代から七〇年代はじめにかけて小規模な州に分かれて再編された（井坂二〇一一）。二〇〇〇年にウッタラーンチャル（二〇〇七年にウッタラーカンドに改名）州、ジャールカンド州およびチャッティースガル州が新設され、より小さな州を求める全国各地の運動に刺激を与えることになった。その多くは言語やトライブなどの特定の同一集団への帰属意識を有し、既存の州内だけでなくインド国内で周辺的な位置にある人びとによる運動であり、新たな州の設立が「より迅速な経済発展」を導くことを強調する（Kumar 2000: 3078）。つまり、州に与えられた権限を得ることで、[*1] 政策の決定や財政運営により「近い」地域住民の意見を反映させ、それにより「遅れた」地域の発展を迅速化できるというシナリオが、こうした運動において明示されるのである。

本章はこのような新州設立運動の一つの例として、一九九〇年代末より再活性化した、オディシャー州西部におけるコーサラ運動を取り上げ、この地で形成された反平野意識の形成とさまざまな運動群の動態的な関連性を、社会・政治変化とともに歴史的に跡づけることを目的とする。この運動はより小さな州を求める運動として全インド・レヴェルで決して注目されてきたとはいえない。しかし、一九四七年のインド独立直前に構想されてから、担い手を変えつつも現在まで運動が続けられてきた。インドの周縁地域で理想と現実の狭間でもがいてきたこの種の社会運動の実際をここで活写したい。

本章の二節では一九九〇年代末から現在までのコーサラ運動の再活性化と運動の展開を紹介する。続く三節ではコーサラ運動の起源がどの時点にあり、どのような状況で新州が構想されたのかを追う。具体的にはイギリス植民地時代におけるオリッサ地方西部の丘陵地域の行政再編の過程を確認し、植民地末期に起こったヒラクド・ダム反対運動、藩王国の併合問題をここで取り上げる。[*2] 四節では独立後の大規模開発と同時に平野部への不満が強まっていく模様について、ヒラクド・ダム、製鉄所、各種鉱山開発などを通して検討していく。

## 二　コーサラ運動の再活性化と展開

### 一九九〇年代末の運動の再活性化

一九九〇年代末にオリッサ州西部丘陵地域にコーサラ州を新たに設立する運動が再活性化した。この背景にはウッタラーカンド州や近接するジャールカンド州とチャッティースガル州の新設への動きが関わっている。三州と同じように天然資源が豊富なこの西部地域の人びとが、州の政治・経済の中心地域である海岸平野部に対して、

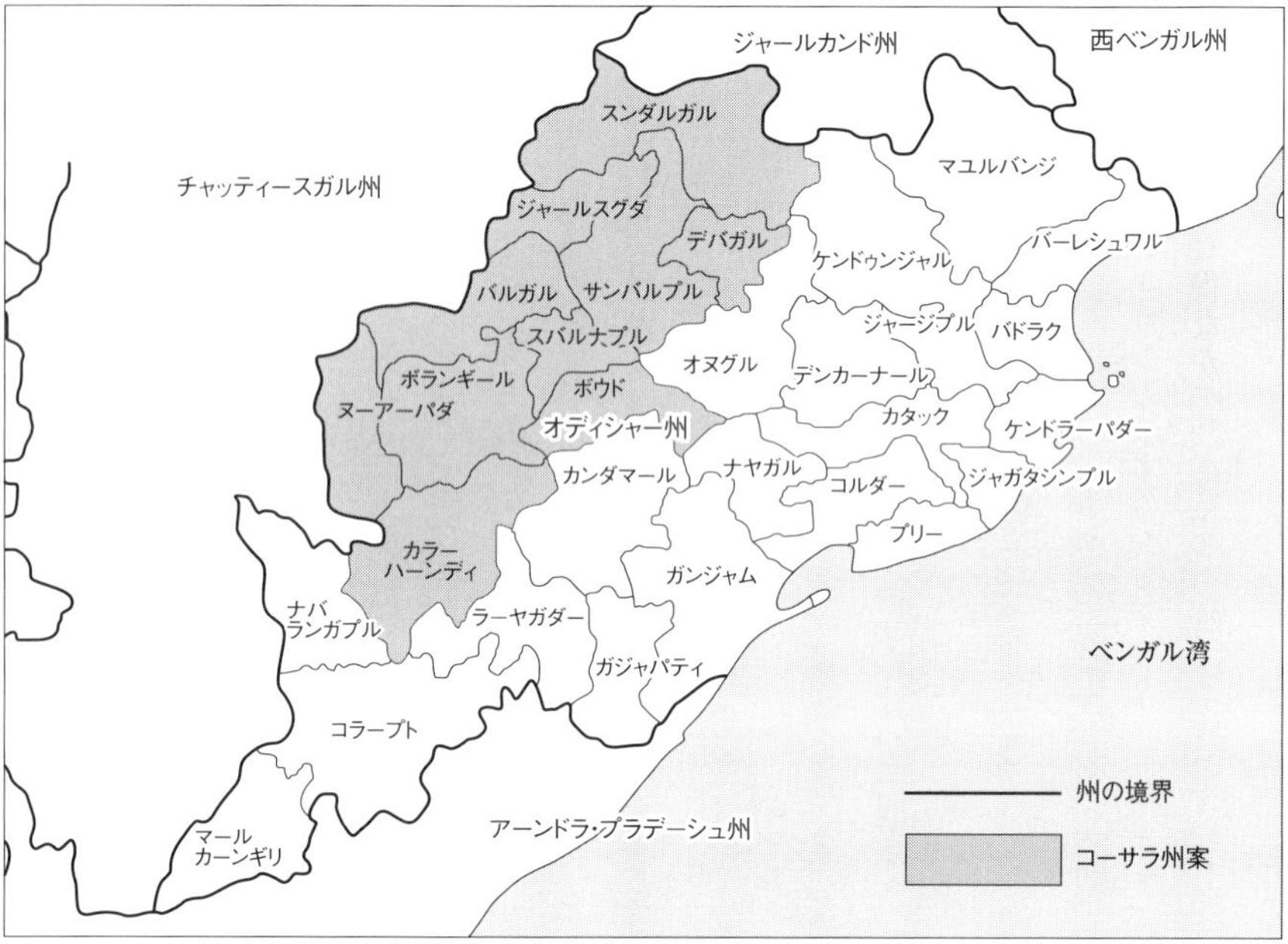


図4-1　主張されているコーサラ州の領域
出典）筆者作成

西部の立ち遅れの不満をいよいよ募らせ、より迅速な発展への要求を高め、社会階層を越えた「西部意識」を強めていたことが、大きな要因であった。

これに対し、当時州政権を掌握していたインド国民会議派は一九九八年に海岸平野部との格差是正のために西部オリッサ開発会議（Western Orissa (Odisha) Development Council WODCと略記）の設立を提案した。翌年、後進地域の社会資本整備のために独自の財源が西部一〇県に与えられることになったが、二〇〇〇年の選挙で会議派が敗れ地方政党のビジュ・ジャナター・ダル（BJD）とインド人民党（BJP）による連立政権が始まると、いったん見直され、翌年に再設された（*The Hindu*, 26th Mar. 2001）。その目指すところは「当該地域における社会、経済、教育文化の促進と発展」に置かれた（Western Odisha Development Council 2013）。

これら西部一〇県とは、図4-1で示したようにバルガル、ボランギール、ボウド、デバガル、ジャールスグダ、カラーハーンディ、ヌーアーパダ、サンバルプル、スバルナプル、スンダルガルのことである。[*3] 面積にして約五万一千平方キロメートル（およそ九州と四国を合せた大きさ）、人口は約一〇四〇万人（二〇一一年国勢調査）で、それぞれ州全体の三分の一と四分の一を占める。[*4] また、指定トライブの人口が多く、人口の約三〇％を占めており、この数は州総人口の二二・一三％よりも高い割合である（Census of India 2001）。

さて、WODCの提案と軌を一にして、住民の側でも一九九八年にコーサラ統一評議会（Koshali Ekta Manch：以後KEMと略記）を結成した。KEMは財政的な自治が不十分であることを理由にWODCの設立を批判し（Chaudhuri 2001）、コーサラ州設立を求めた。この背景にはWODCのような中途半端な組織を認めてしまうと、将来的な自治権の拡大の道が閉ざされてしまうのではなかという恐れがあったと思われる。

その後、二〇〇一年までの間に、コーサラ州を要求するさまざまな団体が設立された。[*5] 支援者は西部丘陵地域に限らず、州都のブバネーシュワルや首都のニューデリーに住む西部出身者たちで、高等教育を受けた中間層や上位層の人びとからとくに支持を集めた。同年、オリッサ州の創設記念日（Utkal Diwas）にあたる四月一日を「ブラック・デー」とし、創設記念の催しをボイコットする呼びかけがこれらの団体を通じて実施された。KEMはボランギール県などでボイコットを呼びかけ、役所の前で座り込みを行った。KEMの幹事で弁護士のP・K・ミスロ（Pramod Kumar Mishra）はKEMの運動目的がコーサラ州の設立とコーサラ語がインド憲法の第八附則の言語（現在二二）に含まれることにあると述べている（*Dharitri*, 3rd Apr. 2001）。

翌年、このコーサラ州設立問題はオリッサ州議会で議論されるところとなった。BJPに属する議員B・ミスロ（Balgopal Mishra）は自身の党の方針に反して、新州の設立を政府に求めた（Chaudhuri 2001）。また、彼はKEMの協力を得ながら、新州設立のために広く住民の支援を得るキャンペーンを二〇〇四年に展開した（*The*

*Hindu*, 7th Mar. 2004)。

しかしながら、ＢＪＤ－ＢＪＰ連立政権下で、当初期待されたＷＯＤＣの予算枠の増加が微々たるものに抑えられ、自治権の付与が行われなかったため、それまで西部で議席を急速に拡大化していたＢＪＰの支持が弱まった（Alam 2007: 277-278）。Ｂ・ミスロは二〇〇四年の州選挙で落選し、ＫＥＭは彼の選挙道具に利用されたとして、選挙後に袂を分かつことになった。

運動の再出発

その後、ＫＥＭは運動をビジネスマン、学生、女性、農民、トライブといった幅広い層へ広めるために、コーサラの歴史、文化、言語の啓蒙活動に力を入れた。このなかで、かつてオリヤ語の方言として位置づけられていたサンバルプル語を、独自の言語「コーサラ語」であると主張した。二〇〇五年にはＫＥＭとその他の諸団体とともにインド大統領とオリッサ州知事宛に請願書を提出した。それによると、国連の開発会議が全世界のなかで最も貧しいと宣言したこの地域に、平野部の人びとが牛耳るオリッサ州政府は何ら打開策を見出してこなかった。したがって同一の歴史、文化、言語を有するコーサラの地に州を設立することで、このような現状を打開できると訴えた。その上で、この運動が「存在のための、生活のための、生計のための闘争……（a struggle for existence, a struggle for life, struggle for bread and butter……）」であると主張したのである（Koshali Ekta Manch 2005: 1-10）。

ところで、この運動で用いられる「コーサラ」とは、四世紀ごろよりマハーナディー川上流のチャッティースガル盆地に首都を置いた国のことで、北インドにあった同名の国と区別するために便宜的に「南コーサラ」と称されてきた。一〇世紀前後にマハーナディー川中流域の西部オリッサに一族の一部が下り、ソーマヴァムシ朝を興し、後には丘陵部だけでなく下流域の海岸平野部を支配したとされる（Panigrahi 1995）。こうした歴史的王朝の存在は運動の精神的柱として、当事者にとっては重要であった。この王朝の中心部があったとされるボランギール県とソンプール県に運動の指導者や支持者が比較的多いのも、投影できる身近な「黄金期」の歴史としてコーサラ国の存在があったことが大きい。

その後、ＫＥＭは一時離れていた政党政治の活動を再開し、コーサラ革命党（Koshal Kranti Dal：以下ＫＫＤ）を二〇〇七年六月に設立した（*Pioneer*, 6th Jun. 2007）。翌年ＫＫＤは西部で新州設立のキャンペーンを展開し、党本部のあるボランギール県で鉄道の妨害を実施した（*Pioneer*, 28th Mar. 2008）。またＫＫＤは西部での新しいダム建設や鉱山開発に対する反対運動も展開している（*Pioneer*, 2nd Nov. 2008）。開発に晒された農民やトライブの支持を取り付けることが狙いであったと考えられる。ＫＥＭとＫＫＤの活動はトライブ人口の少ないソンプール県、ボランギール県でさかんであり、支持拡大のためにはより広い社会層に訴えねばならない。しかし、それまで西部における積極的な開発を主張してきた経緯があるため、ダムや鉱山開発に反対することは、ややもすると自らの主張と矛盾する恐れもあった。

二〇〇九年の総選挙において、ＫＫＤは未登記政党として候補者を送り出した。オリッサ州議会選挙に四一名、下院選挙に六名の立候補者を出し、選挙活動を行ったが（*Pioneer*, 22nd Jan. 2009）、いずれの候補も落選している。ＫＫＤ側の発表では約五〇万人の党員がいるというが（*Pioneer*, 9th Jun. 2010）、その支持基盤は脆弱であった。それでもＫＫＤは近年活発であったアーンドラ・プラデーシュ州から分かれて別州を創設するテランガーナ運動に戦術を学びつつ（Pradhan 2009）、鉄道封鎖といったボイコット活動を展開している。[*6] 筆者が二〇一一年一月にコーサラ文化の啓蒙活動を受け持つＫＥＭの指導層二名に行った聞き取り調査では、ＫＫＤがトライブ団体との連携や若年層の取り込みを試みていると話していたが、支持者を得ることは容易ではないように見えた。[*7]

ＫＥＭについては、中央政府への請願、コーサラ語普及、コーサラ文化の啓蒙活動、国勢調査の母語登録運動、コーサラ文学の育成といった活動を「文化」運動として行っている。資金や活動などを支えるのは西部地域の旧地主層だけでなく、デリーなどの都市部に住む比較的豊かな西部出身者である。「運動は始まったばかりで、コーサラの歴史・文化を自覚してもらうには時間を要するだろう。コーサラ州の実現へ向けて、まずは文化面から後押ししていきたい」と指導層の一人が筆者によるインタヴューのなかで述べていた。

では、このコーサラ運動はどのような歴史的背景の下で登場し、社会状況の変化のなかにあって、どのように継続されてきたのであろうか。次に、その起源について追ってみたい。

## 三　コーサラ運動の起源

### イギリス植民地時代の西部丘陵地域と行政再編

一九四七年のインド独立にいたるまで、コーサラ州が要求されたオリッサ州西部の行政区の変遷は複雑な過程を経てきた。旧サンバルプル県は一八一八年にイギリスとの証書を交わすことで軍事同盟を結び、その庇護下に入ったサンバルプル藩王国の領土にあたる。一八四九年に藩王が死去し、長子がいなかったことで、当時イギリスによって施行されていた「失権の原理」が適用されてイギリスの直轄領に入った。一時期ベンガル管区オリッサ地方に組み込まれるも、一八六二年に中央州チャッティースガル地方の一県となった。

一九世紀末よりこの県の支配層やエリート層はオリヤ語の一体性を共有し、後に平野部で主張された別個のオリッサ州を要求するオリヤ運動を支持した。オリヤ語圏を一つの行政区に組み込むことを目的としたこの運動は、一九世紀後半から平野部のエリート層により実施され、当初は出版文化において進んでいたベンガル語の普及

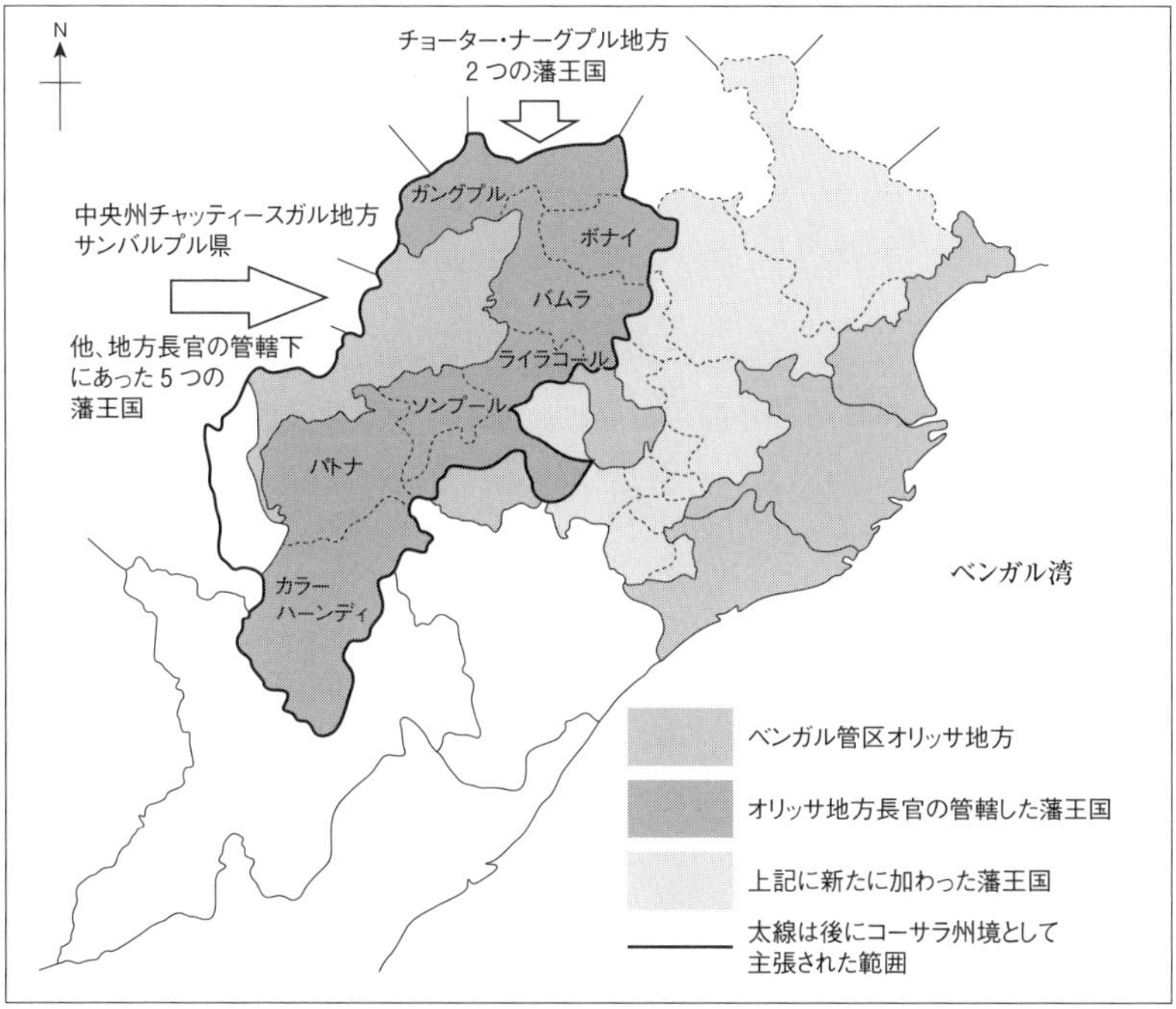


図4-2　1905年のベンガル分割時の行政区再編

出典）筆者作成

によって脅かされたオリヤ語の擁護や、先進地域から移動してきた人びとが担っていた官職や教職を得ることを目的にしていた。一九〇五年のベンガル分割による行政区再編はインドの特定の地で反英運動の展開を見せたが、オリッサの平野部とサンバルプル県のエリート層は植民地政府側の案を支持することで、中央州に置かれたサンバルプル県と海岸平野部オリッサ地区との行政統合を実現させた（杉本 二〇〇七）（図4-2）。このとき、サンバルプル県に隣接するカラーハーンディ、パトナ、ソンプール、ライラコール、バムラの五つの藩王国もオリッサ地方長官の管轄の下に入った。これとは別にベンガル管区チョーター・ナーグプル地方の地方長官の管轄下にあったガングプルおよびボナイ藩王国も同時に移籍した（Cobden-Ramsay 1910）。この七つの藩王国とサンバルプル県の範囲が今日主張さ

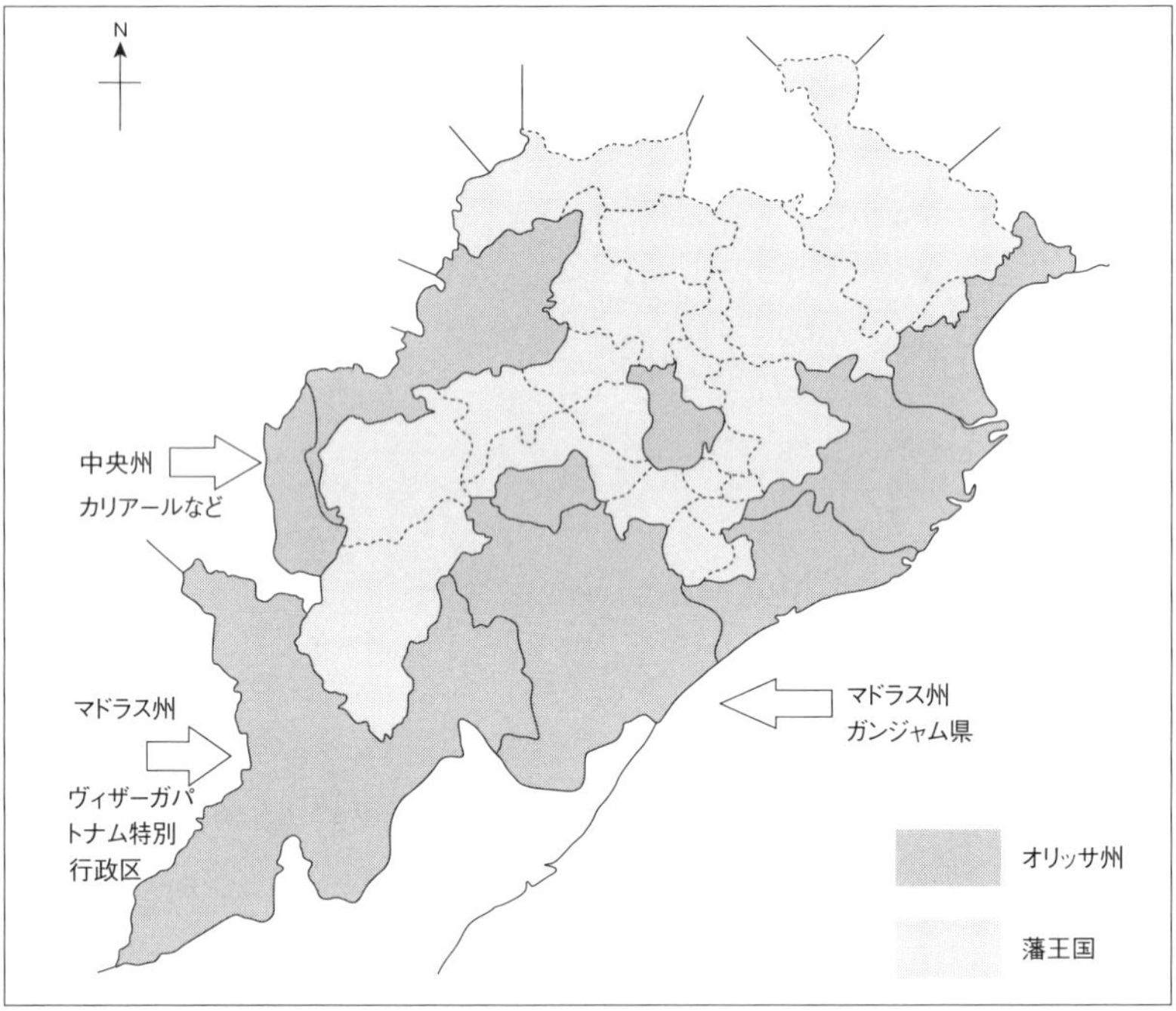


図4-3　1936年に新設されたオリッサ州
出典）筆者作成

れるコーサラ州の領域である。

　その後、一九一一年にベンガル分割が解消された際の行政再編によってビハール・オリッサ州が設置され、州都はビハール側のパトナに置かれた。一九一九年のインド統治法改正後、英領内で選挙制などの自治権が州レヴェルで段階的に拡大されるようになるなか、オリヤ運動の目的が別個の州として統合されることに置かれた。

　この間、西部藩王国の藩王たちはこの運動の支援者でもあり、オリヤ語の擁護者でもあった。出版や辞書編纂、文学活動の支援において資金を提供したのである。たとえば、G・C・プラハラージ（Gopal Chandra Praharaj 一八七四〜一九四五）の編纂による七巻本の労作『オリヤ語大辞典（*Odia Bhashakosha*）』は、ソンプール藩王国の藩王の資金的援助によって一九三〇年代から四〇年代初めにかけて刊行された。一九二七年からの憲政改革をめぐる議論においても、オリッサ州設置が請願され、その改革案を反映した一九三五年のインド統治法改正に際してオリッサ州の創設が明記され、翌四月一日に新州が誕生した（図4‐3）。この三五年の改正は、中央と州の権限に変更を加え、限定的ではあったが以前よりも州に自治権を与える内容であった（杉本 二〇〇七）。

ヒラクド・ダム反対運動と藩王国の併合

以上の西部丘陵地域と海岸平野部との蜜月が崩れ、別個の行政区としてコーサラが構想されるようになったきっかけは、植民地末期に起こったヒラクド・ダム反対運動と藩王国の併合という二つの大きな出来事にあった。以下、このことをややくわしく述べてみたい。

ヒラクド・ダムの構想は、マハーナディー川水系の周辺部に大きな被害をもたらした洪水をいかに防ぐかをめぐる技師たちの議論に、その起点があった。一八五〇年代から六〇年代に、堤防の強化や堰を設けて水流を変えるといった案が出されていたが、貯水ダムの建設によって水量を制御する案が本格的に議論されたのは、一九三〇年代からである（D'Souza 2006; Government of India 1947）。一九三八～四二年の間に設置された洪水諮問委員会（The Flood Advisory Committee）は、マハーナディー水系に関する調査を行い、洪水対策の勧告をインド政庁に行った。それは、ヒラクド、ティッカパーラー（Tikkapara）、ナラージ（Naraj）の三つの貯水ダムの建設を提案するものだった。その後、ダム計画は迅速化し、一九四五年五月に前月に設立されたばかりの中央水路灌漑・運河委員会（The Central Waterways Irrigation and Navigation Commission）の委員長A・N・コーサラー（Ajudhiya Nath Khosla 一八九二～一九八四）によるマハーナディー水系の調査が行われた。同年一一月八日にはB・R・アンベートカル（Bhimrao Ramji Ambedkar 一八九一～一九五六）を議長とする「オリッサ多目的河川会議（The Orissa Multi-Purpose Rivers Conference）」が当時の州都であったカタックで開催され、マハーナディー河谷の総合的開発のために多目的ダム（灌漑、発電、治水）を建設することが明らかにされた（D'Souza 2003; Baboo 1992; Nayak 2010）。

翌年一月にマハーナディー流域の調査が開始され、当時のオリッサ州知事V・P・メーノーン（Vappala Pangunni Menon 一八九三〜一九六五）と調査にあたったコーサラーが話し合い、インド政府の財政支援などを要請した（Governor's Report, 24th Jan. 1946; Indian Office Records（以下IORと略記））。こうして三月一五日にはメーノーンの後任の州知事H・レーヴィス（Hawthorn Lewis）によってダムの定礎がなされた。また、一九四六年四月後半にパンジャーブ州政府雇いのアメリカ人技師らが三つのダムの建設予定地を視察し、計画が適切であることを指摘した（Governor's letter, 6th May 1946; IOR）。こうして、ヒラクド・ダムは洪水対策用の貯水ダムからさらに大がかりな多目的ダムへと変更され、定礎はされたもののダムの計画自体はその後も設計変更を繰り返し、その過程でさらなる大規模化の方向へ向かっていくのであった。

ダム建設が公に知られるようになると建設に反対する動きが現れた。一九四六年七月にオリッサ州知事は、ヒラクド・ダム反対運動がサンバルプル県で頻発していることについて、インド総督に報告している。それによれば住民が反対する理由として、ダム建設は数多くの村々を沈め多大な犠牲を払うこと、さらに平野部の人びとにとっては大きな利益をもたらしてくれるが、サンバルプル県の人びとにとってそうではないことを挙げた。知事はこうした反対の動きに対応するには、土地収用対象の農民に代替農地を与えることなど、きちんとした宣伝活動を行い、人びとの理解を得る必要があると訴えた（Governor's letter, 8th Jul. 1946; IOR）。

これと同じころ、藩王国の併合についても、藩王とインド国民会議派のインド側の代表団との話し合いが始まっていたが（Governor's letter, 20th Jul. 1946; IOR）、ヒラクド・ダム建設反対集会をサンバルプル県選出のインド国民会議派議員が部分的に指導したため、建設を支持する州会議派政権は沈静化に躍起になった。インド国民会議派に属するオリッサ州の指導者の一人で、四月に州首相に就任したばかりのH・K・モホタブ（Hare Krushna Mahatab 一八九九〜一九八七）が、ダム建設に関してガーンディーとネルーの意見を求めていることが公にされた（Ibid.）。

オリッサ州の藩王国の藩王たちは一九四六年七月後半に一堂に会し、オリッサとチャッティースガルの藩王国すべてを統合し、独自の「連盟」を設立することを決定した。これを知った州知事はティッカパーラーとナラージの二つのダムに沈む村々の多くが藩王国側にあり、連盟設立によって協力を得られなくなれば、マハーナディーのダム計画がとん挫してしまうだろうとインド総督に警告を発した（Governor's letter, 9th Aug. 1946: IOR）。サンバルプルの町ではダム反対集会が七月二一日に開催され、約二千名もの人びとが集まった。州首相と財務大臣も参加し、興奮した聴衆をなだめようと一時間半にもわたる演説を展開したが、人びとはダム計画が撤回されなければ、非協力運動を起こすことを決議した。このころの計画では、建設によって三六八・三平方キロメートルの土地（ほぼ千葉県市原市と同じ面積）とおよそ九九の村が貯水湖に沈むとされた。

このときの集会の模様を詳細に綴った別の報告書を見ると、ただのダム建設反対にとどまらない根の深さがあったことがわかる。演説者の一人S・K・ミスロ（Sankar Prasad Misra）は、海岸平野部に比べサンバルプル県がこれまで官職の雇用、教育向上、公衆衛生の改善の面でいかに疎かにされてきたかを聴衆に訴えた。また、州都にあるラベンショウ・カレッジの寮にサンバルプル県出身者が入れないという差別的待遇を受けているとも指摘している。ダム建設は洪水がなかったこの地域に多大な犠牲を強いるとし、まったく益がないと主張する。また、建設後に産業が興ったとしても、他所からやってくる、たとえばビルラーのような有力な資本家によってこの地域は搾取され、「我々は彼らの奴隷にされるだろう」と警告した（Home Confidential File, Orissa State

Archives 1946: 48)。海岸地域からの差別的待遇、社会福祉および経済面での格差、平野部の犠牲となる丘陵部といった構図は、この集会においてはっきりと明示されたのである。

もう一つ重要な発言が同じ会場であった。藩王国連盟でリーダーシップをとるパトナ藩王R・N・シンデオ（Rajendra Narayan Singhdeo 一九一二〜一九七五）は、先祖の王朝がサンバルプル県一帯をかつて版図に含んでいたことを理由に、同県をパトナと併合し、共に藩王国連盟に加わるよう主張した。それによりオリッサ州から切り離されることで、ダム建設を回避することもできると反対派に訴えた（Governor's letter, 25th Aug. 1946; IOR）。

独自の行政区案の浮上

これ以後、さまざまな反対集会でサンバルプル県をオリッサから切り離すという意見が出されるようになった。結果的に、この集会でのパトナ藩王の案は、後にダム建設反対を背景とする「ヒラクド州」ないし「コーサラ州」創設要求に繋がることになった。[*8] ここにコーサラ州の祖型が現れたのである。現在でも最もコーサラ運動がさかんであるのは、このパトナ藩王国の領土を受け継いだボランギール県である。

それまでの支配層（パトナ藩王をはじめとする藩王たち、大地主、高カーストの一部）が結束していく理由は、インド独立後に議会制が導入されるとなると、選挙制に慣れていないこの地に混乱が生ずると予想され、また、こうした急速な変化は先に議会制が導入されていた英領直轄地との間の格差を拡げてしまうと考えていたからである。

こうしたなか、一〇月一六日に藩王国連盟について話し合うために、サンバルプルで五人（ソンプールなど）の藩王とH・K・モホタブ州首相との間で会合が持たれた（Governor's letter, 29th Oct. 1946; IOR）。一〇月後半、反対派が移住代替地の調査を含む準備調査を妨害したことに州政府が厳しく対処したため、これを抗議する運動が起こった（Governor's letter, 8th Nov. 1946; IOR）。一二月一一～二〇日の間に、ダム反対運動収束のために州知事がサンバルプルを訪問している（Governor's letter, 6th Dec. 1946; IOR）。また、目立たない動きではあったが、トライブや農民などを支援してきた州議会議員のM・シン（Mohan Singh）らを中心とするグループが、ヒラクド・ダム反対運動に反対する集会を一九四七年一月八日に開いた。彼らはトライブや農民の生活の向上にダム建設は必要とし、反対を指導する大地主たちを利己的であると批判した（Home Confidential File, Orissa State Archives 1947）。当然のことではあるが、ダム建設の議論は一枚岩ではなかった。

一九四七年二月までに反対運動は下火になり、移住代替地の調査も進むようになった（Governor's letter, 16th Feb. 1947; IOR）。同月にはガーンディーがサンバルプル県のオディシャー州からの分離に反対を表明したことが伝わった（Governor's letter, 2nd Mar. 1947; IOR）。

一時収束に向かうかに思われた反対運動は再び盛り返した。四月二一日にサンバルプル県会議が再度開催され、ダム建設の取りやめとサンバルプルをオリッサから分離するよう州議会に要求することが決議された。州議会はこれにまったく関与せず、与党州会議派もこの問題に関わることを一切やめた（Governor's letter, 3rd May 1947; IOR）。こうして五月八日に反対派はダム反対のためのサティヤーグラハ運動を実施すると州政府に警告を突きつけた。五月二一日に、警告通り運動が始まった。二日目に一七名の負傷者を出し、数名が逮捕されたが、三日目から次第に沈静化していった。党の方針に反して反対運動に加わっていた、会議派議員で集会の主要メンバーの一人でもあったB・ドューベ（Bodhram Dube）の指導力に、参加者から不満の声が聞かれた。このころ、州知事は「本プロジェクトはオリッサに計り知れない利益をもたらすのに、サンバルプルの人びとがそれに反対しているのは、きわめてばかげている」とインド総督に報告している（Governor's letter, 25th May 1947; IOR）。翌月にA・N・コーサラーの編による素案『マハーナディー渓谷開発ヒラクド・ダム・プロジェクト（*Mahanadi*

*Valley Development Hirakud Dam Project*）』が公表された（Government of India 1947）。

各藩王国で民主化運動（*Prajamandal movement*）を展開していた四七名のメンバーがカタックに集まり、藩王たちが押し進める東部藩王国連盟（Eastern States Federation）の構想を批判した。一方、藩王の側では七月九～一四日にプリーで密会し、サンバルプルを拠点とする東部藩王国連盟の構想について話し合った（Mishra 1998）。このような事態に直面した会議派のモホタブ州首相は、これらの藩王国がオリッサ州と言語や歴史・文化の一体性を持つとし、一つの州にまとまるよう藩王たちを強く説得した。中央からの支持も得られない藩王たちは、徐々に説得に応じ藩王国連合の路線を取りやめ、オリッサ州への併合に傾いていった。こうして一九四七年一二月までにマユルバンジを除く二五の藩王国がオリッサ州に併合されることに同意した（なお、最も面積の大きかったマユルバンジ藩王国は、トライブの強い反発にあったために併合を拒否。四九年に強制的に州に吸収された）（Mishra 1984）。

以上、コーサラ州の祖型は一九四〇年代半ば以後に現れた藩王国の併合問題とダム建設反対運動が交差する点で浮上し、またその際に強調された海岸平野部に対する格差意識と対抗心が重なるところで具体性を帯びることになったのである。また、このことをきっかけとし、コーサラ地域の歴史的一体性を探る動きも現れている（Sambalpur University Archives 1947）。

## 四　独立後の大規模開発と平野部への不満

### ヒラクド・ダム、製鉄所、各種鉱山開発

インド独立後、根強い反対運動があったヒラクド・ダムだったが、一九四八年四月一二日にネルー首相により

二回目の定礎が行われ、その建設が再開された。ここで彼が反対農民たちに語った「どうせ苦しむなら、国益のために苦しみなさい」というフレーズは、独立後の国家主導による経済発展を優先するために、国民の犠牲を厭わなかったことを象徴する発言として、とくに有名である。この年の暮れにダム建設が始まり、一九五一年六月にはダムの最終設計が承認された。その後、五六年に運用が開始され、五七年一月一三日に落成式を迎えている（D'Souza 2003; Baboo 1992; Nayak 2010）。

大規模な多目的アースダムとして建設されたヒラクド・ダムは、長さ五キロメートル（コンクリート部一・二キロメートル、土塁部三・八キロメートル）、貯水面積は琵琶湖よりも大きい七四三平方キロメートルに及んだ。水没地は約六七七・四平方キロメートル（うち耕作地四六六平方キロメートル）に及び、そこにあった二四九の村々がダム湖に沈んだとされる（Mishra 2002）。

こうしたヒラクド・ダムをめぐる強引な開発によって、西部地域の人びとは国家よりも州に対する感情をより悪化させることになった。つまり、海岸平野部出身者が主導する州政府は丘陵地域を顧みず、開発の恩恵は平野部の人びとにのみもたらされ、自分たちはその犠牲になっているという言説がいっそう強化されたのである。同様の言説は、独立後の西部や周辺の丘陵地域における、鉄鋼石、石炭、マンガン、石灰石、ボーキサイトなどの鉱物資源に対する国家主導の開発でも見られた。

一九五四年二月、インド政府と州政府は国営の鉄鋼所を豊富な鉄鋼床を有するスンダルガル県に建設すると発表した。これはインド独立後初の重化学工業分野での大がかりな開発プロジェクトであり、西ドイツの技術が供与されたため、同国の代表的工業地帯にちなんでルールケーラー（よりオリヤ語に近い表記ではロウルケラ）と名づけられた。開発にあたっては、鉄鋼所に必要な土地ばかりではなく、従業員が生活するための広大な居住区や道路・鉄道などのインフラを整備するために広範囲の土地が収用の対象になった。このとき、三一の村、およそ一万五千人、三千世帯が立ち退きの対象となり、このうち三分の二以上が指定トライブのムンダ、オラーオン、ブイヤーンだった（Strümpell 2012: 206）。かつて旧ガングプル藩王国に属したこの地域に、農地開拓のために各トライブがチャッティースガル高原などから移住してきたのは、一九世紀後半のことであった。彼らの八割以上は農業に従事し、他に二〇世紀はじめから始まる鉱山開発のための労働者として移り住む者もあった（Meher 2004）。

オリッサ州政府が土地収用を公示すると、各地で反対運動が起こった。ブイヤーン、オリヤ人、ベンガル人などがそれぞれ反対のための団体を設立し、それぞれなんらかの政党の後ろ盾を得ながら運動を展開したとされる。各団体とも、州政府が提示する移住の補償額が不十分であると訴えた。村人のほとんどは「後進」トライブで、公の土地台帳による証明がなく、補償が受け取れないこともあり（Meher 2004）、立ち退きによって土地を追われたトライブが新しく造られた鉄鋼町の周辺でスラムを形成することに繋がった。また、オリッサ州の海岸平野部からの雇用者と外部からの雇用者との間に摩擦が生じ、後者はトライブと提携し、オリッサ州に隣接するビハール州のチョーター・ナーグプルで展開されていたトライブのための州創設運動であるジャールカンド運動と連携したとされる（Strümpell 2012）。計画都市ルールケーラーは、インフラ整備の進まない丘陵地域に局地的な大開発が実施されることによって忽然と登場した夢の街だったが、現地社会の各コミュニティ間に亀裂を生じさせることもあったのである。

とはいえ、このルールケーラーの開発に対しては、西部地域の中間層や上位層は強く反対しなかったのも事実である。彼らの不満は西部地域の全般的な開発の進展が遅いことや、資源や工業化がもたらす恩恵が地元に還元されないことにあり、その批判の矛先は平野部の人びとが牛耳る州政府に向けられたのであった。

## 格差に対する不満と政治運動への回収

西部丘陵地域の政治レヴェルの動きで注目されたのは、藩王、大地主などの旧支配層を中心に地方政党ガナタントラ会議（民主会議の意、後にスワタントラ党（自由党の意）と合併）が一九五〇年に正式に結成されたことにある。五一年の第一次総選挙でオリッサ州に割り当てられた下院の一六議席中六つを得る勝利を収め（Election Commission of India n.d.）、丘陵地域の議席の多数を占めるにいたったことで、海岸平野部で主に支持を集めた与党会議派の牙城を崩す大きな存在となった。かつて藩王国連盟を率い、独立した州を提案した元パトナ藩王のS・N・シンデオを党首にし、あたかも旧支配層が主導する復古運動のようにも見える地方政党ではあったが、海岸平野部への悪感情や藩王国の併合による人びとの不安、さらに物価の上昇への不満を背景に得票数を伸ばしたとされる（Bailey 1959）。この地方政党はトライブの指導者や不可触民でありながらも一定の地所を所有する人びとの支持を集めたばかりでなく（Nanda 1992）、中間層の支持も得たとされる（Bailey 1959）。

その後、ガナタントラ会議は二度、会議派の分派とオリッサ州で連立政権を組むが、西部地域の劇的な改善は見られなかった。州内閣に入閣する大臣に西部丘陵部の出身者がきわめて少なく、政治上の決定権が弱いことにその原因を求める者もいる（Nanda 1992）。連立で与党に入ろうとも、最大野党で譲歩を勝ち取ろうとも、州議会の議席数では海岸平野部出身者には及ばないため、丘陵部のための政策が反映されにくい構造があった。

緩慢ではあったが、ヒラクド・ダムの周辺には高等教育機関が徐々に整理され、工科大学（一九五六年）、医科大学（五九年）、サンバルプル大学（六八年）が設立された。一九七〇年代にはこれらの教育機関の学生が加わった統一戦線が登場し、政党とは一定の距離を置きながらも、これらの大学で七五％の地元出身の学生を留保するよう求め、さらにオリッサ州西部のための別個の州を求める運動を一時的に活性化させている（Mishra 1984）。政府はさまざまな政府機関の支所をサンバルプルに設置して対応したが、海岸平野部に対する不満は先述したように収まることはなかった。しかしその一方で、こうした平野部への敵対感情が、トライブや下層民などを含む多様な社会層の人びとを結びつけるような運動に発展するまでにはいたらなかった。

## 五　おわりに

こうして二節で述べた西部丘陵部の諸県を統合するコーサラ州設立運動が一九九〇年代末に再登場した。海岸平野部との格差是正および現地のより迅速な発展、そのためのより「近い」人びとによって担われる別個の州を求めるものであったことは先に指摘した。

もともとは藩王国併合の議論の際に浮上した別州設立の案が、ヒラクド・ダム開発への反発、さらに平野部に対する格差意識の深まりを背景に、一九七〇年代の若者たちによる別州要求運動を経て一部で再活性化し、これら一連の過程のなかで西部丘陵部の言語の同一性や歴史の一体性が強調されていった。水や鉱物資源の豊富なこの地域に新州を設立することができれば、地元の人びとが政策や開発に直接関わることができ、発展の速度を上げ、不満のもとであった格差を是正することができるというシナリオである。かつてのヒラクド・ダム建設やルールケーラー開発は自らがその開発の主体でなかったことへの教訓にもなっている。

コーサラ運動は、近年ではとくにアーンドラ・プラデーシュ州のテランガーナ運動に強く影響を受けながら、その活動が継続されている。最近では「オディアー語とその西部の方言は多かれ少なかれ同じであり、別州の要求は根拠がない」という州大臣の発言をめぐって、二〇一三年八月二六日に一二時間のストライキが呼びかけられた（*Statesman*, 13th Aug. 2013）。その際に、この運動が常套手段としている鉄道の寸断が各地で実施された。

とはいえ、オディシャー州西部では不満の対象を一つにすることができない状況がいまだ続いている。肝心の新州設立運動の支持者は、上位層の地元民や都市部の中間層に限定され、ソンプール県やボランギール県がその活動の中心であり、運動の広まりからいえば、まだまだの感はぬぐえない。平野部への対抗意識だけではまとまりきれない現実がそこにある。オディシャー州と対抗しつつ、さらにその上の中央政府から譲歩を得ることで州創設を図ろうとするやり方は、周縁地域の一つの社会運動のあり方であるが、今後も数々の困難に直面しつつも継続されていくだろう。

注

＊1　州に与えられた管轄権は、憲法第七附則によると、警察、公衆衛生、農業、水、漁業、鉱山など六六項目が挙げられる。また、州には一院ないし二院の議会が置かれる。ただし、中央である連邦に与えられた権限が強く、財政もしかりである（孝忠・浅野 二〇〇六）。

＊2　二〇一一年一一月にそれまで「オリッサ（Orissa）」州と表記されていた名称が、より現地語の表記に近づけるために「オディシャー（Odisha）」と公式に改められた。それと同時に同州の公用語や話者を示す「オリヤ（Oriya）」も「オディアー（Odia）」となった（ただし、オディアー語は長母音と短母音の区別がないので、より現地の発音に近づければ「オディシャ」「オディア」になる）。なお、より正確を期せば、この名称変更は二〇〇九年一二月に州議会で承認され、その後中央の下院で通過した法案が施行されることにおいてインド全体で公式化された。本章では新しい表記になる二〇一一年一一月以前に限り、旧来の表記である「オリッサ」「オリヤ」を用いる。

＊3　これに近隣のオヌグルとノボロングプル県の一部を含めることもある。

＊4　ただし、これらの数字は二〇一一年国勢調査に基づき筆者が算出した（Census of India 2011）。

＊5　二〇〇一年に関しては、Koshali Ekta Manch, Koshal Party, Orissa Sanskrutika Samaj, Koshal Rajya Sangharsha Samiti, Hirakhanda Mukti Morcha, Koshal Mukti Morcha, Veer Surendra Sai Manch, All Koshal Students Union, Western Orissa Janajagaran Parishad などが挙げられる（Chaudhuri 2001; Dikshit 2001）。このなかで Koshal Party は

一九九〇年代初頭に弁護士P・ドゥベイ（Premram Dubey）（故人）によって設立された、この種の最も初期の組織である。KEM以外、これらの団体が現在でも何らかの活動を続けているかは確認が取れていない。

＊6　テランガーナ運動については（三輪 二〇〇九）および（Yamada 2010）。なお、同時期にカルナータカ州、ビハール州、西ベンガル州、マハーラーシュトラ州、グジャラート州、ウッタル・プラデーシュ州、ラージャスターン州でも新州設立運動が再活性化している（Kumar 2010: 13）。

＊7　本インタヴューはKEMの中央委員会委員長であるG・サフー（Gorekhnath Sahu）氏とデリー在住の作家に対し二〇一一年一月七日にビーマボイ・カレッジ（Bhimabhoi College, Rairakhol）で行った。このとき、サフー氏はカレッジの学生を集め、当時調査中であった国勢調査の母語の欄に、コーサラ語を記入するよう訴えるキャンペーンを展開中だった。

＊8　この当時は提案された別個の州を「ヒラクド」としたり「コーサラ」としたり一定ではなかったが、ダム建設反対住民は「ヒラクド」、藩王側は「コーサラ」を用いる傾向があった。

## 参考文献

井坂理穂　二〇一一「インドにおける州再編問題――ボンベイ州分割過程」『アジア・アフリカ言語文化研究』八一、七一―一〇三頁。

孝忠延夫・浅野宣之　二〇〇六『インドの憲法――二一世紀「国民国家」の将来像』関西大学出版部。

杉本浄　二〇〇七『オリヤ・ナショナリズムの形成と変容――英領インド・オリッサ州の創設にいたるアイデンティティと境界のポリティクス』東海大学出版会。

三輪博樹　二〇〇九「インドにおける政党政治と地域主義――テランガーナ州創設運動を事例として」近藤則夫編『インド民主主義体制のゆくえ』アジア経済研究所、一九五―二二九頁。

Alam, M. B. 2007. Validating Status Quo and Local Narratives in Orissa. In R. Roy and P. Wallace（ed.）, *India's 2004 Elections: Grass-Roots and National Perspectives*. pp.267-290. New Delhi: Sage.

Baboo, B. 1992. *Technology and Social Transformation: The Case of the Hirakud Multi- Purpose Dam Project in Orissa*. New Delhi: Concept Publishing.

Bailey, F. G. 1959. The Ganatantra Parishad（Politics in Orissa-8）. *Economic Weekly* 11（43 & 44）: 1469-1476.

Census of India. 2001. http://www.censusindia.net（最終アクセス二〇一三年八月二〇日）

Census of India. 2011. http://censusindia.gov.in（最終アクセス二〇一三年八月二〇日）

Chaudhuri, K. 2001. Ferment in Orissa. *Frontline* 18（15）. http://www.frontlineonnet.com/fl1815/18150490.htm（最終アクセス二〇一〇年二月一〇日）

Cobden-Ramsay, L. E. B. 1910. *Feudatory States of Orissa*. Calcutta: Bengal Secretariat Book Dept.

Dikshit, B. 2001. Demand for Koshal State Gains Momentum in Orissa. *Contemporary News & Features*. http://www.cnfonline.org/2001/2001v9n82.htm（最終アクセス二〇一〇年三月一八日）

D'Souza, R. 2003. Damming the Mahanadi River: The Emergency of Multi- Purpose River Valley development in India（1943-46）. *India Economic Social History Review* 40（1）: 82-105.

D'Souza, R. 2006. *Drowned and Dammed: Colonial Capitalism and Flood Control in Eastern India*. New Delhi: OUP.

Election Commission of India, n.d. *Statistical Report on General Election, 1951 to the First Lok Sabha, Vol.1*. http://eci.nic.in/eci_main/statisticalreports/LS_1951/VOL_1_51_LS.PDF（最終アクセス二〇一三年八月二六日）

Government of India, Central Waterpower, Irrigation, and Navigation Commission 1947. *Mahanadi Valley Development: Hirakud Dam Project*. Simla: Govt. of India.

Home Confidential File, Orissa State Archives 1946. *Protest Meeting against the Construction of Hirakud Dam*. Acc. No. 3578.

Home Confidential File, Orissa State Archives 1947. *Reports about Agitation against the Construction of Hirakud Dam*. Acc. No. 3789.

Indian Office Records, British Library 1937-48. *Fortnightly Reports of Governor of Orissa*. L/PJ/5/299.

Koshali Ekta Manch 2005. *Memorandum for a Separate State of Koshal*（*Koshal Pradesh*）. Balangir: Koshali Ekta Manch Central Committee.

Kumar, P. 2000. Demand for New States: Cultural Identity Loses Ground to Urge for Development. *Economic and Political Weekly* 35（35-36）: 3078-3082.

Kumar, A. 2010. Introduction- Rethinking State Politics in India: Regions within Regions. In A. Kumar (ed.), *Rethinking State Politics in India: Regions within Regions*. pp.1-28. London: Routledge.

Meher, R. 2004. *Stealing the Environment: Social and Ecological Effects of Industrialization in Rourkela*. New Delhi: Manohar.

Mishra, R. N. 1984. *Regionalism and State Politics in India*. New Delhi: Ashish Publishing House.

Mishra, D. C. 1998. *People's Revolt in Orissa: A Study of Talcher*. New Delhi: Atlantic Publishers.

Mishra, S. K. 2002. Development, Displacement and Rehabilitation of Tribal People: A Case Study of Orissa. *Journal of Social Sciences* 6 (3): 197-208.

Nanda, S. 1992. Dynamics of Orissan Politics: The Coasts and the Hills. In M. Pati (ed.), *West Orissa: A Study in Ethos*. pp.106-122. Sambalpur: Sambalpur University.

Nayak, A. K. 2010. Big Dams and Protests in India: A Study of Hirakud Dam. *Economic and Political Weekly* 45 (2): 69-73.

Panigrahi, K. C. 1995. *History of Orissa*. Cuttack: Kitab Mahal.

Pradhan, J. P. 2009. *Proposed Telengana State in India: Lessons for Koshal Movement*. Delhi: Koshal Development Forum. http://koslisahitya.files.wordpress.com/2011/06/1.pdf (最終アクセス二〇一三年一〇月五日)

Sambalpur University Archives 1947. *Formation of Hirakhand or Koshal Province*. Acc. No. 6-B.

Strümpell, C. 2012. Protest Mobilization with Regional Variation: Case of Orissa. In J. Eckert, B. Donahoe, C. Strümpell and Z. Ö. Biner (eds.), *Law against the State: Ethnographic Forays into Law's Transformations*. 202-227. Cambridge: Cambridge University Press.

Western Odisha Development Council 2013. http://www.wodcorissa.org (最終アクセス二〇一三年八月二〇日)

Yamada, K. 2010. Origin and Historical Evolution of the Identity of Modern Telugus. *Economic and Political Weekly* 45 (34): 57-63.

# 第五章　過去を同定する

## ダリト運動における歴史

舟橋健太

低位に虐げられた人びと（Broken Men）がバラモンと反目関係にあったのは、彼らが仏教徒だったからであると仮定できる。（中略）そして、彼らは不可触民と認識されるにいたったのである。

B・R・アンベードカル『不可触民――彼らは何者だったのか、なぜ不可触民となったのか？』

（Ambedkar 1948: Part4）

### 一　はじめに――問題設定

独立後インドの特筆すべき動きの一つに、「不可触民」[*1]たちの政治・経済・社会的な現出を挙げることができる。「偉大なる父祖（バーバーサーヘブ）」、B・R・アンベードカル（一八九一～一九五六）による精力的な活動・主導のゆえに、独立運動期からすでに萌芽が見られたダリト運動[*2]は、彼の遺志を継いだ多くのダリト活動家によって、近年、さらに広範かつ多様に展開している。

本章は、ダリト運動におけるアンベードカルから仏教改宗運動までの展開を射程に収め、そこにおける「近代」概念および「過去」概念の重要性と必要性について、検討を行うものである。とりわけ、「過去」概念の重視に関して、従来の社会運動研究の再検討という視角から、以下でとくに取り上げておきたい。

社会運動をどのように定義するかは、研究者および論点により異なるが、代表的なものとして、長谷川と町村は、「現状への不満や予想される事態に関する不満に基づいてなされる変革志向的な集合行為」（長谷川・町村二〇〇四：一九）と設定する。またフックスらは、社会運動の特徴に関して、「運動の参加者は、現在の積極的な解釈、ならびに、未来への想いに専心する」（Fuchs and Linkenbach 2003: 1525）と述べている。これらから、従来の社会運動の定義においては、現在や未来の強調、あるいは、現在や未来への志向といったものが強く打ち出される傾向にあると考えられる。

対して、本章においては、ダリト運動、とくに仏教改宗運動を事例に、社会運動における過去というものへの視点・思考のありようを考察してみたい。社会運動、とくに共同体のアイデンティティに関わる運動においては、自らの、ひいては共同体の、来し方と現在、そして未来が問われることになる。すなわち、自分（たち）はいったい何者で、なぜいま現在のような社会的状況にあり、そしてこれからどのようになっていくのか（いくべきなのか）という、存在に関わる根本的な問いである。[*3]

共同体のアイデンティティに関わる運動は、往々にして、社会的被抑圧層、あるいはマイノリティの地位・立場にある人びとにおいて、とくに強いかたちであらわれてくると考えられる。それは、かれらが、抑圧層やマジョリティに比べて、より多く、また真摯に、自ら、そして社会に対する疑義の提起と洞察を行うから（あるいは行わざるをえないから）であろう。本章においては、現代インドにおける仏教改宗運動を事例に、「改宗仏教徒[*4]」たちが、いかに現在において過去を思考し未来を志向しているのか、考察を行いたい。以下、具体的には、アンベードカル、ダリト運動、そして改宗仏教徒における「近代」と「過去」といった歴史のあらわれを取り上げて検討していく。

ここで、社会運動における歴史のあらわれについて、概観しておこう。とくに人類学（文化・社会人類学）分野における社会運動研究史をたどれば、一九四〇年代から五〇年代、六〇年代初めにかけての、「千年王国論」に代表される宗教的・政治的運動に関する考察が、その重要な先駆的研究として挙げられる。そもそも「千年王国論」とは、キリスト教神学において用いられていた概念であり、そこで示された「千年王国」とは、キリストが再来後に地上に打ち建てるメシアの王国のことであった（青木 一九六九）。しかし、次第に広く意味が転用されるようになり、中世ヨーロッパの宗教運動から近代メラネシアにおけるカーゴカルト運動まで、預言者的・救世主的・革命的・宗教的運動において、「千年王国論」が語られるようになった（ランテルナーリ 一九七六、ワースレイ 一九八一）。

こうした千年王国論的と見られる運動の特徴には、次のようなものが挙げられる。まず、運動が起こる情況として、植民地勢力などの外因、あるいは、当該社会内部の上位階級や支配層による圧政などの内因が指摘される。そうした社会の現状への不満から、通常は結び付くことのない被抑圧層、社会的弱者層などの小社会集団が、終末的認識を共有するようになる。そして「栄光の未来」といったイデオロギー信仰の共有とともに、それを強烈に主張するカリスマ的預言者の下に、儀礼によって熱狂的に統合される。こうして、社会の根本的・急進的な変革が希求されることになる（ホブズボーム 一九七一、コーン 一九七八）。

このように、千年王国論的運動は、「黄金時代への回帰」という神話をもとに、現存事物すべての破壊と変革を目論み、その後に楽園の時代（「栄光の未来」であり、かつ、かつてあったと考えられる「黄金時代」）がやってくるとするものである。それは単なる過去・伝統への回帰ではなく、ほぼ例外なく、現在の社会に急激な刷新をもたらそうとするとともに、伝統的黄金時代という超歴史的な過去と、神話的楽園時代という超歴史的な未来が結合された世界を想念する。それゆえに、希求される究極的な未来に伝統的な要素が胚胎するという、非常に複雑かつ曖昧な像を取り結ぶことになるのである（青木 一九六九、一九七〇a、一九七〇b）。

以上の千年王国論的運動に見られる歴史性、とりわけ、運動における「伝統的黄金時代という超歴史的な過去」という観点の強調は、本章の舞台であるインドの植民地期におけるヒンドゥー教改革運動にも見てとることができる。つまり、圧倒的な権威と権力でもってインドを支配したイギリス帝国主義に対したとき、インドの知識人層の一部の人びとは、母国が植民地下にある現状を、インドの正統的伝統の腐敗・堕落ゆえと捉え、本来あるべき姿――黄金時代たる過去のインドの姿――に還る必要性を説いた。

こうした解釈は、たとえばアーリヤ・サマージを率いたダヤーナンダ・サラスヴァティーによる「『ヴェーダ』に帰れ」との主張に（山下 一九九七：七七）、また、M・K・ガーンディーに見られた改革主義的姿勢に（下田 二〇〇六：一八三）見ることができる。しかし、単純に、「伝統」への回帰／の称揚を行いえなかった人物がいる。その人物こそが、不可触民の指導者としてあったアンベードカルである。自分たち不可触民を徹底的に差別してきた社会制度を基盤とする「伝統」への回帰など、アンベードカルが求めるはずもなかった。以下、ガーンディーとアンベードカルの両者の立場の相違について、伝統ならびに近代との関連から論じた下田（二〇〇六）から引用する。

「改革主義」の立場を取りえたガーンディーと比較をしたとき、この点でアンベードカルは一つ過分な課題をかかえ、インドと近代のあいだに複雑な立ちあいかたをした。ガーンディーは――すくなくともヒンドゥー＝インドにかんしては――インド全体を一つのアイデンティティをたもつ伝統社会ととらえ、この社会全体を近代性との相克から救い出しつつ、その伝統を改革するという課題のかかえかたが可能だった。ところが一方のアンベードカルにとっては、ヒンドゥーというこの単一の宗教こそが不可触民問題を生みだした当体であり、なによりこの宗教をこそ問題化し、そこに秘められた欺瞞を暴露する必要があった。この作業を遂行してのち、あらためて近代性への向きあいにおいてみずからのアイデンティティを模索し、獲得する努力を要求されたのである。（下田二〇〇六：一八五）

そうしたアンベードカルがとったのが、自身および彼に従う多数の不可触民にとってのアイデンティティの基盤となる仏教への改宗という道である。次に、アンベードカルにおける近代と過去のあらわれ／解釈、ならびに、仏教との関連を見ていこう。

## 二　アンベードカルに見る「近代」と「過去」

二〇世紀前半に米英の大学で学び、博士号を取得したアンベードカルは、近代主義者（modernist）であるとされる。近代啓蒙主義の影響を受けたアンベードカルは、とくにその科学的思考と、自由・平等・博愛といった人権思想を軸に、インド帰国後、ダリト運動を強烈に率いていく。そうしたアンベードカルが解釈し、唱道した「仏教」は、一九世紀後半から二〇世紀前半に南アジア社会を席巻した、欧米主導の仏教改革運動を経た仏教――プロテスタント仏教（ゴンブリッチ&オベーセーカラ二〇〇二）――がベースとなっている（下田二〇〇六）。

アンベードカルにおける近代啓蒙主義の導入は、アメリカへの留学に端を発する。一九一三年二月の父の死去により、いっそうの自立を求められたアンベードカルは、バローダ藩王がアメリカのコロンビア大学への留学奨学生を募集している旨を聞き、直接面会を請い、認定を受けることになった。そして一九一三年七月、アンベードカルはニューヨークに上陸する。アメリカの大学生活は、インドでのそれまでの生活とはまったく異なっていた。「不可触性」は、アメリカ人にとっても、また在米インド人にとってもほとんど意識されず、みなが同じシャワーを浴び、同じ食器を使ってテーブルを共にしていた。アンベードカル自身、何をするにも咎められることのない「解放感」を満喫しつつ、やがて本分である勉学に没頭していく。アンベードカルは、生活費のほとんどを本の購入にあてており、酒やタバコにはいっさい手を出さなかったようである。また、このころから、現代において「アンベードカル博士」が表象される際の必須アイテムの一つとなっている眼鏡をかけるようになった。*5

こうしてアンベードカルは、「別世界」に非常に強い感銘を受けつつ、自由と平等という啓蒙思想の感得と、経済学や政治学をはじめとする学問的基盤という、のちの活動の礎となる主要素を獲得していく。強靭なバックボーンを得てインドへの帰国を果たしたアンベードカルは、あまりにも変わらぬインド社会とそこにおける同胞諸氏の状況に痛憤し、激烈な指導者として立つことになる。その苛烈さは、社会の根本的改革を企図して、宗教的側面においても発揮され、ヒンドゥー教の否定と新たな宗教の受容へと向かう。それらは、一九二七年の『マヌ法典』の焼き捨て、一九三五年のヒンドゥー教棄教宣言を経て、一九五六年一〇月一四日の仏教改宗へといたった道程に確認される。

それでは、アンベードカルが仏教改宗という道に進んだ理由は何だったのであろうか。まず何よりも、仏教が強く平等を唱道しており、また、四ヴァルナ制度や「不可触民制」のようなヒンドゥー教の不平等性と闘ってきたことが挙げられている。また、仏教が完全に道徳に基づく宗教であり、道徳以外のなにものでもないこと、さらには、仏教はマルクス主義に打ち勝つことのできる唯一の宗教であるということも述べられている。そして、「これは世界で最も素晴らしい宗教であり、そのことは絶対に間違いありません」（アンベードカル 一九九四：二五二）として、アンベードカルは仏教への献身を宣言したのである。

しかし、これらの理由に加えて、より重要と思われるアンベードカルの主張は、仏教とインド文化との、さらには自身の出身カーストであるマハールとの関係である。つまり、仏教はインドで生まれ、インドで栄えた宗教であるということに加え、マハールにとっては、それが祖先の宗教であったということも説いている。アンベードカルの主張によれば、仏教はアーリヤ人[*6]に征服されるまでのマハール・カーストが信仰していた宗教であり、ゆえにこの「再改宗」によって、マハールの人びとは自分たちの真のアイデンティティに目覚めることができるとしたのである（Gokhale 1986）。

このように、指導者・アンベードカルにとって、「改宗とは過程であり、ただ彼とのみ出発するものではなく、共同体の多数の人びとの選択とともに出発するもの」（Omvedt 2004: 72）であった。つまり「指導者として」あったアンベードカルは、自分の改宗がただ自分一人に収まるものではなく、共同体の他の多くの人びとに及ぼす影響を自覚しており、現在の人びとのみならず、共同体の未来にまで、その決定が波及していくであろうことを認識していた。ゆえにこそ、棄教宣言から改宗行動までに長期にわたる時間を要したし、改宗先の宗教については吟味と熟考を重ねたものと思われる。

それでは、こうしたアンベードカルの「宗教」と「改宗」に関する認識はいかなるものだったのであろうか。以下に、一九三五年一〇月のヒンドゥー教棄教宣言以後のアンベードカル自身の演説から、抜粋して検討したい。取り上げるのは、棄教宣言翌年の一九三六年五月に、不可触民の大聴衆を前に行われた二つの演説、すなわち、五月一七日のカルヤーン(Kalyan)におけるものと、五月三一日のダーダル(Dadar)におけるものである(Ambedkar 2004)。

アンベードカルは、「カーストは精神の状態であり、精神の病である」とし、「その病の源にあるものが、ヒンドゥー教の教え」であるとする。そして、「ヒンドゥー教は、あなた方から精神的自由を奪い、そしてあなた方を奴隷としているのです。もしあなたが自由を欲するのであれば、あなたは宗教を変えなければならないのです」と、改宗の必要性を訴えている（Ambedkar 2004: 18-19）。その上で、改宗ならびに宗教について次のように述べている。

改宗とは、社会的であるとともに宗教的であり、また、物質的であるとともに精神的なものです。わたしの改宗は、なんら物質的獲得のためではありません。（中略）宗教性／精神性こそが、わたしの改宗の基本です。（中略）しかしながら、あなた方にとっては、改宗は、精神的なものであると同時に物質的獲得のためでもあらねばなりません。（Ambedkar 2004: 8, 30）

宗教とは、何のためにあるのでしょう？ なぜ宗教は必要なのでしょうか？（中略）人びとを統治するものが、宗教なのです。（中略）宗教は、社会を維持するために課された規則を意味するのです。（中略）個人の幸福と発展こそが、宗教の真の目的であるべきです。

宗教と科学（哲学）とは、二つの別なるものです。（中略）神が遍在しているということは、宗教ではなく、科学の原理です。なぜなら、宗教は、人間の行動と直接関係があるからです。神が遍在するという原理は、宗教の教えではなく、哲学の原理なのです。（Ambedkar 2004: 12-13, 15）

人間が宗教のためにあるのではなく、宗教が人間のためにあるのです。人として生きるために、改宗しなさい。組織するために、改宗しなさい。力を得るために、改宗しなさい。平等を確保するために、改宗しなさい。自由を得るために、改宗しなさい。あなたの家庭生活を幸福にするために、改宗しなさい。（Ambedkar 2004: 30）

これらの言明からわかるように、アンベードカルにとって「改宗」とは、単に信仰の変更をいうだけのものではなく、それによって実質的な生活状況の進展が見られるべきものであるとされた。また、アンベードカルの「宗教」観としては、神の存在の有無を議論するものというよりは、「個人が幸福に生き、発展できるように、いかに行動すべきかを指し示したもの」ということになる。

自身のカーストとの歴史的つながり（神話的過去性）を重視して、仏教へと改宗を行ったアンベードカルは、また、仏教の現在性の重視も含めて、すなわち、現在の（かつ現実の）生活をいかに向上させうるかという観点のもと、独自の宗教解釈を展開した。つまり、アンベードカルの仏教改宗は、インドの「伝統宗教」の復興／への回帰であると同時に、近代啓蒙主義の影響を多大に受けた彼にとって、「自由・平等・博愛」の追求を主張するという点をもって、近代思想・理念との合一（近代思想の、伝統宗教における体現）でもあったと考えられるのである（Fuchs 2004: 291）。

## 三　ダリト運動における「過去」と歴史

「過去」への視点・思考というのは、次節で取り上げる仏教改宗運動に限らず、多くのダリト運動において見られる。代表的なものを列挙すると、チャッティースガル州における、サトナーミー（Satnami）運動（Dube 2001）や、ラームナーミー（Ramnami）運動（Lamb 2002）、パンジャーブ州のアード・ダルマ（Ad Dharm）運動（Juergensmeyer 1982）、ウッタル・プラデーシュ州に見られたアーディ・ヒンドゥーという理論（Adi-Hindu Theme）（Ciotti 2006）、タミル・ナードゥ州におけるパライヤの過去の再解釈・再創造（Arun 2007）や、その起源神話の伝承（Deliège 1993; 関根 一九九五）などが挙げられる。

たとえばアルン（Arun 2007）は、タミル・ナードゥ州における調査に基づき、パライヤ・カーストの人びとが、歴史的に自分たちに付されてきた負のイメージやシンボルに関して、逆にそれらを利用・流用・再解釈・転換して、いかにして現在の自らのアイデンティティの軸としているかに関して、検討を行っている。すなわち、太鼓叩きの意味を、隷従（servitude）から芸術（art form）へと積極的に変換し、牛肉食を、穢れ（pollution）の象徴ではなく社会慣習（social custom）であると主張し、また土地を、周辺性（marginalisation）の象徴からエンパワーメント（empowerment）の象徴へと転換させ、新たなかたちでパライヤとしてのアイデンティティを形成・主張しているとする。[*7]

ところで、ナーガラージによれば、ダリト運動における過去、および歴史に関して、運動には次の三つのタイプが見出しうるとされる（Nagaraj 1993）。すなわち、文化的記憶（歴史、過去）にまつわる問題にいかに対するかについて、①実用主義、プラグマティズム、②急進的復興、歴史・過去の再興、③代替的記憶の三つが挙げられている。それぞれ、ナーガラージに従いつつ、見てみよう。

まず、一つめの実用主義、プラグマティズムであるが、これは、文化的記憶の消去として解釈される。つまり、過去に関する文化的記憶よりも、現在における政治・経済的権力の獲得をより重視する立場である。また、二つめの急進的復興、歴史・過去の再興としては、たとえば、アード・ダルマ運動や、後述するラヴィダースなどの中世バクティ運動の聖人への信奉、サンスクリット化[*8]などが挙げられている。ここでは、同一文脈における運動が志向され、すなわち、自らの「正統的過去」の喚起あるいは主張が行われる。

三つめの代替的記憶においては、アンベードカルによる運動が代表例として挙げられているが、現存伝統の完全否定として捉えられる。そして、近代化や開発に期待を抱き、村落社会を脱して都市（近代都市）に移住する（あるいは都市的状況へ変化する）という願望が語られる。これは、現代のダリト運動にも見られる傾向とされ、古い慣習や記憶からの脱出とされる。しかし一方、アンベードカルは、記憶のないコミュニティの悲劇を強く自覚しており、ゆえに、ダリトのための仏教徒としての豊潤な過去を創造したと考えられている。すなわち、仏教への改宗行為とは、豊潤な仏教徒としての過去・記憶を、「生きた現実」にするものとして解釈されている。ここから、単なる過去への回帰ではない、異なる文脈の導入、変革運動につながる契機を見出している。

以上の検討を受けて、次節では、具体的に、ウッタル・プラデーシュ州における「仏教徒チャマール」[*9]（改宗仏教徒であるチャマール）[*10]の事例から、社会運動における過去や歴史についての検討を行ってみたい。先取りして述べると、そこでは、ナーガラージの分析によるダリト運動における過去と歴史のうち、二つめと三つめの様式を、中世の詩聖人ラヴィダースへの強い信奉と、アンベードカルおよびブッダへの厚い信仰というかたちで認めることができる。

## 四　改宗仏教徒に見る「過去」の同定

本節では、まず、上でも紹介した、現代インド社会における不可触民たちの高学歴化を受けて登場している、新たな「起源神話」を取り上げたチオッティ（Ciotti 2006; 2010）の研究を参照してみたい。チオッティは、本章と同じくウッタル・プラデーシュ州を対象とし、ヒンドゥー教徒であるチャマールの人たちの教育に焦点をあて、変わりつつあるかれらの意識や地位を検討した。チオッティによれば、近年、北インドにおける中〜低位カーストの政治的な活発化と歩を同じくして、「象徴的」過去の再創造が行われており、自尊心の希求に応えうる起源神話が求められているという。そこではとくに、不可触民知識層を中心に、より「科学的」な起源神話が普及しているとされる。すなわち、カーストの不平等は、アーリヤ人の侵略と、それにともなう先住民の抑圧・従属化によって生まれたとする「アーリヤ人理論」である（Ciotti 2006: 908; Beltz 2005: 141-142）。

この「先住者たるヒンドゥーというテーマ（Adi Hindu Theme）」（Ciotti 2006: 908）とされる説明は、不可触民の過去を不浄との関連から説くのではなく、「抑圧の歴史」として捉える見解である。チオッティは、不浄とされる行為をしたことによってチャマールになったという「神話」と、自分たちこそが先住者であり、侵略者によって支配され、下位に追いやられたとする「科学的」説明とがともに見られるのが現況であり、むしろ後者が好まれることを指摘する。この「神話」から「科学」への移行は、チャマールの人たちの高学歴化と識字率の上昇によるものであると、チオッティは見ている（Ciotti 2006: 908）。

ところで、ここで翻って、後の議論の中心となる改宗仏教徒たち、「仏教徒チャマール」の語りを見てみよう。改宗仏教徒たちが自らの「歴史（神話的過去）」を語る際に、チオッティが指摘したような「先住者たるヒンドゥー」と同型の言明がなされることが、しばしば見受けられる。つまり、「インドは、もともと仏教徒の国であった[*11]」というものである（Beltz 2005: 142-143）。筆者も、デリーにおける集会で、ある改宗仏教徒から次のような説明を受けた。

ダリトの人びとは、もともと、みんな仏教徒だった。それが、アーリヤ人、そしてムガル（ムスリム）、クリスチャンの侵略によって、仏教は抑圧され、侵略者自身の宗教を押し付けられるようになった。（二〇〇五年一二月一一日、デリーにて）

同様の解釈と語りは、ウッタル・プラデーシュ州西部の村落部（V村）においても聞かれた。たとえば、ブッダの生涯をなぞるビデオCDを見ていたときのこと、登場する人びとのうち、ブッダに初めに帰依する人たちを指して、また、バラモンたちに抑圧される、厳しい状況にある人たちについて、ともに「チャマールだ」との言明がなされていた。[*12] つまり、とくに自分たちチャマールこそが、ほかならぬブッダへの最初の帰依者であり、その後のバラモンによる抑圧の被害者でもあるという解釈である。

こうした「過去への視点」は、仏教改宗を語るに際して、より明確に出てくることになる。現代のウッタル・プラデーシュ州における仏教改宗運動においても、アンベードカルと同様の語り――仏教と自己との正統的なつながりの主張――を確認することができる。ここで、代表的な語りを取り上げてみたい。[*13]

仏教は、われわれの祖先（*pūrvaj*）の宗教であり、古くからの宗教（*prācīn dharm*）だ。われわれは宗教を変えたのではない。われわれの祖先の宗教を受け入れたのだ。（六〇代男性、農業従事者）

われわれインド人は、もともとみな仏教徒だった。仏教は、われわれの昔からの宗教（*purānā dharm*）だ。だから、われわれは仏教を信じている。（四〇代男性、工場労働者）

仏教は、われわれのもともとの宗教であり、われわれの祖先は、この宗教（仏教）を信じていた。アンベードカル博士がこの宗教を受け入れた。アンベードカル博士の改宗は、きわめて重要である。（三〇代男性、衣服仕立業）

仏教は、好ましい。なぜなら、我々の祖先（*pūrvajoṃ*）の宗教だから。（四〇代男性、工場労働者）

仏教は素晴らしい。仏教は、古くからの（*prāchīn*）宗教だ。先住者（*ādivāsiyoṃ*）の宗教だ。誰かに連れて行ってもらって、法会（*satsaṅg*）に行って、自分自身の信仰となった。（六〇代男性、農業従事者・小商店主）

いずれも、自分たちの祖先が、より広くは、インドの人びとすべてが、かつては仏教徒であったという語りをなしている。この「過去への視点」から、現在における自分たちのなした「仏教改宗」という行為の正当性／正統性が、強く主張されることになる。とくに一番目の語りに見られる、「宗教を変えたのではない。われわれの祖先の宗教を受け入れたのだ」とする説明は、自分たちの「正しさ」のより強い根拠となっていよう。*14

すなわちここから、改宗仏教徒の語りの場合、チオッティにおける科学的説明に見られた先住者としての正統性に加えて、先住者として、そしてインドにもともとあった宗教に正しく帰依する者としての全き正統性という、非常に強い自己主張がなされることになる。これは、カレが、ウッタル・プラデーシュ州のラクナウーにおけるチャマールの調査から導き出した分析、すなわち、チャマールの人びとは、ヒンドゥー（Hindu）とのつながりは否定するが、インド的なるもの（Indic）とのつながりはむしろ希求・主張するという分析と、同型をなす語りであり、主張であるということになる（Khare 1984: 6）。また仏教は、インド発祥であると同時に世界宗教でもあり、ゆえに、狭くインドにとどまらず、世界とのつながりについても、その正当性が、意識・強調されることになろう。

しかし一方、ウッタル・プラデーシュ州のチャマールにおいては、仏教徒は人口的にあくまで少数派であるという厳然たる事実から、他者関係の保持・交渉において、「他なる過去」の強調もまた、要される。すなわち、チャマールとしての過去との継続性、そしてその強調としてのラヴィダースへの篤い信奉心の表明である（写真5-1参照）。ラヴィダースとは、チャマールの出自を持つ中世に生きた聖人である。ラヴィダースへの信奉を強調することで、自身の「チャマール性」＝「チャマールとしての属性（過去性）」を完全に否定することなく、されど、平等思想を唱えたラヴィダースに対する信奉ということから、仏教徒としてのイデオロギー的主張――平等性の重視――との強い軋轢を避けえているものと考えられる。

つまり、「仏教徒チャマール」にとって、祖先の宗教であるという仏教徒アイデンティティの主張と並行して、「チャマール性」についても完全には否定しえないものであり、他者関係の保持・交渉の必要から、ラヴィダースに対する信奉もまた、重要な要素として彼らの信仰・実践を担っていると考えられる。上述のナーガラージに従えば、仏教徒としての「代替的記憶」を主軸に据えつつ、ラヴィダースの再解釈に基づく信奉という「急進的復興、歴史・過去の再興」を行っていると考えられよう（Nagaraj 1993）。

写真5-1　ウッタル・プラデーシュ州Ｖ村におけるラヴィダース生誕祭当日の様子。ラヴィダース寺院を参詣する村人（2006 年 2 月 13 日、筆者撮影）

写真5-2　ウッタル・プラデーシュ州Ｃ村にて開催されたインド仏教徒協会の集会。祭壇に、近代仏教において定められた仏旗と、ブッダ、ラヴィダース、アンベードカルの肖像画が並べられた。ここに、歴史の凝集を見ることができる（2012 年 9 月 22 日、筆者撮影）

## 五　おわりに――過去を同定する

最後に、ダリト運動における「過去」への視点というものを、いま一度考えてみたい。ナーラーヤンが述べたように、ダリトによる、過去・歴史の再構成・再創造は、現代におけるダリト・アイデンティティやダリトとしての共同性の構築につながるものであるといえる（Narayan 2008）。こうした視角はまた、アシス・ナンディが分析する、ガーンディーの歴史観とも重なるものと考えられる。すなわち、ナンディによれば、ガーンディーは、過去は現在や未来と分断されているのではなく、連続しているとの考えから、過去の再解釈可能性を強調し、また、歴史ではなく、「神話」を、より重視していたとされる（Nandy 1983; 石坂 二〇〇七）。

こうした「過去」への視点というものは、ダリト運動にのみ見られるものではなく、広く、社会運動全般に見られるものでもあるだろう。つまり、社会運動を興し、展開するにあたって、自身の、また共同体の、さらには社会全体の、アイデンティティやその有り様の探究という所作が、不可避に求められると考えられる。本章において、ダリト運動、とりわけ、仏教改宗運動を事例に検討したように、過去と近代、そして未来の超歴史的な文脈における輻輳といった動きは、社会運動に根源的に胚胎するものであると捉えられるのである（写真5-2参照）。ここから、現在や未来を志向する際の、過去――経験的過去、あるいは神話的過去――への思考の重要性というものを、いま一度深く考察すべきであることが、強く認識されるだろう。

注

＊1　「不可触民（Untouchables）」という呼称は、この語が持つ差別的含意への配慮、および、インド共和国憲法において「不

可触民制」の撤廃が明記されていることからすれば、本来、使用を避けるべき用語である。しかし本章においては、「不可触民」なる呼称・範疇化がはらむ被差別・被抑圧の歴史ならびに現況に考察を及ぼすことから、基本的にカギ括弧を付して、文脈に応じて用いていく。また、近年多く使われる自称である「ダリト（Dalit）」（「抑圧された者たち」を意味する）と互換的に用いる。

＊2　本章では、ダリト運動の概括的定義として、「ダリト（不可触民）の政治・経済的権益の獲得、社会的地位の上昇、文化・宗教的自律性の確保を目的とし、ダリト自身が主導する社会運動」と設定する。なお、主に植民地期から独立運動期に見られたカースト＝ヒンドゥー（非ダリト）が主導する同様の運動を「不可触民解放運動」、アンベードカルを嚆矢とし、とくに独立以後に興隆を見せているダリト自身が主導する運動を「ダリト運動」と、類別して用いる。

＊3　これらの問いは、冒頭に挙げたアンベードカル自身の論考『不可触民――彼らは何者だったのか、なぜ不可触民となったのか？』にもほぼ同様に見ることができる。アンベードカル自身が不可触民の出自を持つことから、必然的に、彼をしてこうした問いに基づく論考を物させることになったと考えられる。

＊4　「改宗仏教徒」とは、ヒンドゥー教から仏教へと改宗を行った、その多くが不可触民に出自を有する人びとを指す。従来、「新仏教徒」との呼称が頻用されていたが、この語が、他者からの一方的な名づけによるものであること、また、当人たちがこの語を忌避していることから、本章においては、「改宗」という決意・行為の肝要性を重視し、基本的に「改宗仏教徒」という語を用いていく。なお、「改宗仏教徒」との呼称も、当人たちは避ける傾向にあることから、本来であればカギ括弧を付して用いるべきであるが、多用する語であり、煩雑化を避けるため、初出以降はカギ括弧なしで使用する。

＊5　「アンベードカル博士」を表象する際の必須アイテムとして、眼鏡の他には、きちんと着用されたスーツとネクタイ、脇に抱え持つインド憲法を挙げることができる。眼鏡やスーツ、ネクタイは、「近代」的で、知識人であることを象徴していると捉えられる。その姿からは、たとえば、白い手織綿布（カーディー）のみを身にまとった姿で表象されるガーンディーとの対照を思い起こすことができよう。また、脇に持つインド憲法は、アンベードカルがインド憲法起草委員会の委員長を務めたことを誇示するためと解釈される。ここでも、多分に「インド独立の父」といわれるガーンディーとの対照においてであろう、アンベードカルは「インド憲法の父」と呼ばれている。

＊6　古代インドにおいて、西方から進出し、インド亜大陸を席巻したとされる人びとのこと。

＊7　アルンは、アイデンティティならびにアイデンティティ形成（identity formation）にいたる過程を、次のように説明している。すなわちアイデンティティを定義して、「ただそこにあるものではなく、アイデンティティ化していく行為（the act of identifying）である」（Arun 2007: 10）として、その過程に関して、まず紛争（conflict）が起き、次いで象徴的転換（symbolic reversal 象徴・神話の再解釈）がなされ、最後にアイデンティティ化（identification）が行われるとする（Arun 2007: 4）。

＊8　「サンスクリット化（sanskritization）」とは、インド人社会学者であるM・N・シュリーニヴァースが名づけた、あるカースト集団が、浄性が高いとされるバラモン的慣行を採用することによって、自カーストの社会的地位を上昇させようとする動きのこと。

＊9　「ヒンドゥー教から仏教へと改宗した、チャマール・カーストに出自を有する人たち」のことである。本来、仏教が唱える「カースト」を否定するイデオロギーから、「仏教徒」とカースト名とを併記することは矛盾するところとなるが、本章では、彼らが有する自身の過去性に対する思考・視角を考察の対象に置くことから、敢えて併記というスタイルを取る。

＊10　「チャマール（Chamar）」は、北インドにおいて数的に大きな不可触民カーストであり、伝統的に、家畜や動物の死骸の処理、皮革業などに従事しているとされる（Briggs 1999; Cohn 2004; Khare 1984; Singh 2002）。筆者の調査村落（ウッタル・プラデーシュ州V村）においては、多くが、農業（小作農、零細農業）、工場労働、日雇いの肉体労働などに従事している。チャマールの多くは、一般的に父祖の代からヒンドゥー教徒となるが、近年、その一部に、本章で取り上げるように、仏教への改宗を志向・敢行する人びとが出てきている。

＊11　この、「先住者たる仏教徒」という解釈・説明は、もともとはアンベードカルがなしたものであり（Rodrigues 2002: 396-405）、おそらくは、そこから流伝しているものと思われる。

＊12　二〇〇五年一一月一五日、V村アマン家にて。なお、当該ビデオCDでは、アショーカ王が再興した仏教を滅ぼした者としてバラモンが描かれていたが、過剰な暴力行為など、相当程度、過激に表現されていた。ところで、このビデオCD観賞の際、アンベードカルに話が及んだが、アマン家の女性たちは、「アンベードカルはチャマールだった」との言をなしていた。これに対して、アマンは、「いや、マハールだ。チャマールのことを、マハーラーシュトラではマハールというんだ」と説明していた。

＊13　いずれも、二〇〇九年三月二～九日、V村での聞き取りに基づく。

＊14　こうした、「改宗ではなく帰還（return home）である」とする説明は、ヒンドゥー・ナショナリストたちが、指定トライブの人びとを「ヒンドゥー化」（かれら曰く「再ヒンドゥー化」）させる際にも用いられているものである。

## 参考文献

青木保　一九六九「千年王国論とラジカリズムの伝統」『中央公論』九七七、三九一―四〇五頁。
青木保　一九七〇a「千年王国論――第一部　終末とユートピア」『中央公論』九九〇、五四―八五頁。
青木保　一九七〇b「千年王国論――第二部　神話と変革」『中央公論』九九一、八四―一一九頁。
アンベードカル、B・R　一九九四『カーストの絶滅』インド――解放の思想と文学第五巻、山崎元一・吉村玲子訳、明石書店。
石坂晋哉　二〇〇七「ガーンディーと自覚のポリティクス――アシス・ナンディのガーンディー論をめぐって」『アフラシア研究』二、一―四三頁。
コーン、ノーマン　一九七八『千年王国の追求』江河徹訳、紀伊國屋書店。
ゴンブリッチ、リチャード&ガナナート・オベーセーカラ　二〇〇二『スリランカの仏教』島岩訳、法藏館。
下田正弘　二〇〇六「近代仏教学の展開とアジア認識――他者としての仏教」岸本美緒編『東洋学の磁場』岩波講座「帝国」日本の学知第三巻、岩波書店、一七五―二一四頁。
関根康正　一九九五『ケガレの人類学――南インド・ハリジャンの生活世界』東京大学出版会。
長谷川公一・町村敬志　二〇〇四「社会運動と社会運動論の現在」曽良中清司・長谷川公一・町村敬志・樋口直人編『社会運動という公共空間――理論と方法のフロンティア』成文堂、一―二四頁。
ホブズボーム、エリック　一九七一『反抗の原初形態――千年王国主義と社会運動』青木保編訳、中公新書。
山下博司　一九九七『ヒンドゥー教とインド社会』世界史リブレット五、山川出版社。
ランテルナーリ、ヴィットリオ　一九七六『虐げられた者の宗教――近代メシア運動の研究』堀一郎・中牧弘允訳、新泉社。
ワースレイ、ピーター　一九八一『千年王国と未開社会――メラネシアのカーゴ・カルト運動』吉田正紀訳、紀伊國屋書店。
Ambedkar, B. R. 1948. *The Untouchables: Who Were They and Why They Became Untouchables?* http://www.ambedkar.org/ambcd/39A.Untouchables%20who%20were%20they_why%20they%20became%20PART%20I.

htm（最終アクセス二〇一三年一一月五日）

Ambedkar, B. R. 2004. *Conversion as Emancipation*. New Delhi: Critical Quest.

Arun, C. J. 2007. *Constructing Dalit Identity*. Jaipur: Rawat Publications.

Beltz, J. 2005. *Mahar, Buddhist and Dalit: Religious Conversion and Socio-Political Emancipation*. New Delhi: Manohar Publishers & Distributors.

Briggs, G. W. 1999 (1920). *The Chamars*. Delhi: Low Price Publications.

Ciotti, M. 2006. 'In the Past We Were a Bit "Chamar"': Education as a Self- and Community Engineering Process in Northern India. *Journal of the Royal Anthropological Institute* (N.S.) 12 (4): 899-916.

Ciotti, M. 2010. *Retro-modern India: Forging the Low-caste Self*. New Delhi: Routledge.

Cohn, B. 2004. The Changing Status of a Depressed Caste (1955), Changing Traditions of a Low Caste (1958), Madhopur Revisited (1959), Chamar Family in a North Indian Village: A Structural Contingent (1960). In *The Bernard Cohn Omnibus*. pp.255-319. New Delhi: Oxford University Press.

Deliège, R. 1993. The Myths of Origin of the Indian Untouchables. *Man* (N.S.) 28 (3): 533-549.

Dube, S. 2001 (1998) *Untouchable Pasts: Religion, Identity, and Power among a Central Indian Community, 1780-1950*. New Delhi: Vistaar Publications.

Fuchs, M. 2004. Buddhism and Dalitness: Dilemmas of Religious Emancipation. In S. Jondhale and J. Beltz (eds.), *Reconstructing the World: B. R. Ambedkar and Buddhism in India*. pp.283-300. New Delhi: Oxford University Press.

Fuchs, M. and A. Linkenbach 2003. Social Movements. In Veena Das (ed.), *The Oxford India Companion to Sociology and Social Anthropology*. pp.1526-1531. New Delhi: Oxford University Press.

Gokhale, J. B. 1986. The Sociopolitical Effects of Ideological Change: The Buddhist Conversion of Maharashtrian Untouchables. *Journal of Asian Studies* 45 (2): 269-292.

Juergensmeyer, M. 1982. *Religion as Social Vision: The Movement against Untouchability in 20th-Century Punjab*. Berkeley: University of California Press.

Khare, R. S. 1984. *The Untouchable as Himself: Ideology, Identity, and Pragmatism among the Lucknow Chamars*. New York: Cambridge University Press.
Lamb, R. 2002. *Rapt in the Name: The Ramnamis, Ramnam, and Untouchable Religion in Central India*. Albany: State University of New York Press.
Nagaraj, D. R. 1993. *The Flaming Feet: A Study of the Dalit Movement in India*. Bangalore: South Forum Press.
Nandy, A. 1983. *The Intimate Enemy: Loss and Recovery of Self under Colonialism*. New Delhi: Oxford University Press.
Narayan, B. 2008. Demarginalisation and History: Dalit Re-invention of the Past. *South Asia Research* 28 (2): 169-184.
Omvedt, G. 2004. *Ambedkar: Towards an Enlightened India*. New Delhi: Viking, Penguin Books India (P) Ltd.
Rodrigues, V. (ed.), 2002. *The Essential Writings of B. R. Ambedkar*. New Delhi: Oxford University Press.
Singh, K. S. 2002 [1993]. *The Scheduled Castes*. New Delhi: Oxford University Press.

# 第Ⅱ部　「世界最大の民主主義」の射程

# 第六章　暴力革命の将来

## インドにおけるナクサライト運動と議会政治

中溝和弥

### 一　左翼の退場

二〇一四年四月から五月にかけて行われたインド第一六次連邦下院選挙は、「皆と共に、皆の発展（Sabka Saath, Sabka Vikas）」を掲げたインド人民党（Bharatiya Janata Party：以下ＢＪＰ）の圧勝に終わった。圧勝を導いたのは、経済自由化のモデル州とされるグジャラートを州首相として長年率いたナレーンドラ・モーディー（Narendra Modi）である。もう一つのスローガン「一つのインド、比類なきインド（Ek Bharat, Shreshtha Bharat）」から窺えるように、ヒンドゥー至上主義政党として知られるＢＪＰ圧勝の陰で、代表的な左翼勢力であるインド共産党（Communist Party of India：以下ＣＰＩ）、インド共産党（マルクス主義）（Communist Party of India (Marxist)：以下ＣＰＭ）は、合計で一〇議席と、独立以来最低となる議席しか獲得できなかった。長年インド政治を主導してきたインド国民会議派（Indian National Congress：以下、会議派）も四四議席と独立以来最低の議席獲得にとどまったとはいえ、左翼勢力の後退は顕著である。*1

目を議会政治から運動に転じよう。インドにおいては、一九六七年以降、ＣＰＭから分派した勢力が暴力革命路線に基づく共産主義運動を展開してきた。ナクサライトと称された彼らの運動は、議会闘争路線に回帰する勢力との分裂を繰り返しつつも活発な活動を展開し、二〇〇四年にはインド共産党（マオイスト）（Communist Party of India（Maoist）、以下、毛派）の結成にいたる。しかし毛派の活動も、近年は活動地帯をビハール州、ジャールカンド州、オディシャー州、チャッティースガル州の森林地帯にほぼ封じ込められている状況である（Ministry of Home Affairs 2014: 24）。

左翼の後退自体はインドに限った話ではない。冷戦の終焉と引き続くソ連邦の崩壊後、世界各地で急速に進展した現象である。旧社会主義圏における共産党支配の崩壊は民主化革命として進展し、社会主義・共産主義は政治思想としての影響力を大きく失った。冷戦後、旧社会主義圏以外でも多くの体制変動が起こったが、そのほとんどは当然のように社会主義革命ではなく民主化革命として起こった。民主化に左翼が果たした役割は国によってさまざまであるものの、共産主義勢力が民主化におそらく最も貢献したネパールにおいてさえ、王制の打倒は社会主義革命とは結びつかなかった。そのネパールでは、二〇一三年に行われた制憲議会選挙で、体制変動を主導したネパール共産党（マオイスト）（Communist Party of Nepal（Maoist））が多くの議席を失った。世界的に、左翼は退場を命じられた、といってよい状況である。

インドにおける今回の選挙結果は、冷戦後も左翼が一定の勢力を保ったインドにおいても、左翼に退場を宣告した選挙といえるかもしれない。ＣＰＩ、ＣＰＭなど議会闘争路線を取る左翼勢力の勢力圏は、インド東部の西ベンガル州とインド最南端のケーララ州に長らく限られていたが、それでも二〇〇四年総選挙では両党合計で独立以来最高となる五三議席を獲得するなど、将来に展望を持っていた。しかし、二〇〇九年総選挙では両党合計で二〇議席に後退し、これまで最大の議席を生み出してきたＣＰＭの拠点である西ベンガル州では、二〇一一年州議会選挙で左翼戦線がついに政権を失う。一九七七年州議会選挙以来三四年間にわたって政権を維持し、民主

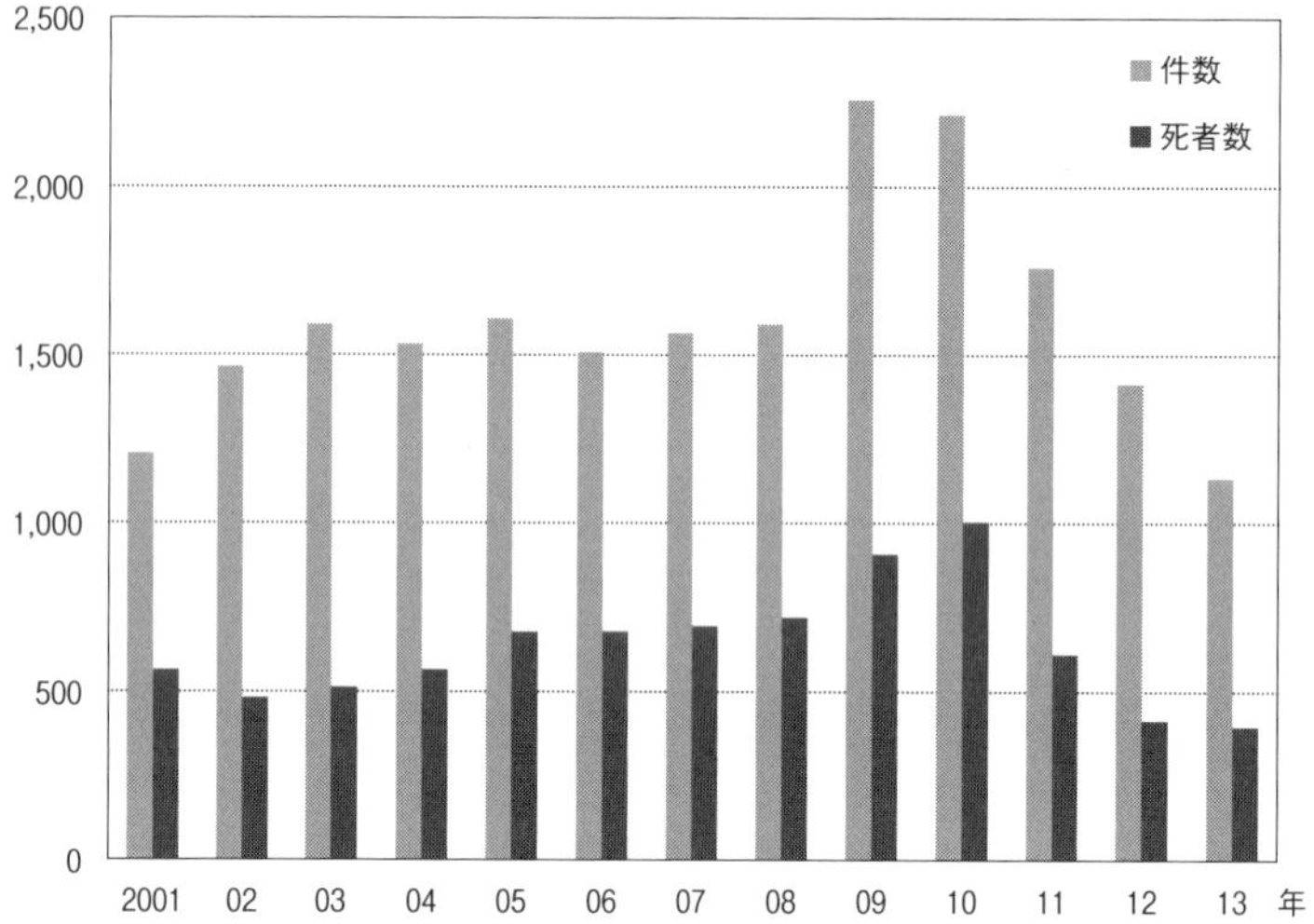


図6-1　マオイストに関連する暴力事件（2001～13年）

出典）MHA（各年度版）

的に選ばれた左翼政権として世界最長の政権維持を誇った長期政権がいよいよ崩壊したのである。この衰退が、今回の選挙結果にも引き継がれた。

ナクサライト運動もインド内務省の統計によれば、衰退の傾向にある（図６・１）。今世紀に入ってからのナクサライト関連暴力に関する統計を参照すると、全インド・レベルで二〇〇九年に件数として二二五八件の最高値を記録し、死者数としては二〇一〇年に一〇〇五名と最多数を記録している。その後、件数、死者数ともに急速に減少し、直近の二〇一三年には、件数は一一三六件、死者数は三九七名と、いずれも最低を記録した。インド政府は、自らの政策が功を奏したと自賛している*2（Ministry of Home Affairs 2014: 33）。後に検討するように、ナクサライト運動衰退の背景には、政府による苛烈な弾圧と開発政策の組み合わせが存在するが、今回の選挙で成立したモーディー政権は、これまでの経緯からナクサライトに対する弾圧をよりいっそう強化することが想定される。

このような状況のなかで、ナクサライトは運動を継続できるのか。グローバル化の波に洗われつつも彼らの活動の余地はあるのか。暴力革命の将来を占うことが、本章の目的である。

## 二　ナクサライト運動の展開

### ナクサライト運動の概観

暴力革命の将来を占うためには、まずこれまでの経緯を概観する必要がある。[*3] 暴力革命に基づく共産主義運動がナクサライト運動と称されるようになったのは、運動が始まったのが、西ベンガル州ナクサルバリ地区であったためである。一九六七年から展開された運動は開始からほぼ五〇年を迎えようとしているが、左翼運動の例に漏れず、インドにおけるナクサライト運動もイデオロギー・戦略の対立に基づいた実に複雑な党派対立を繰り返してきた。[*4] 現在もなお主要な勢力として存在しているのは、第一にインド共産党（マルクス - レーニン主義）解放派（Communist Party of India（Marxist-Leninist）Liberation：以下、解放派）、第二に毛派、最後にインド共産党（マルクス - レーニン主義）（CPI（ML）: Communist Party of India（Marxist-Leninist））を中心とする諸党である（Mohanty 2006: 3165-3167）。第一の解放派は議会闘争路線に回帰した一方で、第二の毛派は暴力革命路線を固守している。解放派と毛派以外の諸党が最後のカテゴリーとなるが、要約すれば、議会闘争路線と暴力革命路線を組み合わせた闘争を展開している。

これら運動の路線と組織の形態に着目すると、ナクサライト運動は三つに時期区分することができるだろう。[*5] 第一期は一九六七年の武装蜂起から非常事態体制期が終了する一九七七年までで、「階級の敵」殲滅路線が主流であり、ゲリラ闘争が活動の主要な形態であった時期である。それゆえに、非常事態体制期には政府から苛烈な弾圧を受けた。第二期は、ジャナター党政権が成立する一九七七年から一九九八年までで、議会闘争路線に転換した解放派が出現し議会勢力として一定の勢力を築く一方で、マオイスト共産主義者センター（MCC: Maoist Communist Centre：以下ＭＣＣ）や人民戦争グループ（PWG: People's War Group：以下ＰＷＧ）が第一期に引き続いて暴力革命路線を展開していく時期である。最後の第三期は、ビハール州においてインド共産党（マルクス‐レーニン主義）統一派（CPI（ML）PU: Communist Party of India（Marxist-Leninist）Party Unity：以下、統一派）がＰＷＧと合併する一九九八年から現在にいたるまでであり、暴力革命路線を取る諸党が次第に結集し、暴力闘争を強化していく時期である。二〇〇四年にはＭＣＣとＰＷＧが合併して毛派となり、暴力革命路線を取る勢力がほぼ糾合された。*6 それぞれの時期について概観したい。

### 第一期――「階級の敵」殲滅の時代

ナクサライト運動の起源は、インド東部に位置する西ベンガル州ダージリン県ナクサルバリ地区において開始された農地解放闘争である（Louis 2002: 51-56）。西ベンガル州においては一九六七年州議会選挙で会議派政権が敗北し、ＣＰＭを主要な勢力の一つとする統一戦線政権が成立した。農地改革担当相に就任したＣＰＭ指導者のＨ・Ｋ・コナール（Hare Krishna Konar）は、農地改革を積極的に推進する方針を打ち出し、呼応したＣＰＭ急進派はナクサルバリ地区において農民委員会を結成し農地の分配を開始する。統一戦線政権は法的手続きを遵守するよう急進派に求めたが、急進派は仲介を拒んだ上に運動を過激化させたため、最終的に統一戦線政権は急進派の運動を弾圧する方向に転じた。弾圧への反発から急進派は一九六九年四月にインド共産党（マルクス‐レーニン主義）を結党し、ＣＰＭは分裂した。

西ベンガル州から始まった運動は、近隣のビハール州、オディシャー州、アーンドラ・プラデーシュ州（以下ＡＰ州）、マディヤ・プラデーシュ州へと拡がっていく。*7 運動の拡大につれて警察・治安部隊による弾圧は激化し、これに対抗するために、党の主導権を握ったチャルー・マズムダール（Charu Mazumdar）は「階級の敵」殲滅路線を打ち出した。ゲリラ部隊を結成して地主・金貸し・警察など「階級の敵」殺戮を優先する路線は、政府による更なる弾圧を招き、一九七五年から七七年の非常事態体制期にはナクサライト二七団体が禁止団体に指定され、推計四万人が拘禁された（Louis 2002: 56-63; Mohanty 2006: 3165）。非常事態体制の施行とともにナクサライト運動はいったん収束することとなった。

### 第二期――議会闘争路線と暴力革命路線

非常事態体制が一九七七年に終了し、新たに成立したジャナター党政権によって拘禁されていたナクサライトが釈放されると、S・N・シンハが指導するグループは、選挙に参加することを決定する。解放直後に行われた一九七七年西ベンガル州議会選挙において、三選挙区で候補を擁立し、一名を当選させることに成功した（Mukherji 1983）。

S・N・シンハ・グループとは別に、マズムダールの正当な後継者を自任するグループは、次第に議会闘争路線へと転換を試みる。これが現在にいたる解放派である。一九八二年には前衛組織としてインド人民戦線（IPF: Indian People's Front）を結成し、選挙を戦う準備を始めた。インド人民戦線という党名を掲げて本格的に選挙戦に臨んだ一九八九年下院選挙では、解放派の初代書記長（general secretary）を務めたラメシュワール・プラサード（Rameshwar Prasad）をビハール州アラ下院選挙区に擁立し、当選を果たした。*8 初のナクサライト出身国会議員である。以後、二〇一〇年州議会選挙で議席を失うまで継続して議員をビハール州議会に送り込み、議会勢力として一定の基盤を築くことに成功した。

解放派が議会闘争路線に次第に転換していったのに対し、暴力革命路線を固守するグループも再び活動を開始した。ビハール州では一九六九年に結成されたMCCが活動を再開し、[*9] AP州では一九八〇年にPWGが結成された。双方とも暴力革命路線を追求し「階級の敵」を殺害していったが、ビハール州では彼らの攻撃に対抗するために地主の私兵集団が多数出現したことも、この時期の特徴である。一九九四年にはビハール史上最強とされ、最も多くの貧農を虐殺することになる私兵集団ランヴィール・セーナーが出現し、地主の私兵集団とナクサライトの暴力的対立は激化していった（中溝 二〇一〇）。このような第二期の運動は、AP州とビハール州を中心としてマディヤ・プラデーシュ州、マハーラーシュトラ州で主に展開された。

### 第三期——マオイストの時代

第三期は、暴力革命路線を取る政党が次第に毛派に収斂し、武力闘争を激化させていく時期である。まず一九九八年八月にビハール州で主に活動していた統一派がAP州を基盤とするPWGと合併し、ビハール州とAP州の運動につながりが生まれる。PWGの活動は、内紛からいったん弱まっていたが、統一派と合併した後の二〇〇〇年ごろから再び活動を活発化させることとなった。

二〇〇四年総選挙後には、憂慮する市民の会（Committee of Concerned Citizens）の仲介により、AP州政府とPWGの間で和平交渉が持たれたが、和平交渉の直前となる二〇〇四年九月にPWGとMCCが合併して毛派が誕生した（Mohanty 2006: 3165-3166）。和平交渉の決裂後、警察・治安部隊と毛派を含むナクサライトの暴力的対立は再び激化し、現在にいたるまでナクサライトは警察の徹底的な掃討作戦の主要な対象となっている。ナクサライトは、先述のように現在ビハール州、ジャールカンド州、チャッティースガル州、オディシャー州の森林地帯で活動を展開している。

以上、毛派の結成にいたるナクサライト運動の系譜を振り返ってきた。それでは、これまでの研究は運動のダイナミズムをいかに捉えてきただろうか。

## 三　これまでの研究

これまでの研究の焦点は、ナクサライト運動の主体・思想・実践を明らかにし、運動発生・存続の要因を突き止めることに当てられてきた。近年にいたるまでの展開を分析した研究として、Louis（2002）, Bhatia（2005a）, Singh（2006）, Banerjee（2006）, Mohanty（2006）, Gupta（2006）, Sagar（2006）, Chenoy and Chenoy（2010）, Banerjee and Saha（2010）, Maringanti（2010）などを挙げることができる。これらはいずれもナクサライト運動の実体を把握すると同時に、運動発生・存続の要因を究明しようと試みている。

なぜ、ナクサライト運動は四七年間の長きにわたって存続したのか。これらの研究がともに指摘している要因は、次の四つに要約できる。すなわち、第一に、上位カースト・上層後進カーストによる下層後進カースト・指定カーストに対する社会的抑圧である。女性に対する性暴力が代表例となる。第二に、農地改革・農業労働賃金に関する経済的抑圧である。農地改革は一向に実施されず、農業労働賃金は低く据え置かれたままという経済的搾取が、貧農を苦しめている。第三に、土地収容に伴う生活基盤の破壊である。経済自由化以降、政府は多国籍企業を誘致するために経済特区（Special Economic Zone）を設定して広大な土地の収用を進めてきた。しかし、十分な補償を伴わない土地の強制的な収容は、住民の生活基盤を破壊した。最後に、これらの社会・経済的抑圧を解消できない議会政党の存在である。要すれば、議会政党が、社会・経済的弱者に対する搾取を止めさせることができなかったゆえに、ナクサライト運動が支持を集めた、という分析である。

現在のインドにこれらの社会・経済的抑圧が存在することは、厳しい現実である。[*10] 一九九一年に開始された経済自由化の時代を迎えて貧困層は減少傾向にあるとはいえ、依然として膨大な数の貧困層が存在する。[*11] 経済自由化による多国籍企業の参入は、農地や森林地帯の収用問題を引き起こし、収用に抵抗する運動も各地で展開されている。ナクサライト運動研究が指摘する問題は確かに存在する。

とはいえ、冒頭で述べたように、左翼の全体的な退潮と歩みを同じくして、ナクサライト運動も現段階では衰退の方向へ向かっていると指摘できる。なぜ衰退しているのか。これまでの研究が指摘した要因に変化が見られたのだろうか。次に、衰退要因について、政府による弾圧と開発政策、インド政治の構造的要因、暴力に対する忌避感情の三点に整理して考えてみたい。

## 四　政府によるナクサライト対策

### 弾圧

インド政府のナクサライト対策は、煎じ詰めれば弾圧と開発の二つから構成されている。弾圧は次の三つの柱から構成されている。第一に、ナクサライトの違法化、第二に、特殊部隊を含む警察力の強化、最後に、ナクサライトの殺害である。

［ナクサライトの違法化］

ナクサライトが、一九七五年から七七年にかけての非常事態体制期に禁止団体に指定されたことは前述した。一九七七年に非常事態体制が解除され、ジャナター党政権が成立すると禁止団体の指定は解かれたものの、二〇〇一年に、ＢＪＰが主導する国民民主連合（National Democratic Alliance）政権の下で施行されたテロ防止令（Prevention of Terrorism Ordinance: POTO）により再び禁止団体に指定される（伊豆山 二〇〇九：三二六

—三二八）。テロ防止令は翌年二〇〇二年にテロ防止法（Prevention of Terrorism Act: POTA）に格上げされたが、政府の広範な裁量を認めており、実際に現首相のモーディーが州首相を務めたＢＪＰ州政権下のグジャラート州などで濫用されたことから、二〇〇四年総選挙で会議派主導の統一進歩連合政権が成立すると廃止された（伊豆山二〇〇九：三三九—三四三）。しかし、廃止と並行して一九六七年破壊活動防止法が改正され、ナクサライトは引き続きテロリスト団体として禁止団体に指定される。

このように統一進歩連合政権においても、ナクサライトに対する弾圧は強化、継続された。統一進歩連合政権成立後、ナクサライトの拠点の一つであるＡＰ州では、後述のように和平交渉が二〇〇四年一〇月に行われる。しかし、三ヶ月後の二〇〇五年一月には停戦協定が破棄され、再び政府とナクサライトの武力闘争が再開された。マンモーハン・シン首相は二〇〇六年四月に開催されたナクサライト問題対策州首相常任委員会で、マオイストによる暴力はインドにとって国内安全保障の最大の脅威であると発言し、対策を強化していった（Subramanian 2010: 24; MHA 2007: 28-29）。二〇〇九年六月二二日には、二〇〇八年に再び改正された一九六七年破壊活動防止法に基づき、毛派はテロリスト団体として禁止団体に改めて指定された。この措置に基づき、毛派のみならず、政府が毛派に近いと考える知識人も多数逮捕されている（Teltumbde 2014: 10-11）。

［治安機関の強化］

第二に、特殊部隊を含む治安機関の強化である。内務省報告書によれば、ナクサライト対策として、毎年、警察の近代化が課題として掲げられ、そのための予算が州警察力近代化計画（Scheme for Modernization of State Police Forces）として計上されている（MHA 2014: 26）。これら通常の州警察力の強化に加えて、中央政府は、中央武装警察（Central Armed Police Forces）、ナクサライト対策に特化した特殊部隊である「断固とした行動のためのコマンド大隊（Commando Battalions for Resolute Action：通称ＣｏＢＲＡ）」などを派遣してナクサライトの

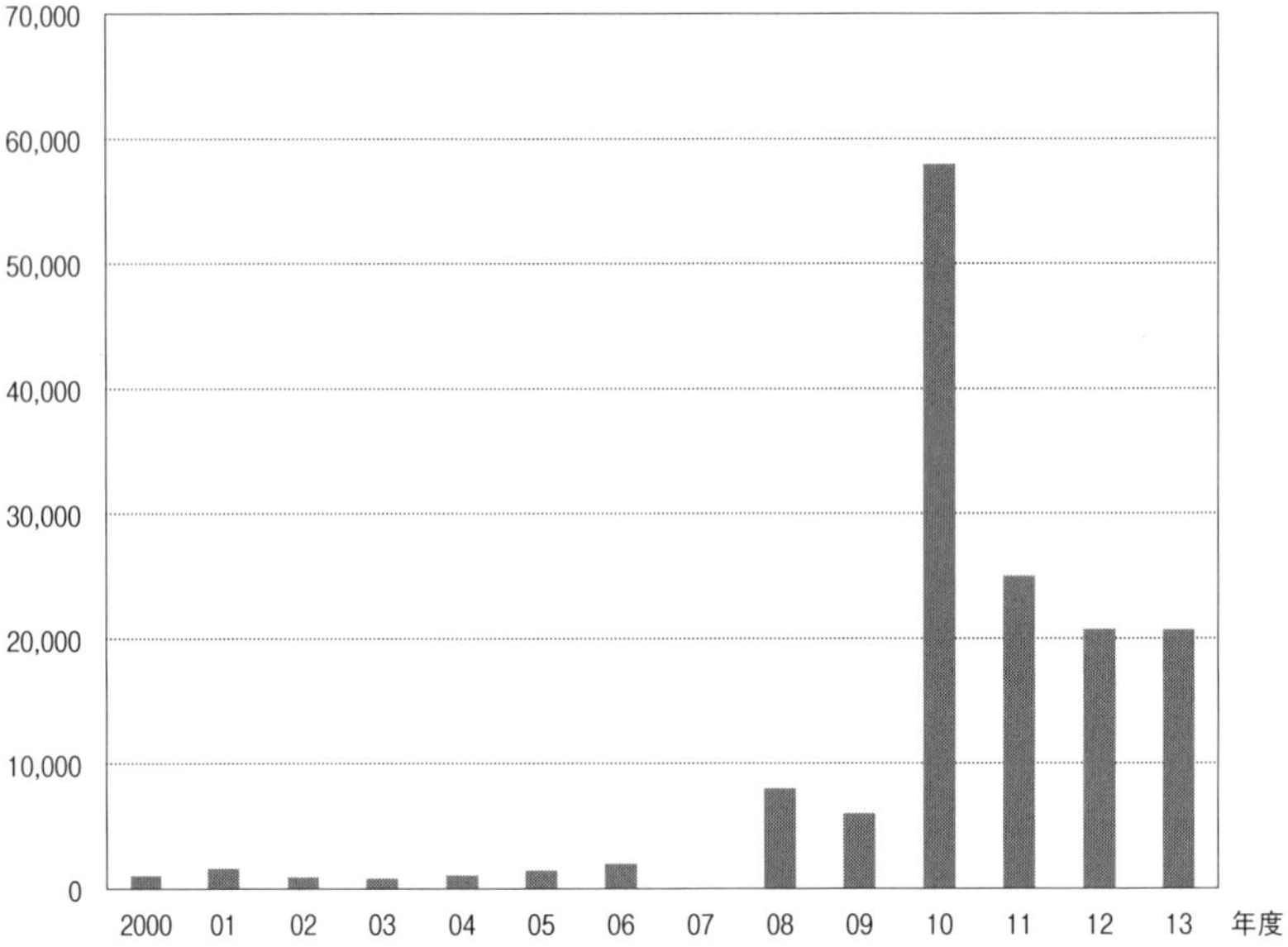


図6-2　治安関連予算（2000～13年度）

出典）MHA（2000～13年度の各年版）

注）単位は10万ルピー。2005年度予算については、2005年度報告書（MHA 2006: 26）に1億4624万7000ルピーとあるが、2006年度報告書では、4億5000万ルピーが計上されたと記述されている。ただし、同報告書には、2006年度予算の記述がないため、おそらく誤記ではないかと推定される。表中の2006年度予算については、2005年度報告書の記述に従っている。2007年度予算については言及されていなかったため、計上していない。

殲滅を図っている。同時に、ナクサライトの活動地域が恒常的な就職問題に直面していることを考慮して、インド予備大隊（India Reserve Battalion）を派遣し、これに若者を雇用するプログラムを実施している。さらに二〇〇八年度には、ナクサライトを討伐するための訓練を行う学校である「対反乱・反テロ学校（Counter Insurgency and Anti-Terrorist Schools）」の設置が決まり（MHA 2009: 20）、翌年以降、建設、運用が始まった。

警察力強化の傾向を把握するために、数ある予算措置の一つである治安関連予算（Security Related Expenditure）を取り上げてみよう（図6-2）。

治安関連予算とは、①ナクサライトによって殺害された市民、治安部隊に対する見舞金、警察官にかける保険金、②反ナクサライト討伐に派遣される中央準軍

表6-1　マオイスト関連暴力死者数（2005〜14年）

| | 2005 | 2006 | 2007 | 2008 | 2009 | 2010 | 2011 | 2012 | 2013 | 2014 | 合計 |
|---|---|---|---|---|---|---|---|---|---|---|---|
| 市民 | 281 | 266 | 240 | 220 | 391 | 626 | 275 | 146 | 159 | 114 | 2,718 |
| 警察 | 150 | 128 | 218 | 214 | 312 | 277 | 128 | 104 | 111 | 69 | 1,711 |
| マオイスト | 286 | 343 | 192 | 214 | 294 | 277 | 199 | 117 | 151 | 88 | 2,161 |
| 合計 | 717 | 737 | 650 | 648 | 997 | 1,180 | 602 | 367 | 421 | 271 | 6,590 |

出典）South Asia Terrorism Portal 2014
注）2014年度の数値は、2014年11月2日までの値である。

表6-2　マオイストの死者数（2002〜06年度）

| | 2002 | 2003 | 2004 | 2005 | 2006 |
|---|---|---|---|---|---|
| 件数 | 1,465 | 1,590 | 1,533 | 1,608 | 1,509 |
| 死者数 | 482 | 513 | 566 | 677 | 678 |
| マオイスト死者数 | 141<br>(22.6) | 216<br>(29.6) | 87<br>(13.3) | 225<br>(24.9) | 272<br>(28.6) |
| 死者数合計 | 623 | 729 | 653 | 902 | 950 |

出典）MHA 2006: 23, 2006: 24
注）マオイスト死者数の括弧内は、全体の死者数に対する比率（%）。

隊（Central Para-Military Forces）を支えるための交通・通信やその他兵站に関連する費用、③弾薬、④州警察の訓練、⑤コミュニティー警察（Community Policing）、村落自衛委員会、特別警察官（Special Police Officers）に対する謝礼など、⑥投降したナクサライトの社会復帰、⑦必要に応じた武器、車両、通信設備、⑧警察署、警察派出所、警察詰所の強化、⑨出版物などに使用される予算である（MHA 2008: 21）。ナクサライト対策のすべてを担う予算ではないが、用途が多岐にわたっているため、ナクサライト対策を俯瞰する一つの指標になるだろう。

図6-2によれば、二〇一〇年度から予算が突出して伸びたことがわかる。前年二〇〇九年度の六億ルピーから五八億ルピーへと、ほぼ一〇倍の伸びである。その後は現在にいたるまで、二〇一〇年度ほどの予算は割り当てられていないが、二〇億ルピーを超える水準を維持していることがわかる。二〇一〇年度は、ナクサライト運動の開始当初から運動の拠点であったAP州で、警察がナクサライトに対する勝利宣言を行った年であり[*12]、中央政府がナクサライト運動の殲滅へ向けて段階を上げた弾

圧に乗り出したと解釈できるだろう。実際に、内務省報告書（図6－1）、別の統計資料を参照しても（表6－1）、二〇一〇年が最多の犠牲者数を記録している。

［ナクサライトの殺害］

前述のように内務省報告書には、ナクサライトの死者数は基本的には計上されていない。ただし、二〇〇五年度、二〇〇六年度報告書には二〇〇二年度から二〇〇六年度までの死者数が記載されている。表6－2によれば、年度によるバラツキはあるものの、全体の死者数の二割台を占めている。別の統計（表6－1）によれば、二〇〇五年から二〇一四年まで、合計で二一六一名が殺害され、全体の三二・八％を占めている（South Asia Terrorism Portal）。二〇〇四年度の内務省報告書で、九三〇〇人の幹部がいると推計されていることを考えればえられる。（MHA 2005: 3）、一〇年間で全体の二三・二％が殺害された計算となり、運動にとってのダメージは大きいと考えられる。一説によれば、一九九六年から二〇〇七年にかけてＡＰ州だけで二五〇〇人が殺害されたという。[*13]

ナクサライトの殺害は、必ずしも法に則ったものではない。内務省報告書には決して明記されていないが、さまざまな報告によれば超法規的な殺害が横行している。ナクサライトに加えて、カシュミールや北東諸州で活動する武装勢力への対策として用いられているいくつかの方法を挙げてみよう（Chenoy and Chenoy 2010: 92-97）。

①徹底捜索（Crackdowns）

治安機関が特定の集落や村全体を取り囲み、すべての成人男性および一〇代の少年を集める。その場で情報提供者が、武装勢力（Militant）および活動支援者、その親戚、武装勢力に関し何らかの情報を持っていると考えられる者を特定し、令状なしで警察が逮捕する。主にインド北東部のマニプル・ナガ丘陵地帯やカシュミールで実施されている。

②遭遇戦（Encounters）

治安機関が被疑者をその場で一方的に殺害するか、逮捕後に殺害し、その後、被疑者との銃撃戦によって被疑者が死亡したと報告することである。司法手続きをいっさい無視した違法行為であるが、警察幹部は政治的承認があるとして是認する（Chenoy and Chenoy 2010: 93-95）。ナクサライト対策で多用され、方法の性格上、殺害された人数は不明である。[*14] 一例を挙げると、人権団体は、二〇〇七年だけで三三四件の「反盗賊対策」の「発砲」があり、一八三件の「反過激派・テロリスト対策」の「発砲」があったと報告している。

③強制された失踪（Enforced Disappearances）

被疑者が治安機関により「反国家活動」に従事したという理由で逮捕されたあと所在不明になることを指す。生死が不明であるため、残された家族には大きなトラウマが残り、とくに妻は「半寡婦」という状況に置かれる。主に一九五八年軍特別権限法（Armed Forces（Special Powers）Act）が適用される北東部地域で多用されるが、ナクサライト対策としても活用される。

以上、代表的な対策を挙げてみた。これらの対策は治安機関によって担われることが主であるが、特別警察官（Special Police Officers）と称される投降した武装勢力によって実行されることも、しばしばである（Chenoy and Chenoy 2010: 97-101）。治安機関は、投降後の職の安定を保障して、とりわけ若いメンバーに投降を呼びかけるが、彼らが実際に投降したあとは、軍に配属されるか特別警察官として任命されて、武装活動組織への襲撃を担当させられる。投降した彼らこそが武装活動組織を最もよく知っていると考えられるためである。筆者が調査したAP州では、ナクサライトが仲間を殺害することを「隠密の殺害（Covert Killings）」と称していた。[*15] 殺害者は殺害後、政府に投降することが常になっているようで、特別警察官に任命された者も多数存在すると推測できる。

武装活動組織に対する民間人の活用をより発展させた形態が、半官半民の民兵組織である（Chenoy and Chenoy 2010: 99-107）。カシュミールでは村落防衛委員会（Village Defence Committees）として組織されていたが、ナクサライト対策として最も発展した形態が、二〇〇五年六月にチャッティースガル州のダンテワーダー県に設立されたサルワ・ジュダム（Salwa Judum）である（Sundar 2006; Bhatia 2011）。設立には地元の会議派州議会議員が深く関わったとされ、ＢＪＰのラマン・シン州首相もこれを支持した。サルワ・ジュダムは、ナクサライトの活動地域から一万五千人の部族民を強制的に移住させ、ナクサライト対策に従事したという。サルワ・ジュダムに反対する者は殺害され、警察はサルワ・ジュダムの取材を行うジャーナリストも標的にした。それゆえサルワ・ジュダムは二〇一一年に違憲とされるが、それまでにダンテワーダー県では約五〇〇人が殺害されている（Bhatia 2011: 14）。これらの活動に関する予算が、治安関連予算として計上されていることは、前述の通りである。

開発

二〇〇四年に会議派主導の統一進歩連合政権が成立して以降、内務省報告書はナクサライト主義が単なる法と秩序の問題ではなく、深刻な社会・経済問題の反映であることを強調し始める（MHA 2006: 23）。ナクサライトの活動地域に対する特別な開発資金の供与は、すでにＢＪＰ主導の国民民主連合政権下でも後進県対策計画（Backward Districts Initiative（BDI））として二〇〇三年度から開始され、毎年一億五千万ルピーが五五県に順次供与された（MHA 2006: 44-45）。開発政策は統一進歩連合政権が成立してから加速され、二〇〇五年度にはパンチャーヤット制度を活動地域にも適用するよう中央政府が勧告し、開発政策実施の体制の強化を図っていった（MHA 2006: 28）。

二〇〇六年度には、後進県対策計画に加えて後進地域補助金（Backward Regions Grant Fund）の適用が始まり、対象地域が二五〇県に拡大された（MHA 2007: 27-28）。さらに農村雇用保障法が成立し、これに基づく計画が二〇〇七年度に全国に拡大されると、ナクサライト活動地域も当然この対象とされた（MHA 2007: 22-23）。加えて二〇〇七年度には後進県対策計画の予算も一県につき四億五千万ルピーと三倍に増額され、対象地域も一四七県とほぼ三倍に拡大された。二〇〇七年度報告はこれらのほかにも、全国農村保健事業（National Rural Health Mission）や、「すべての人に教育を」キャンペーン（Sarva Shiksha Abhiyan）、統合児童開発計画（Integrated Child Development Service）など、さまざまな開発政策をナクサライト活動地域に導入することを提言し、加えて同年度より開始された第一一次五ヶ年計画では五〇億ルピーを既存の予算枠では支出できないインフラ整備に当てることとした。

このように開発政策を重視する傾向は現在にいたるまで続いている。二〇一三年度の内務省報告書によれば、ナクサライト活動県に重点的に開発政策が実施されており、マハートマー・ガーンディー全国農村雇用保証法（Mahatma Gandhi National Rural Employment Guarantee Act：以下、MGNREGA）、インディラ住宅建設プログラム（Indira Awaaz Yojna）、首相村落道路建設プログラム（Pradhan Mantri Gram Sadak Yojna）などの看板となる開発政策は実施状況が監督されている（MHA 2014: 29-31）。実際に、前述した民兵組織サルワ・ジュダムの活動拠点であるバスタール県などでMGNREGAなどの開発政策の影響を検証した研究によれば、政策は十分ではないが一定の成果を上げてきたと考えられる（Banerjee and Saha 2010）。そして、開発政策が成果を上げたところでは、一般的にナクサライトの人気は下がることになる（Chenoy and Chenoy 2010: 61）。

これまでインド政府による弾圧と開発政策の展開について検証してきた。近年のナクサライト運動の衰退が、この二つのアプローチの統合、政府がいうところの全体的な（holistic）アプローチに依っているところは大きいだろう。しかし、ナクサライト運動の衰退を捉えるためには、政府の対策ばかり見ていても十分ではない。より大きく左翼全体の衰退という観点から、インド政治の構造的変化を把握する必要がある。

## 五　インド政治の構造的変化

インド政治の構造的変化を明らかにするためには、本章の問題設定とは逆の問い、すなわち、なぜナクサライト運動が一定の影響力を持ち続けたのか、という問いを考えることが手がかりとなる。この問いはこれまでの研究が明らかにしてきた点であり、議会政治の機能不全と要約される四つの要因を第三節で指摘した。それではなぜ、このような機能不全が生じたのか。

### 会議派による上位カースト／地主支配

一九四七年の独立から一九六七年総選挙までの二〇年間、会議派はラジニ・コタリが「会議派システム」と名づけた安定した一党優位支配を確立する（Kothari 1964）。独立運動を主導し、独立を実現した正統性が安定した支配の大きな要因であったが、同時に、ガーンディーが主導した非暴力主義に基づく民衆運動の展開が独立後の安定した支配の基盤となった。というのも、非暴力主義運動は、階級闘争を否定したため、地主・資本家など富裕層の支持を獲得し、あらゆる社会階層から満遍なく支持を集めることに成功したためである。スミット・サルカールの言葉を借りれば、会議派は全国民を束ねる傘として機能した（サルカール一九九三：二四五―二四六）。

会議派主導の運動は、上位カーストによって支配されていたが、この権力構造は独立後も継承される。独立後、議会制民主主義が導入されるが、人口の八割以上が農村部に居住する人口構成において、政治権力を獲得するためには農村票を押さえることが至上命題となった。会議派は集票の要として農村で上位カースト／上層後進カーストの地主を重視し、彼らの社会・経済的影響力に頼って集票を図る。彼らの集票力に対する見返りとして会議派は公認を彼らに与え、ぞくぞくと上位カースト／上層後進カースト地主が支配する議会が誕生した。ここに会議派は、あらゆる社会階層から満遍なく支持を集める包括政党としての性格を持つと同時に、権力は上位カースト地主が掌握するという構造を成立させた（中溝 二〇一二a：四四―五一）。

この権力構造は、貧困解消政策の実現にとって、大きな障害となった。ネルー政権は、急速な経済成長を実現するために、マハラノビス・モデルに基づく輸入代替工業化政策を採用したが、工業重視の政策において農業部門は軽視され、農業生産性の向上は農地改革を要とする制度的アプローチに委ねられた。しかし、地主の議会が自らの首を絞める農地改革に真剣に取り組むわけもなく、ネルーからの再三の督促にもかかわらず農地改革はほとんど成果を上げることがなかった。灌漑など生産性向上を支えるインフラが未整備のまま、インド農業は天水に頼る脆弱性を抱えていた。一九六五～六六年と二年連続で北インドを襲った大干ばつを契機として、インド農業、ひいてはインド経済が抱える構造的矛盾が噴出する。ビハール州では飢饉が宣言される事態となり、インド政府はアメリカ・世界銀行から援助を受ける条件として経済政策の転換を余儀なくされた（中溝 二〇一二a：一一一―一二七）。

ナクサライト運動が開始されたのは、この経済的苦境を受けてのことである。計算方法によって差異はあるものの、一九六六年度から一九六八年度までの農村部貧困層比率は軒並み五〇％を超え、六〇％に近づいた。ナクサライト運動が開始された西ベンガル州、飢饉の起こったビハール州では、七〇％を超える農村人口が貧困層に該当した。[*16] 国民の半数以上が十分な栄養を摂れない事態は、会議派の安定的支配を揺るがしていく。

### 貧困追放の誕生

一九六〇年代後半の経済危機は、一九六七年総選挙における会議派の退潮をもたらした。会議派は、中央ではかろうじて過半数を維持したが、人口の多い一五州の過半数で州政権を失った。この退潮が、会議派内部の権力闘争を激化させ、最終的には一九六九年の会議派大分裂にいたる。

会議派内部の権力闘争は、経済政策をめぐる争いとして展開された。会議派左派を代表すると見られていたインディラ・ガーンディー首相は、主要銀行国有化などの左派的政策を断行し、これにシンジケートと称された州の有力指導者が反撥した。一九六九年の会議派大分裂で過半数を失ったインディラ政権は、下院選挙を一年繰り上げて一九七一年に総選挙に打って出た。

インディラにとって、右派であるシンジケートと袂を分かつことは、農村部の集票の要である上位カースト／上層後進カースト地主層の支持を失うことを意味した。そこでインディラが着目したのが、地主支配の下で貧困に喘ぐ膨大な貧困層に直接訴えかけることであった。「貧困追放」のスローガンを掲げ、かつてない規模で遊説をこなし、大量のポスター、ビラが配布された。結果はインディラ派の大勝であり、選挙後はシンジケート派もぞくぞくとインディラ派に寝返ることになる（Frankel 2005: 454-458）。

「貧困追放」が主要な政治課題として本格的に登場したのは、この一九七一年選挙が契機であった。ただし、一九七〇年代前半は、一九七一年第三次印パ戦争、一九七二年の干ばつ、一九七三年第一次オイルショックに見舞われ、「貧困追放」は十分な成果を上げることができなかった。逆に、経済成長が停滞するなかでの物価上昇は貧困層に限らず広範な不満を醸成し、一九七四年から開始されたジャヤ・プラカーシュ・ナーラーヤンが主導する全体革命を掲げた運動（略称ＪＰ運動）へとつながっていく。独立以来初めてとなる大規模な反政府運動へのインディラ政権の対応が、インド民主主義の例外とされる権威主義的な非常事態体制であった（Chandra 2003: 34-72）。

非常事態体制期において、貧困対策は二〇ポイント・プログラムのなかに組み込まれたが、非常事態体制は二年を待たず解除されたことにより、目立つ成果を上げることができなかった。貧困層、とりわけ農村貧困層を対象とした政策は、非常事態体制後成立したジャナター党政権下で補助金政策として開始されることになる。一九八〇年選挙で政権に返り咲いたインディラ・ガーンディー会議派政権は、これを継承し発展させる形で総合農村開発計画などを策定し、補助金による貧困対策政策を推進していった（近藤 一九九八a、一九九八b、辻田二〇〇六）。これら貧困対策政策は、貧困問題がいっこうに解決しないという実績上の問題から編み出されたものであるが、ナクサライト運動が貧困州を中心に拡大していったことへの対策としての意味合いもあった。

## カースト政治と階級政治

第二節で検討したように、ナクサライト運動は政府による過酷な弾圧を受けつつも、活動の範囲を拡大していった。これは貧困問題を中心とする社会・経済的抑圧に対して議会政治が機能不全に陥っていたことが原因であるが、議会政党も、これまで見てきたとおり、貧困問題に取り組んでこなかったわけではない。ただしインドの場合は、社会的下層民に対する政策が、実質的に階級を基準とするのではなく、カーストを基準として展開されてきた特徴を持っている。階級よりもカーストが強い影響力を持ってきたことが、ナクサライト運動の展開にとって足かせとなってきた。

まず、最下層に位置する指定カースト・指定トライブに対しては、憲法で議会、公務員職、教育機関にほぼ人口比に応じた留保枠を設定し、アファーマティブ・アクションを導入した。*17 これに基づいて、議会においては必ず一定数の指定カースト・指定トライブの代表が議会に選出されることとなり、これまで存在してきた社会・経済的格差を是正する象徴的存在となった。社会福祉政策の代表的な事例として一九八五年から実施されたインディラ住宅建設プログラムも、まずは指定カースト・指定トライブを優先的な対象として実施されてきた。

表6-3　ビハール州におけるカーストと農地所有の関係(1980年)

| | 上位カースト | 上層後進カースト | 下層後進カースト | 指定カースト |
|---|---|---|---|---|
| 貧農・貧中農 | 7.9 | 51.8 | 89.5 | 96.5 |
| 中農 | 0.7 | 17.5 | 2.6 | 1.5 |
| 富農・地主 | 91.4 | 30.7 | 7.9 | 2.0 |

出典)Prasad 1989: 104, Table A
注)数値は%表示。貧農・貧中農、中農、富農を区分する具体的な基準については、言及がない。

社会階層的には中位に位置する後進カーストについては、指定カースト・指定トライブと異なり、留保制度がただちには導入されなかった。とりわけ下層後進カーストは、階級的には指定カーストとさほど変わらず零細農・農業労働者として従事する者が多かったが、カースト帰属ゆえに留保制度の恩恵を受けることができなかった。表6-3は、ナクサライト運動の中心地の一つであったビハール州の一九八〇年時点でのデータである。指定カーストの九六・五%が「貧農・貧中農」のカテゴリーに位置づけられているのに対し、下層後進カーストも八九・五%が同カテゴリーに位置づけられている。両者の間に、大きな階級的差異を認めることはできない。

指定カースト・指定トライブに対する留保制度とは異なり、会議派政権は、後進カーストに対する留保制度をなかなか実現しようとはしなかった。人口比で過半数に迫る後進カーストに対して留保枠を認めれば、上位カーストによる官僚機構の寡占が崩れかねず、会議派にとって死活的な上位カーストの支持が離れることを恐れたためである。かくして、中道左派に位置する社会主義政党は、当初の階級闘争路線を放棄し、党勢拡大のためカーストを軸とした政治的動員を図っていくことになる。階級闘争を軸とした選挙戦では有権者の支持を得ることができなかったという苦い現実を反映してのことであった(中溝 二〇一二a:七三―八二)。

カースト政治の展開を具体的に明らかにするために、再びビハール州の事例を取り上げたい。ビハール州においては、独立から一九九〇年まで、一九六七~七二年の連立政権期、一九七七~七九年のジャナター党政権期を除いて、会議派が単独で政権を担ってきた。上位カースト地主が主導権を握る典型的な会議派支配であったが、その盤石の会議派支配が一九九〇年州議会選挙を契機として崩壊する。奪権に成功したのは、上層後進カーストのヤーダヴ出身であるラルー・プラサード・ヤーダヴ（Lalu Prasad Yadav）率いるジャナター・ダルであった。ラルー政権は、第一に社会正義の実現、第二にセキュラリズムの護持、最後に貧困の解決を重要課題として掲げるなかで、最も重視したのが、社会正義の実現、すなわち上位カースト支配の打破であり、これが貧困解決と結びついて争点化された（中溝・湊二〇一一：二二一―二二四）。暴力革命路線から議会闘争路線に転換した解放派幹部は、ラルー政権のとりわけ第一期目には、指定カーストをはじめとする貧困層の支持をラルー政権に奪われたと認めた。[*18]

ただし、ラルー政権下の一五年間で、ビハール州の貧困解消は目に見える成果を上げなかった。この点を突いたのが、二〇〇五年州議会選挙でラルー民族ジャナター・ダル政権を破ったニティーシュ・クマール（Nitish Kumar）国民民主連合政権である。ニティーシュ政権は、州首相就任直後から下層後進カースト、指定カーストに対する福祉政策に取り組み、その最初がパンチャーヤット選挙における留保政策の導入であった。[*19] 指定カーストについては、新たにマハー・ダリト（Maha Dalit）というカテゴリーを新設し、彼らのなかから「開発の友（Vikas Mitra）」を任命するなど開発政策の円滑な実行に努め、社会経済状況の改善を目指した（Nakamizo 2014: 157-180）。

ここで留意したいのが、社会的弱者、もしくは社会的下層階層に対する政策が、階級ではなくカーストを基準として行われている点である。インドの最貧州の一つであるビハール州においては、階級に基づく動員はカーストに基づく動員に取って代わられた。このことは、ビハール州におけるCPI、CPMといった伝統的左翼議会政党の弱さからも確認することができる。ビハール州はインドのなかでもカースト制度の影響力が大きいといわれることから、ビハール州の独自性を反映した特殊な事例であるという批判もありえる。しかし、インド政治全体の流れを俯瞰すれば、社会的後進階層に対する社会経済政策で最も重視されてきたのは留保制度の実現であり、州による程度の差こそあれカーストを基準とした政治的動員が力を持ち、カーストを基準として政策が形成されてきたことは否めない。全インド・レベルにおいて、階級政治はカースト政治と比較して有権者に対するアピールという点でも、政策形成に与える影響という点でも限界があり、この構造的要因がナクサライト運動の拡大に障害となったと指摘できる。

## 六　暴力に対する忌避

最後に、ナクサライト運動の衰退を考察するにあたり、暴力に対する忌避感情の高まりを考察しよう。ナクサライトは、「社会の変化は必然的に暴力を伴い、資本主義から社会主義への変化にも武力が必要である。権力を維持するためには武力が必要であり、権力を獲得するためにも武力が必要である」と暴力の使用を肯定するが、[*20] これはナクサライトが活動の拠点とする農村部で広く共有されている認識とはいいがたい。

最初に、暴力革命路線から議会闘争路線に転換した解放派の論理を検証したい。[*21] 自らを一九六九年に結成されたインド共産党（マルクス・レーニン主義）の本流であると位置づけている解放派が、議会闘争路線へと舵を切るのは、非常事態体制後の一九八二年のことである。「階級の敵」殲滅路線を取ったチャルー・マズムダールが一九七二年に獄死した後、一九七五年に党書記長に就任したヴィノード・ミシュラは、一九八二年一二月に開催された第三回全インド党大会（Third All India Congress）において「階級の敵」殲滅路線に関し、次のように分析する。

多くの地域で「階級の敵」殲滅路線は、キャンペーンとして展開された。必要のない多くの無差別殺人を引き起こし、

農民の階級闘争から孤立し、その結果、警察の弾圧に耐えきれず、我々の運動は崩壊した。（Mishra 1999: 274）

その上で、「『階級闘争、すなわち、殲滅が我々のすべての問題を解決する』という第一回全インド党大会（一九七〇年五月開催：筆者注）の宣言は、まったくの間違いであった」ことを明確にする（Mishra 1999: 274）。ここに、暴力の行使が農民の離反を招いたという彼らの苦い認識を認めることは容易だろう。

この認識に基づいて、解放派は議会闘争路線への転換を一九八八年に開催された党大会で正式に承認することになる（CPI（ML）1988: 1.7.1-1.7.2）。そこでは、過去数年間多くの州で選挙に参加したが、ビハール州の数選挙区とアッサム州の一選挙区を除き支持を集めることができなかった、と振り返った上で、「選挙システムそれ自体は、我々に多くの足かせをかけている。しかし、それにもかかわらず、選挙結果は大衆に対する我々の影響力と我々の組織の状態を敏感に反映する指標である」と選挙に参加する意義を明確にしている。[*22] こうして解放派はインド人民戦線（ＩＰＦ）という組織名を掲げて一九八九年下院選挙に参加し、前述のように初のナクサライト出身国会議員を国会に送り出すことに成功した。

暴力に対する農民の忌避感情は、二〇〇四年一〇月にＡＰ州で実現したＡＰ州政府とナクサライトの和平交渉過程にも見出すことができる。[*23] 和平交渉は、一九九七年四月から活動を開始した「憂慮する市民の会（Committee of Concerned Citizens：以下ＣＣＣ）」が長年にわたる活動を積み重ねて仲介したものである。[*24] 和平交渉が実現した最大の要因は、ナクサライトによれば「人民の熱望」である。毛派ＡＰ州書記長（AP Committee Secretary）のラーマクリシュナ（Ramakrishna）は、二〇〇四年一〇月一五日から開始された和平交渉の初日に、「人民の熱望を尊重し、和平交渉に臨むことを決定した」と述べた（CCC 2006: 175）。二〇〇四年ＡＰ州議会選挙においては、会議派がナクサライトとの和平交渉の実現を公約として掲げ勝利を収めたが（Srinivasulu 2007: 186-188; CCC 2006:

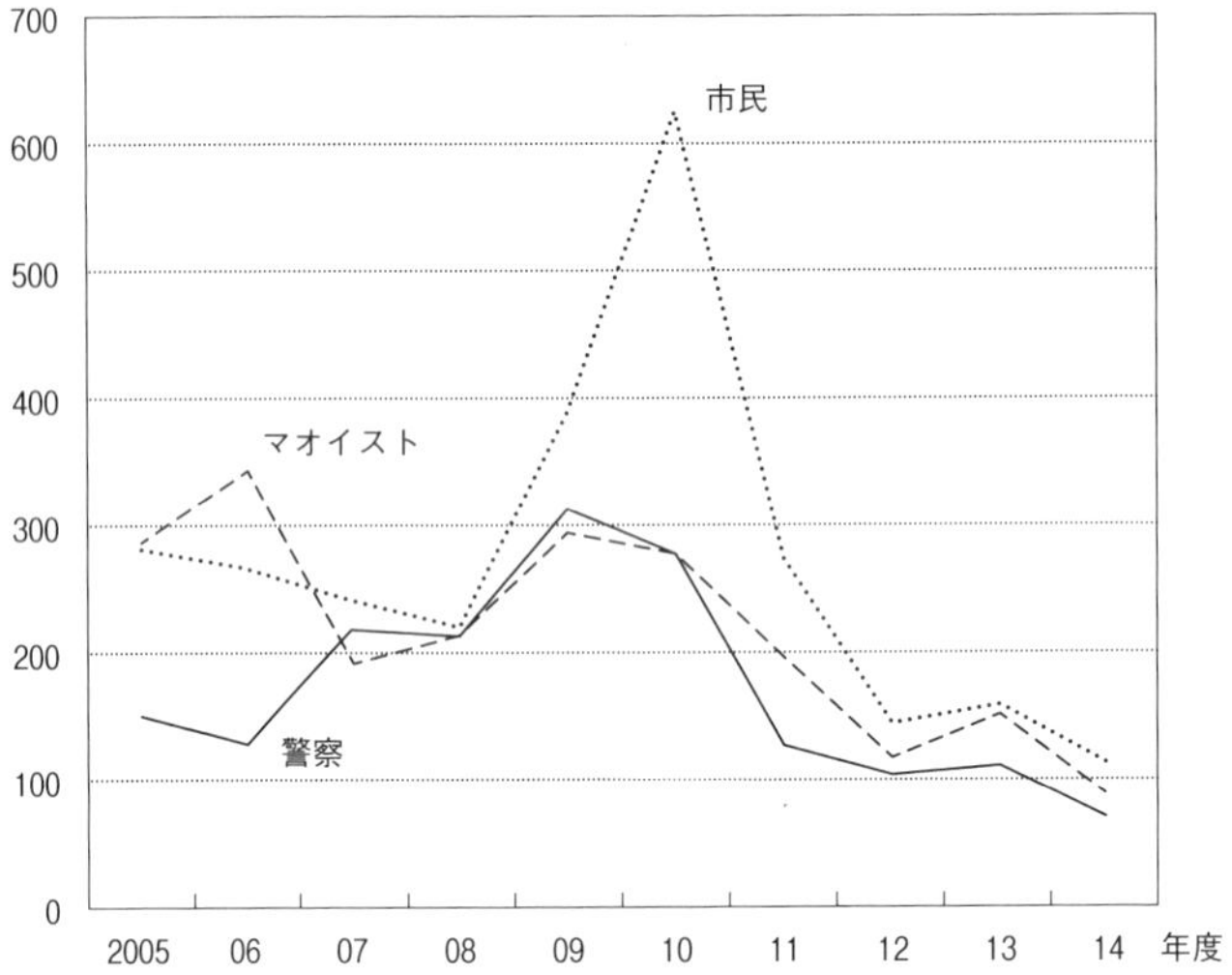


図6-3　マオイスト関連暴力死者数（2005～14年度）

出典）South Asia Terrorism Portal 2014
注）2014年度の数値は、2014年11月2日までの値である。

v-vi)、その会議派が勝利した以上、和平交渉に臨む責任があるという論理である。

同じナクサライトで、毛派とともに交渉に臨んだインド共産党（マルクス・レーニン主義）「人民の力」派（Communist Party of India（ML）-Jana Shakti）の指導者リヤズ（Riyaz）も次のように述べている（CCC 2006: 181）。「武力闘争を唯一の道と信奉する革命政党は、和平交渉にはまず乗り気ではないものだが、人民に責任があるため和平交渉に臨んだ。革命政党は人民に責任があり、人民に説明しなければならない」。

和平交渉を切望する「人民の熱望」が存在したという指摘は、他にも存在する。[*25] 人々が交渉を切望した理由は、端的にいえば、警察とナクサライトの板挟みになったという事実であった（Mander 2004: 1206; CCC 2006: xxxi-xxxii; Srinivasulu 2007: 187）。すなわち、ナクサライト活動地域において農民は、警察からはナクサライトの支持者ではないかと常に疑いの目を向けられ、実際には何の関わりもないにもかかわらず、最悪の場合には遭遇戦によって殺害される。逆に、ナクサライトからは政府との密通を疑われ、これも最悪の場合には殺害される。政府とナクサライトの殺し合いが続く限り、間に立つ村人は常に緊張を強いられることとなり、当然のことながら和平交渉を望む強い声が出てくる。和平交渉を実現するという会議派の選挙公約は、この切望を意識したものであった。しかし、前述のように和平交渉に基づく休戦は二〇〇五年一月までしか継続しなかった。

図6 - 3は二〇〇四年和平交渉が不調に終わった二〇〇五年から二〇一四年一一月現在までのナクサライトに関連する暴力の死者数をグラフ化したものである。このグラフからわかることは、二〇〇七年から現在にいたるまで、一貫して市民の犠牲者が、治安機関、ナクサライトよりも多いことである。とりわけ二〇一〇年は、治安機関二七七名、ナクサライト二七七名を合計した五五四名よりも多い六二六名が犠牲となっている。どのような経緯で犠牲になったかは明らかではないが、治安機関とナクサライトの板挟みのなかで殺害されたことは想像に難くない。このような犠牲の多さは、農民のナクサライト離れを生み、ナクサライトが森林地帯に拠点を移さざるをえなくなる大きな要因となったと推測できる。

## 七　暴力革命の将来

ナクサライト運動の衰退要因として、これまで三つの要因を挙げてきた。第一が、政府による弾圧と開発政策の組み合わせ、第二が、カースト政治が階級政治に優位するインド政治の構造的要因、最後が暴力に対する忌避感情である。これらの要因が組み合わさることにより、ナクサライト運動の活動範囲は森林地帯に追いやられ、新たな活動家を獲得することも難しく、指導者・活動家の高齢化が進むなかで衰退の傾向をたどっていると考えられる。

それではナクサライト運動は消えゆく運命にあるだろうか。二〇一四年総選挙で大勝した国民民主連合政権は、「法と秩序」を重視するＢＪＰが単独で過半数を獲得した政権であり、「テロリスト」に容赦しないことで知られるナレーンドラ・モーディーが首相である。モーディーは、グジャラート州首相時代、テロ防止法（ＰＯＴＡ）を濫用してムスリムの迫害を行ったことで知られ（伊豆山 二〇〇九：三三六―三三九）、テロ防止法調査委員会の是正勧告、さらに是正勧告に従うべきとする最高裁判決を無視した実績から、ナクサライトに対しても苛烈な弾圧を行うことが予想される。統一進歩連合政権よりも、激烈な弾圧を行うことになるだろう。

強化される弾圧は、ナクサライトの根絶に向かうだろうか。二つ指摘しておきたい。第一に、暴力の連鎖が生み出す問題である。前述したチャッティースガル州のサルワ・ジュダムの事例においては、政府軍の兵士（"Naga Force"）にインタビューしたバティアによれば、有無をいわさぬ殺害がまかり通っている（Bhatia 2011: 15）。政府側がナクサライトと見なせば直ちに殺害が許される状況では、残された家族の恨みは晴らせない。住民の間に暴力に対する忌避感情が存在することは確かであるが、家族をはじめとする身近な者が殺された人々が、皆おとなしく黙る理由はない。国家に対する復讐を誓う者にとって、活動家を常に求めているナクサライトは、格好の機会を提供することになるだろう。

第二に、今回の二〇一四年総選挙でＢＪＰが強調したのは、「グジャラート・モデル」の成功であった。「グジャラート・モデル」とは、大規模な土地収用を行って外資を積極的に誘致し、国内外の大資本と手を取り合って経済成長を実現するモデルにほかならない。二〇〇四年のＡＰ州における和平交渉で、ナクサライトは映画撮影所として有名なラモジ・フィルム・シティ（Ramoji Film City）建設に伴う土地収用問題を取り上げ、農地改革の実施を迫ったが[*26]（CCC 2006: 189-203）、モーディー政権下においても、多くの州で工業団地造成、鉱物資源開発などに伴う土地収用問題が起こる可能性は大きい。今日までインドでは、立ち退きを迫られた住民に対し不十分な保証しか行われなかった事例が多く、土地収用問題はインド経済の立て直しを担うモーディー政権下でも増えていくであろう。これまでの経験から、土地収用問題に敢然と立ち向かえるのは、内外の大資本の影響力が及びやすい議会政党ではなく、やはり非暴力主義に基づいた社会運動、そしてナクサライト運動である。

経済自由化政策が本格的に導入されて、二〇年以上が経過した。グローバル市場に開かれたインド経済は大きく成長し、中国と並んで世界経済を牽引する存在と目されるようになったが、格差の拡大は指摘されている。[*27] 自由化に伴う格差の拡大を是正しようと試みたのが、「包摂的成長（Inclusive Growth）」を掲げた統一進歩連合政権であったが、二〇一四年総選挙では大敗した。治安機関とナクサライトの間の殺し合い、そして両者の間に挟まれた住民の殺害を止めることは可能だろうか。新政権が誕生した現在、六五年間の経験を積んできたインド民主主義の真価が問われている。

注

＊1　二〇一四年総選挙の分析としては、Palshikar and Suri（2014）、佐藤（二〇一四）、竹中（二〇一四）を参照のこと。Shreshtha Bharat の訳は、佐藤の訳を参照した。

＊2　政府統計からは、ここに挙げた件数、死者数が、ナクサライトの死者数を含んでいるのか、とりわけ後述する「隠密の殺害」など政府によるナクサライトの超法規的殺害を含んでいるのか、直接には不明である。ただし、二〇〇五年度内務省報告、二〇〇六年度内務省報告には、一般市民の死者、警察の死者と並んでナクサライトの死者数が明記されており、同じ報告書内の「ナクサライト関連暴力」の表にはナクサライトの死者数が計上されていないことから、ナクサライトの死者数を除外していると考えられる。この点に留意する必要はあるものの、利用できるデータが少ないなかで、一定の傾向を示す指標としては使えると考えた。

＊3　本節以下の記述は、若干の修正を除き、中溝（二〇〇九：三六一—三六五）に従っている。

＊4　たとえば、Louis（2002: 198-199）Chart 7.1. 参照。対立の複雑さを視覚的に把握することができる。

＊5　Singh（2006: 163）, Mohanty（2006: 3165-3167）, Bhatia（2005a: 1536-1537）, Louis（2002: 4-8）を参考にした。

＊6　Jha（2005）によれば、マオ派の活動はナクサライト関連の暴力事件の八八％を占め、死者の九〇％を占めている。

＊7　ＡＰ州は、二〇一四年にテランガーナ州とアーンドラ・プラデーシュ州に分割された。本章で扱うＡＰ州に関する記述は、ほとんどが分割前のＡＰ州を対象としているため、断りのない限り、分割前のＡＰ州を指すこととする。

＊8　インド人民戦線は、一九八四年下院選挙に関しては六項目要求を提示し、これに従う候補者を支援する形で間接的に参加したが、一九八五年州議会選挙から直接参加した。プラディープ・ジャ氏（Mr. Pradeep Jha（CPI（ML）L, Central Working Class Department）に対するインタビュー（二〇〇二年一〇月二四日）。ただし、選挙管理委員会資料による限りは、参加政党として「インド人民戦線」は登録されておらず、Louis（2002: 200-201）のオブラ（Obra）選挙区の事例が示すように、無所属候補として出馬した。Singh（2006: 157）は、五三選挙区に候補を立てたものの、当選者を出すことはできなかったとしている。ラメシュワール・プラサード氏は、「一九八五年州立法議会選挙には少しだけ参加した」と述べた（二〇〇五年三月七日、ビハール州党支部宿舎におけるインタビュー）。

＊9　ＭＣＣの起源は、西ベンガル州を基盤としていたダクシュン・デーシュ（Dakshin Desh）グループに求めることができる。ダクシュン・デーシュは、南の国の意であり、インドの北に位置する中国を意識した名称であるが（Singh 2006: 150）、一九六九年のインド共産党（マルクス－レーニン主義）結党には参加せず、当初から解放派の流れとは距離を取って活動してきたことに留意する必要がある。Louis（2002: 56）参照のこと。

＊10　筆者は、ビハール州史上最強と称される地主の私兵集団ランヴィール・セーナー発祥の村において、二〇〇二年から二〇〇三年にかけて調査を行った。同村においては、「解放派」と上位カースト地主の対立からランヴィール・セーナーが結成されたが、結成の経緯を調べる過程で、ナクサライト運動研究が指摘する諸要因が一九九〇年代においても存在したことを確認した。詳細については、中溝（二〇一〇）参照のこと。

＊11　貧困者の推計方法に関しさまざまな議論が行われているが、ヒマンシュとデーヴ＝ラヴィの推計結果によると、二〇〇四年の全インド貧困者比率は二八・二七％であり、総数は三億一五四八万人となる。一九八三年の貧困者比率が四四・九三％、一九九三年の比率が三六・〇二％であるから、比率としては着実に減少しており、総数としても減少傾向に

ある。とはいえ、三億人を超す貧困者が存在することは、深刻な問題である。絵所（二〇〇八：二〇六―二一七）参照のこと。

＊12　ＡＰ州在住のジャーナリストへのインタビュー（二〇一三年二月二一日）。同氏によれば、それでもナクサライトのシンパは三〇〇人くらいは残っているのではないかということであった。

＊13　ナクサライトに近い人物に対するインタビュー（二〇〇七年八月）。

＊14　国家人権委員会（National Human Rights Commission）が、ＡＰ州警察が二〇〇四年までに関与した二五八件の遭遇戦を検証したところ、警察が殺害した人物を逮捕した形跡はなく、警官も無傷であった。さらに、遭遇戦自体が問われることもなかった。Chenoy and Chenoy（2010: 94-95）参照のこと。

＊15　「隠密の殺害」によって長男を殺害された家族に対するインタビュー（二〇〇七年八月）。

＊16　Bardhan（1973）の推計によれば、一九六七・六八年度の貧困層比率は全国でそれぞれ五三％、五四％となっている（Table 1）。西ベンガル州については、一九六七年度が七四％、ビハール州については、六一～七一％となっている（Table 4）。Ahluwalia（1978）の推計によれば、一九六六・六七・六八年度の比率は各五七・四％、五七・九％、五三・五％となっている（Table 3（a））。西ベンガル州については、一九六六・六七・六八年度の各比率は六四・三％、八〇・三％、七四・九％、ビハール州については、それぞれ七四・四％、七〇・九％、五九・四％となっている（Table 3（a））。

＊17　指定カースト・指定トライブとは行政用語で、具体的にはかつての不可触民、トライブを指す。憲法で留保政策の対象となる不可触民・トライブが指定されたため、指定カースト（Scheduled Castes）、指定トライブ（Scheduled Tribes）と称されるようになった。指定カーストに対する政策の展開については、中溝（二〇一二b：二二三―二二六）を参照のこと。指定カーストの人口比は、二〇〇一年統計で一六・六％を占めている（Census of India 2011）。

＊18　プラディープ・ジャ（Pradeep Jha）氏に対する前掲インタビュー（二〇〇二年一〇月二四日）。

＊19　ニティーシュ・クマール（Nitish Kumar）前州首相に対するインタビュー。同氏は、州首相に就任後、最初に取り組んだ政策が最後進階級（Extremely Backward Classes）に対する留保制度であったと述べた（二〇一〇年八月二九日）。

＊20　ナクサライトの代弁者と見られている人物に対するインタビュー（二〇〇七年八月）。このほかにも代弁者、支持者と見られている人々はインタビューで一様に暴力を肯定した（二〇〇七年八月）。

＊21　解放派の論理については、中溝（二〇〇九：三六五―三六九）の記述に従っている。

＊22　この点は、「解放派」幹部のプラディープ・ジャ氏の回答と符合する。ジャ氏は、「解放派」が選挙に参加した理由に関し、「一つは選挙に参加することによって、われわれの思想を広めることができるし、また選挙結果により、われわれの影響力を測ることができるからである」と述べた。ジャ氏に対する前掲インタビュー（二〇〇二年一〇月二四日）。

＊23　和平交渉過程については、中溝（二〇〇九：三八四―三八六）の記述に従っている。

＊24　「憂慮する市民の会」は、退官したインド行政職（Indian Administrative Service）のシャンカラン氏（Mr. S. R. Sankaran）を世話人として、著名な弁護士、大学教授、マスコミ関係者、元州立法議会議員ら一四名から構成された（CCC 2006）。CCCについて、Mander（2004）とKannabiran, Volga and Kannabiran（2005）を参照のこと。筆者は二〇〇七年八月の調査において、CCCの主要メンバーであったPUCL全国代表・弁護士のカンナビラン氏（Mr. Kannabiran）、ハイデラバード大学教授のハラゴパール氏（Prof. Haragopal）、弁護士のタラカム氏（Mr. Bojja Tarakam）の三名のメンバーに、CCCの活動に関しインタビューを行った。

＊25　毛派の代理人、もしくは支持者と見なされる人々へのインタビュー（二〇〇七年八月）。文献では、Balagopal（2005: 1324）、Bhatia（2006）などを挙げることができる。

＊26　農地改革を議題とすることを主張したのは、CCCのメンバーである前掲タラカム氏である。氏は、高名な弁護士であると同時にインド共和党（Republican Party of India）AP州総裁を務める指定カースト政治家として、暴力の連鎖を食い止めることも重要だが、貧富の格差といった社会経済的問題を取り上げることも重要だと考え、農地改革を議題に入れることを主張した（二〇〇七年八月二二日）。

＊27　デーヴ＝ラヴィの推計結果によると、ジニ係数は一九八三～九四年度にかけては減少したが、一九九三～二〇〇四年度には増大した（絵所 二〇〇八：二〇六―二一二）。

## 参考文献

伊豆山真理　二〇〇九「インドのテロ対策法制――個人の権利、コミュニティ間の政治、国家安全保障」近藤則夫編『インド民主主義体制のゆくえ――挑戦と変容』アジア経済研究所、三一七―三五三頁。

絵所秀紀　二〇〇八『離陸したインド経済――開発の軌跡と展望』ミネルヴァ書房。

近藤則夫　一九九八a「インドにおける総合農村開発事業の展開（Ⅰ）――総合的地域開発計画から貧困緩和事業へ」『アジア経済』三四（六）、二―二二頁。
近藤則夫　一九九八b「インドにおける総合農村開発事業の展開（Ⅱ）――総合的地域開発計画から貧困緩和事業へ」『アジア経済』三四（七）、二二―五二頁。
佐藤宏　二〇一四「モーディー政治を占う――二〇一四年インド総選挙と新政権の発足」http://www.ide.go.jp/Japanese/Research/Region/Asia/Radar/pdf/201407_sato.pdf（最終アクセス二〇一四年一二月一八日）
サルカール・スミット　一九九三『新しいインド近代史Ⅰ・Ⅱ　Fからの歴史の試み』長崎暢子・臼田雅之・中里成章・粟屋利江訳、研文出版。
竹中千春　二〇一四「一三億人の将来託されたモディ氏――インド人民党圧勝の背景を探る」http://janet.jw.jiji.com/apps/do/contents/view/080f989b375bddb5f4（最終アクセス二〇一四年一二月一八日）
辻田祐子　二〇〇六「貧困削減プログラムの現状と課題」内川秀二編『躍動するインド経済――光と影』アジア経済研究所、一六八―二一六頁。
中溝和弥　二〇〇九「暴力革命と議会政治――インドにおけるナクサライト運動の展開」近藤則夫編『インド民主主義体制のゆくえ――挑戦と変容』アジア経済研究所、三五五―四〇一頁。
中溝和弥　二〇一〇「地主と虐殺――インド・ビハール州における私兵集団の結成と政治変動」『アジア・アフリカ地域研究』二〇〇九年第九-二号、一八〇―二二二頁。
中溝和弥　二〇一二a『インド暴力と民主主義――一党優位支配の崩壊とアイデンティティの政治』東京大学出版会。
中溝和弥　二〇一二b「弱者と民主主義――インド民主主義六〇年の実践」日本比較政治学会『年報比較政治学　現代民主主義の再検討』第一四号、二二一―二四五頁。
中溝和弥・湊一樹　二〇一一『インド・ビハール州における二〇一〇年州議会選挙――開発とアイデンティティ』アジア経済研究所（ウェブ出版）。
http://www.ide.go.jp/Japanese/Publish/Download/Kidou/2010_301.html（最終アクセス二〇一四年一二月一八日）

（外国語文献：政府資料・党文書・その他資料）

Census of India 2011. *Primary Census Data Highlights-India* http://www. censusindia. gov. in/2011census/PCA/PCA_Highlights/pca_highlights_file/India/Chapter-2. pdf（最終アクセス二〇一四年一一月九日）

CPI（ML）1988. *Documents of the Communist Party of India*（*Marxist-Leninist*）*as adopted by The Forth All India Party Congress 1-5 January, 1988*. Delhi: Praveen K. Chaudhry.

Ministry of Home Affairs（MHA）, Annual Report（2003-14） http://mha. nic. in/AnnualReports（最終アクセス二〇一四年一〇月二六日）

South Asia Terrorism Portal http://www. satp. org/satporgtp/countries/india/maoist/data_sheets/fatalitiesnaxal05-11.htm（最終アクセス二〇一四年一一月九日）

（外国語文献：二次文献）

Ahluwalia, Montek S. 1978. Rural Poverty and Agricultural Performance in India. *The Journal of Development Studies* 14（3）: 298-323.

Balagopal, K. 2003. People's War and the Government: Did the Police have the Last Laugh?" *Economic and Political Weekly*（*EPW*）, February 8, 2003. pp.513-519.

Balagopal, K. 2005. Naxalites in Andhra Pradesh: Have We heard the Last of the Peace Talks? *EPW*, March 26, pp.1323-1329.

Balagopal, K. 2006. Maoist Movement in Andhra Pradesh. *EPW*, July 22, 2006. pp.3183-3187.

Banerjee, Sumanta 2002. Naxalbari: Between Past and Future. *EPW*, June 1, 2002. pp.2115-2116.

Banerjee, Sumanta 2005. All Quiet on the Maoist Front?. *EPW*, February 5, 2005. pp.500-502.

Banerjee, Sumanta 2006. Beyond Naxalbari. *EPW*, July 22, 2006. pp.3159-3163.

Banerjee, Kaustav and Partha Saha 2010. The NREGA, the Maoists and the Developmental Woes of the Indian State. *EPW*, July 10, 2010. pp.42-47.

Bardhan, Pranab K. 1973. On the Incidence of Poverty in Rural India of the Sixties. *EPW*, Annual Number February, 1973.

pp.245-254.

Bhatia, Bela 2005a. The Naxalite Movement in Central Bihar. *EPW*, April 9, 2005. pp.1536-1549.

Bhatia, Bela 2005b. Jehanabad-I: Jailbreak and the Maoist Movement. *EPW*, December 17, 2005. pp.5369-5371.

Bhatia, Bela 2006. On Armed Resistance. *EPW*, July 22, 2006. pp.3179-3183.

Bhatia, Bela 2011. Judging the Judgment. *EPW*, July 23, 2011. pp.14-16.

Bhattacharya, Dipankar 2006. Trail Blazed by Naxalbari Uprising. *EPW*, December 16, 2006. pp.5191-5194.

Bhattacharya, Prabodh 1986. *Report From the Flaming Field of Bihar: A CPI（ML）Document*. Calcutta.

Chandra, Bipan 2003. *In the name of Democracy: JP movement and the Emergency*. New Delhi: Penguin Books India.

Chaudhry, Praveen K. 1988. Agrarian Unrest in Bihar: A case study of Patna District 1960-1984. *EPW*, January 2-9, 1988. pp.51-56.

Chenoy, Anuradha M. and Kamal A. Mitra Chenoy 2010. *Maoist and Other Armed Conflicts*. New Delhi: Penguin Books India.

Committee of Concerned Citizens（CCC）2006. *Negotiating Peace: Peace Talks between Government of Andhra Pradesh and Naxalite Parties*, Hyderabad.

Das, Arvind N. 1983. *Agrarian Unirest and Socio-Economic Change in Bihar, 1900-1980*. New Delhi: Manohar Publications.

Frankel, Francine R. 2005. *India's Political Economy, 1947-2004: The Gradual Revolution*,（second edition）. New Delhi: Oxford University Press.

Gupta, Tilak D. 2006. Maoism in India: Ideology, Program and Armed Struggle. *EPW*, July 22, 2006. pp.3172-3176.

Jha, Sanjay K. 2005. Naxalite Movement in Bihar and Jharkhand. *Dialogue*, April-June 2005, vol. 6, no. 4. http://www.asthabharati.org/Dia_Apr05/Sanjay.htm（最終アクセス二〇一四一二月一八日）

Kannabiran, Kalpana, Volga Kannabiran and Vasanth 2005. Reflections on the Peace Process in Andhra Pradesh. *EPW*, February 12, 2005. pp.610-613.

Kothari, Rajni. 1964. The Congress 'System' in India. *Asian Survey* vol. IV（12）: pp.1161-1173.

Louis, Prakash 2002. *People Power: The Naxalite Movement in Central Bihar*. Delhi: Wordsmiths.

Louis, Prakash 2005. Jehanabad-II: Viewing Bihar. *EPW*, December 17, 2005. pp.5371-5372.

Mander, Harsh 2004. Towards Peace, Democracy and Justice. *EPW*, March 20, 2004. pp.1206-1208.

Maringanti, Anant. 2010. Talks between the Maoists and the State: Learning from the Andhra Experience. *EPW*, August 21, 2010. pp.39-45.

Mishra, Vinod 1999. *Vinod Mishra Selected Works*. New Delhi: A CPI (ML) Publication.

Mohanty, Manoranjan 2006. Challenges of Revolutionary Violence The Naxalite Movement in Perspective. *EPW*, July 22, 2006. pp.3163-3168.

Mukherjee, Kalyan and Kala, Manju 1979. Bhojpur: The Long Struggle. In Arvind N. Das and V. Nilakant (ed.), *Agrarian Relations in India*. New Delhi: Manohar Publications pp.213-230.

Mukherji, Partha N. 1983. *From Left Extremism to Electoral Politics: Naxalite Participation in Elections*. New Delhi: Manohar.

Murali, K. 2002. Andhra Pradesh: Continuing Militancy in Telangana. *EPW*, February 23, 2002. pp.692-695.

Nakamizo, Kazuya 2014. Poverty and Inequality under Democratic Competition: Dalit Policy in Bihar. In Tsujita Yuko (ed.), *Inclusive Growth and Development in India: Challenges for UnderDeveloped Regions and the Underclass*. Basingstoke and New York: Palgrave-Macmillan pp.157-180.

Padhi, Ranjana, Rajender Singh Negi and Rajesh Gupta 2007. Arrest Most Foul. *EPW*, May 26, 2007. pp.1899-1900.

Palshikar, Suhas and K. C. Suri 2014. India's 2014 Lok Sabha Elections: Critical Shifts in the Long Term, Caution in the Short Term. *EPW*, September 27, 2014. pp.39-49.

Prasad, Pradhan H. 1987. Agrarian Violence in Bihar. *EPW*, May 30, 1987. pp.847-852.

Prasad, Pradhan H. 1989. *Lopsided Growth*. Bombay: Oxford University Press.

Sagar 2006. The Spring and Its Thunder. *EPW*, July 22, 2006. pp.3176-3178.

Sarkar, Sumit 2001. Indian Democracy: The Histrical Inheritance. In Atul Kohli (ed.), *The Success of India's Democracy*. Cambridge: Cambridge University Press pp.23-46.

Singh, Prakash 2006. *The Naxalite Movement in India*, Revised Edition. New Delhi: Rupa & Co.

Srinivasulu, Karli 2007. Chapter 7 Political Articulation and Policy Discourse in the 2004 Elections in Andhra Pradesh. In Ramashray Roy and Paul Wallace (ed.), *India's 2004 Elections: Grass-roots and National Perspectives*. New Delhi: Sage Publications pp.180-205.

Srinivasulu, K. and Prakash Sarangi 1999. Political Realignments in Post-NTR Andhra Pradesh. *EPW*, August 21-28, 1999. pp.2449-2458.

Subramanian, K. S. 2005. Naxalite Movement and the Union Home Ministry. *EPW*, February 19, 2005. pp.728-729.

Subramanian, K. S. 2010. State Response to Maoist Violence in India: A Critical Assessment. *EPW*, August 7, 2010. pp.23-26.

Sundar, Nandini 2006. Bastar, Maoism and Salwa Judum. *EPW*, July 22, 2006. pp.3187-3192.

Teltumbde, Anand 2014. Narratives of Police Illegality. *EPW*, July 12, 2014. pp.10-11.

Yechury, Sitaram 2006. Learning from Experience and Analysis. *EPW*, July 22, 2006. pp.3168-3171.

# 第七章　トライブ運動の個別化
## 先住民族による自治権要求の変遷

木村真希子

### 一　はじめに

アッサム州の先住民族／トライブ[*1]による政治的な自治を求める運動は、植民地時代からさかんである。丘陵部において自治を求め、メガラヤ州形成につながった全党山岳指導者会議（All Party Hill Leaders' Conference：以下APHLC）の運動や、平野部において連邦直轄地を求める「ウダヤーチャル」創設運動など、異なる言語、文化、歴史を持つ集団が「トライブ」としてまとまって権利を要求してきた。

この傾向が変化を見せるのが、一九八〇年代後半である。ボド民族の自治州「ボドランド」を目指した運動を皮切りに、ミシン、ラバ、ティワ民族など、それまで「平野トライブ」としてまとまっていた各民族が個別の自治州や自治県を求める運動を始めた。特徴としては、それぞれの歴史的な王国の起源に基づき、歴史的な領土を特定し、その地域全体の自治権を主張したことである。異なる宗教や文化を持つ民族がモザイク上に混住するアッサム州では、しばしばこれらの「歴史的領土」は互いに重なり、それぞれの主張する自治範囲が同一の領域を要求する事例も見られた。さらに、これらの運動の一部は武装化し、政府との交渉の行き詰まりのなかで、移民や他の先住民族など、異なる集団に属するものを武力で追い出そうとする試みが頻発した。こうした運動の個別化、もしくはエスニック化と、武装化の傾向はアッサム州のみにとどまらず、メガラヤ州やトリプラ州でも同様の運動が活発化した。

本章では、こうした運動のなかで最も活発であり、かつ成功した事例であるボドランド運動を取り上げ、運動の特徴を概観すると同時に、なぜこの時期に北東部においてエスニックな起源や単一の言語、文化にこだわる運動がさかんになったのか、その要因を考察したい。その際、北東部固有の背景に着目すると同時に、冷戦構造の変化やヨーロッパにおける新国家樹立など、国際的な変化なども考察し、世界的な政治や社会運動のなかで位置づけることを試みたい。

## 二　「平野トライブ」としての運動

### 植民地時代——アッサム・トライブ連盟

アッサムの平野トライブの政治的な要求は、サイモン委員会[*2]のアッサム州訪問まで起源をさかのぼることができる。一九二八年のアッサム州訪問において、アッサムのボド民族の若者を代表する団体が、ボドはアッサム州で一番古くから居住する民族であること、ヒンドゥーとは異なる独自の民族であることを主張し、選挙における留保制を要求している（Pegu 2004: 85; Narzary 2011: 21-24）。

とくにアッサム・カチャリ青年協会（Assam Kachari Yubak Sanmilani）は、アッサムのカチャリ（ボドの旧名）[*3]・コミュニティは自らをヒンドゥーの下層階級もしくは不可触民と認識しておらず、ヒンドゥー教徒とは異なる独自のコミュニティであることを強調した。この時期、ボド・カチャリの人びとはカースト・ヒンドゥーから不可触民に等しい未開民族の扱いを受け、差別されていた。よく指摘されるのが、学校の食堂でヒンドゥーの学生と一緒に食事をすることが許されない、など生活の隅々にまでわたる差別である。青年協会は中学校、高校、カレッジにおいて、別の食堂を設けることを要請に入れている。この他、ボド青年協会（Bodo Jubak Sanmilani）は政治的な代表性や、奨学金、土地問題などを取り上げている（Narzary 2011: 22-24）。

一九三三年、トライブを代表する政治的な組織として全アッサム・トライブ連盟（All Assam Tribal League）が結成され、主に平野部のトライブの利益を代表する団体として活動を始めた。アッサム州では一九三五年統治法改正により、トライブ選挙区とアッサム州議会におけるトライブのための留保議席が確保された。一九三七年のアッサム州議会選挙ではどの政党も単独過半数を得ることができず、トライブ選挙区で四つの議席を得たトライブ連盟はインド国民会議派と全インド・ムスリム連盟の間でキャスティング・ボートを握ることになる。一九三〇年代後半から一九四〇年にかけてのアッサム州政治は不安定であり、会議派とムスリム連盟が政権交代を繰り返すが、トライブ連盟は条件つきで組閣に参加する。トライブ連盟が提示した条件とは、①トライブの政党の独自性の確保、②トライブの分離選挙区の継続、③宗教にかかわらずトライブを国勢調査の際に別カテゴリーにすること、④公職におけるトライブへの留保枠、⑤土地なしトライブ農民に土地を与えること、⑥トライブ連盟から閣僚を出すこと、などであった（Narzary 2011: 28-31）。

この時期、すでにトライブの間の土地なし農民への措置が要求項目に上がっていることに注目したい。英植民地政府はアッサム州の茶園経営と税収増加のため、他州からの移民を奨励し、とくに一九〇〇年代より人口過剰なベンガル地域のムスリム農民をアッサムに政策的に移住させていた。移住はベンガル地域と隣接するアッサム州西部のゴアルパラ県で始まり、同県では一九三〇年代に人口の四〇%をムスリムが占めていた。さらに中部のナガオン県にも開拓民が導入され、ベンガル系ムスリム人口が急増していった。これらの移民は政府が「荒廃地

（wasteland）」と名づけた地域に土地を割り当てられたが、実際は多くがトライブの人びとが伝統的に利用してきた土地であった。季節ごとに耕作地を変えたり一定の期間をあけたりして土地を利用するトライブの移動耕作を、英植民地行政官は「不安定耕作（fluctuating cultivation）」と呼び、効率の悪い時代遅れのやり方であると断定して、定住耕作と永年地権を奨励した。しかし、トライブの人びとは毎年耕作地を変えることから単年地権を好み、永年地権を取得するムスリムの人びとに土地の権利が渡っていった。すでに一九四〇年代にはアッサム州西部から東部へ向けて、土地不足になったボドの人びとが移住していると報告されている（Report of the Line System Committee 1938: 22; 木村 二〇〇九：九八）。

とくに中部のナガオン県では急激な移民の流入が土地の人びとと軋轢を起こし、県行政は移民が入植できる地域と、制限される地域とを便宜的に区切った。一九二〇年に導入されたこのライン・システムは一九三〇年代になると移民の利益を代表するムスリム連盟が廃止を求める一方、会議派が強化を主張したため、この存続をめぐってアッサム州議会では議論が起き、ライン・システムの是非を問う委員会が設置された（Report of the Line System Committee 1938: 15）。この議論が引き金となって、アッサム地租規則法（Assam Land and Revenue Regulation Act）（一八八六）の修正が提起され、一九四六年にはトライブの土地を保護するための「トライブ地帯・地区（Tribal Belts and Blocks）」に関する規定が新たに第一〇条として盛り込まれた。この結果、主にブラフマプトラ川北岸のブータンやアルナーチャル・プラデーシュ州（当時は北東辺境管区）との境界の広大な土地がトライブのために留保され、トライブ以外の人びとへの土地の売買や譲渡が禁止された。また独立後は、憲法制定に向けて、アッサム州の平野部においても山岳部のように一定のトライブの自治を認めるトライブ指定区を設定することが提案されたが、北東部において指定区は山岳部のみと記述され、この要求は実現されなかった。

インド独立から六年後の一九五三年、トライブ連盟は政治的活動の使命は終わったとして解散し、社会文化的問題に取り組む全アッサム・トライブ協会が新たに結成された。トライブ連盟の多くの政治家は会議派やその他の政党に合流したが、指定区などトライブの自治を要求する活動は途絶えた。独立後の時期にはトライブ協会のほか、ボド文学協会（Bodo Sahitya Sabha）などの社会文化活動を行う団体が誕生し、ボド語を教育言語として導入する要求などの言語運動が活発化した（Pegu 2004: 86-87）。

こうした流れが変わるのが、一九六七年のアッサム州再編案発表である。一九六〇年のアッサム州におけるアッサム語公用語化以来、一部の山岳州のトライブの間では独立州の要求が高まっており、ＡＰＨＬＣが活発な働きかけを行っていた。山岳地域を独立州とする案は一九七二年のメガラヤ州形成につながったが、この案を聞いたボドの一部の人びとは平野部のトライブのための自治要求が必要であると触発され、同年二月に平野トライブのリーダーを招集して集会を開催、アッサム平野トライブ協議会（Plains Tribal Council of Assam：以下ＰＴＣＡ）を発足させた（Narzary 2011: 39-42）。

ＰＴＣＡは平野トライブの自治を要求の中心に掲げ、その目的をトライブの土地の保護、経済的搾取からの保護、トライブの言語や文化の保全、政治的独立性の維持としていた。ＰＴＣＡはボド、デオリ、ラルン、ミシン、ラバなど九つの平野トライブのコミュニティを代表する組織とされた。当初は州内の自治県を要求していたが、一九七二年より正式に連邦直轄地となることを求めてウダヤーチャル要求を始める。ウダヤーチャルの領域は、主にブラフマプトラ川北岸のトライブ地帯・地区を中心に構成されていた（図７‐１参照）。ＰＴＣＡの運動は、一九六八年の選挙時には、コクラジャル選挙区の再編と選挙のボイコットをめぐって警察の発砲や指導者の逮捕など、アッサム州政府の厳しい弾圧を受ける。一九七〇年代には議会政治路線を取って州議会議員を出し、また

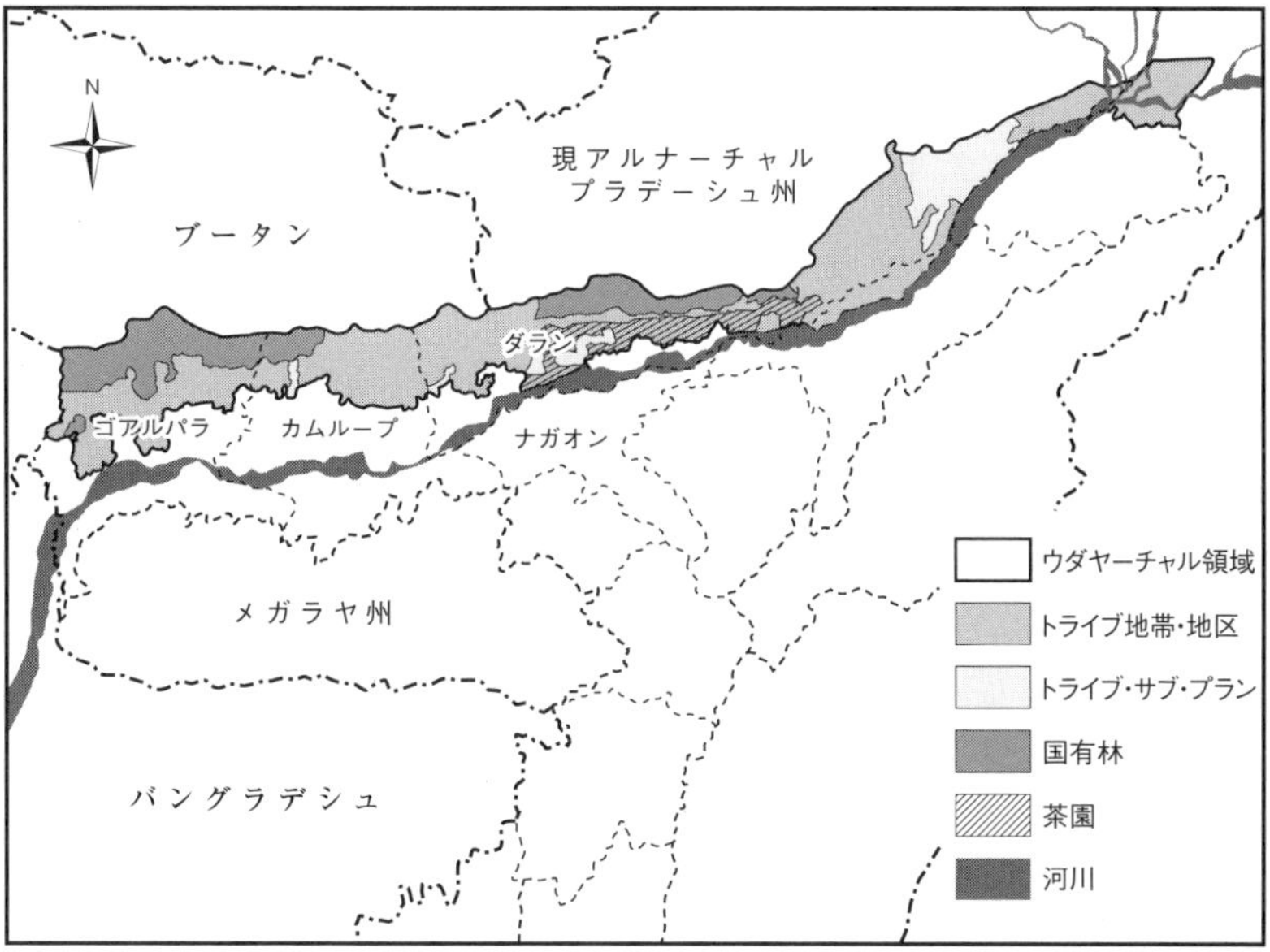


図7-1　ウダヤーチャルとして要求された地域

出典）Central Executive Council of Plains Tribal Council of Assam（PTCA）の地図をもとに筆者作成

一九七七年にジャナター党（Janata Party）が州政権を樹立した際には連立に参加した（Narzary 2011: 43-44, 84-85）。

　一九八〇年代前半のアッサム州では、全アッサム学生連合（All Assam Students' Union：以下ＡＡＳＵ）が不法移民の追放を主張する反外国人運動を展開し、大衆の動員に成功していた。運動は大きな影響力を持ち、その時期台頭してきた地域政党の支持を得る一方、会議派と対立を深めていた。反外国人運動の主張には共感しつつも、上位カースト層を中心とする運動の指導層に反感を抱いていたＰＴＣＡは運動には参加せず、独自路線を取る。この時期、会議派はＡＡＳＵに対抗してトライブの政治勢力を取り込むため、それまで敵視していたＰＴＣＡと手を組んだ。ＰＴＣＡは州政府の大臣職を得るなど、州政治に影響を及ぼす好機を見出すが、結局この反外国人運動の期間中はウダヤーチャル要求を実現することができなかった。

　この時期のトライブの運動は、文学や言語の文化的領域ではボド、ディマサ、ティワなど、各トライブごとの単位に分かれるが、政治的には「平野トライブ」が共同で自治州を要求するというスタイルを取った。ＰＴＣＡ運動のなかで中心的役割を果たした政治家の多くはボドだったが、他のトライブ集団からも一定の支持を得ていた。この傾向は、一九八〇年代後半に全ボド学生連合のボドランド州要求が出たことによって一変する。

## 三　ボドランド運動――全ボド学生連合

### ボドランド州要求――「アッサムを半分に」

一九八六年、全ボド学生連合（All Bodo Students' Union：以下ＡＢＳＵ）は、ＰＴＣＡのウダヤーチャル要求とは異なるボドランド自治州創設の要求を決議し、翌年から運動を開始する。ＡＢＳＵはＰＴＣＡのような選挙政治路線を取らず、むしろＡＡＳＵの反外国人運動に倣ってデモ行進や道路／鉄道封鎖、ストライキなど、大衆動員路線を取る。「アッサムを半分に（Divide Assam Fifty-Fifty）」をスローガンに、学生を中心とした若者を組織し、大衆の動員に成功した。

ＡＢＳＵはボド民族の範囲を「すべてのボド系の言語を話す」一五のグループに広げ、アッサム州のほとんどの平野トライブを包含するカテゴリーと位置づけた。ボドランド州の領域もＰＴＣＡのウダヤーチャルと重なる地域を含め、さらにブラフマプトラ川南岸の一部にトライブ自治県を創設することを要求した（ABSU 2001: 17-18）。

要求内容や平野トライブ／ボドの定義を見ると、ボドランド州要求はＰＴＣＡのウダヤーチャル要求とほぼ同じ内容である。ＰＴＣＡとは別の運動が、なぜ学生団体によって主導されたのだろうか。その理由として、ＰＴ

ＣＡがジャナター党や会議派と連立を組み、州政府の大臣職を得ながら、ウダヤーチャル要求を実現できなかったことに対する不満や、ＡＢＳＵ内部にもＰＴＣＡ支持派と反対派があったことなどがこれまで指摘されてきた。また、ＰＴＣＡ側からは、中央政府や諜報機関がウダヤーチャル要求を懸念し、運動を分裂させたという指摘もある（ABSU 2001: 22-23; Narzary 2011: 149-150, 154）。

実際、ＡＢＳＵとＰＴＣＡの間の対立は激化し、ＰＴＣＡ側は多くのＰＴＣＡの指導者や支持者がＡＢＳＵやそのシンパによって暗殺されたと主張している。ＰＴＣＡの元指導者であり、元連邦議会議員／州議会議員であるチャラン・ナルザリ氏は、二〇〇人以上のＰＴＣＡ関係者や支持者が、ＡＢＳＵやその支持者によって暗殺されたと指摘した。とくに一九九一年には、ＰＴＣＡの元代表サマル・ブラフマ・チョウドリが暗殺され、ＰＴＣＡに大きな打撃を与えた。[*4]

また、ＡＢＳＵの「ボド民族」の定義は上記のようにほとんどの平野トライブを含めたものだが、実際の運動の指導層や支持者は狭義のボド民族でほとんど占められている。この時期、ＡＢＳＵのボドランド要求に触発されて、ラバ民族の学生団体も独自に自治を要求するなど、ボドランド州を要求する領域内で競合する主張が出現した。また、他地域でも、ティワ民族やミシン民族、ソノワル民族など、それまで「平野トライブ」のカテゴリーでＰＴＣＡが一定の影響力を及ぼしていた地域で、それぞれの学生団体が自治要求を開始した。また、カルビ・アングロング県や北カチャール県では、それまで共同で自治権強化の要求を行っていたカルビ民族とディマサ民族においても、それぞれ学生団体や武装勢力が活動を始めるなど、同様の傾向が見られた。

### 第一次ボド協定と九〇年代暴動

ＡＢＳＵによるボドランド運動の戦略は成功し、一九九三年には中央政府とアッサム州政府、ＡＢＳＵの三者の間で第一次ボド協定が締結された。第一次ボド協定では、州ではなくボド自治評議会（Bodo Autonomous Council：以下ＢＡＣ）を創設し、それまでは山岳地帯にのみ認められていた憲法第六附則に基づく自治権が平野部にも認められた。しかし、ＢＡＣは発足直後に管轄領域をめぐる争いにより硬直状態に陥る。ボドの指導者たちが一定の領域権を主張したのに対し、政府はボド人口が五一％以上の村がＢＡＣの管轄領域下に入ると発表した。一九九三年一〇月、政府は二五七〇の村をＢＡＣに編入すると発表したが、これに抗議してＢＡＣの首席評議員（Chief Executive）が辞任した。一二月、政府は管轄領域を二七五〇の村にまで拡大したが、ＡＢＳＵやその他のボドの指導者たちは、ブータンとの国境付近の村などを領域に含めることを要求した（Chaudhuri 1994: 29-30）。

管轄領域をめぐる対立がボド指導者と政府の間で本格化するなか、ムスリムに対する攻撃が始まった。当時の報道によれば、人口の五一％以上がボドの村になるという方針が発表になったころから、ボドの武装組織がボド以外では最大の集団であるムスリムの迫害を始めたという。一九九三年一〇月にはコクラジャル県とボンガイガオン県の境界の村において、ムスリムに対して「出て行け」という脅迫が始まり、一〇月七日の夜から覆面をした武装集団による攻撃が始まった[*5]。新聞などでは、この時期に森林地帯で展開していたボドの武装集団、ボド防衛隊（Bodo Security Force：以下ＢｄＳＦ。後にNational Democratic Front of Bodoland（以下ＮＤＦＢ）と改称）による攻撃であると報道された。被害者の証言によれば、近隣のボドの村人たちも略奪に加わったという（Kimura 2013a: 120）。この攻撃で、一九人が死亡、三万人が国内避難民となった。一九九四年には隣接するバルペタ県にも被害が及び、約一〇〇人が死亡、七万人が避難民となった（Chaudhuri 1994: 29）。

一九九六年には攻撃の対象がアーディヴァーシーに拡大した[*6]。同年五月、三人のボドの少女の遺体がアーディヴァーシー地域で発見されたのをきっかけに、大規模な暴動が発生し、コクラジャル県のみでも約二〇万人が国内避難民となった。被害者の過半数はアーディヴァーシーだったが、一部ではアーディヴァーシーが報復したため、ボドの避難民も多く出た（The Deputy Commissioner, Kokrajhar 2000: 4）。一九九八年にも再度、アーディヴァーシーをターゲットとした暴動が起きた。このときはアーディヴァーシーの一部も自衛のための組織を作り報復したため、ボドやムスリム、ラバなど、アーディヴァーシー以外の集団をも含む大規模な暴動に発展した。三〇万人が国内避難民となり、九六年暴動で被害にあったのち、ようやく再定住していた人びとの多くが再び巻き込まれた。国内避難民となった人びとの再定住は、ボドランド運動が一定の収束を見せた二〇〇三年以降も遅々として進まず、二〇一一年時点でも約五万人が国内避難民としてキャンプに居住していた（Kimura 2013a: 113）。また、二〇一二年にはボドとムスリムの間で再び暴動が起き、約一〇〇人が死亡、四〇万人が国内避難民となった（Talukdar 2012）。

### 第二次ボド協定とボドランド領域評議会

一九九六年、ＡＢＳＵは正式に第二次ボドランド運動開始を宣言し、改めてボドランド州要求を掲げた。一九九六年八月には、ＡＢＳＵの武装部門が「ボド解放の虎（Bodo Liberation Tigers：以下ＢＬＴ）」という別組織として再編され、同じくボドランド州要求を掲げてブータンやアルナーチャル・プラデーシュ州との国境／州境の国有林地帯で武装活動を始めた。ＢＬＴは前述のＢｄＳＦ（のちにＮＤＦＢ）とは、同じ地域で活動しながらもライバル関係にあった。一部のジャーナリストや研究者は、ＢＬＴは政府の諜報機関、研究・分析局（Research and Analysis Wing, RAW）がＮＤＦＢに対抗するために介入して作った組織だと指摘する。実際、武装勢力活動地域において、ＢＬＴは軍と一緒に行動していたという証言もある。*7

この時期、ＮＤＦＢとＢＬＴという二つの武装組織が活動していたため、北部の国有林地帯には森林行政官す

図7-2　ボド領域自治県
出典：筆者作成

ら近づけず、大規模な森林伐採や密猟が横行した。また、ＡＢＳＵの影響力の強いアッサム州西部の県では、ストや大規模なデモが行政機関を麻痺させ、また道路封鎖や鉄道破壊で交通もしばしば遮断された。こうした状況のなか、アッサム州西部の県では一般市民の日常生活に多大な影響が及び、混乱状態が続いた。

　二〇〇三年、ＢＬＴはインド政府とアッサム州政府と第二次ボド協定を締結し、アッサム州内で憲法第六附則下のボドランド領域評議会（Bodoland Territorial Council）を創設することで合意した。アッサム州西部に四つのボド領域自治県が新設され（図7‐2参照）、領域問題については一定の解決を見ることになった。また、他県在住のボドに対する指定トライブの認定、ボド語の発展、開発パッケージなど、文化的、社会的、経済的要求についても合意された。ＢＬＴの兵士たちは武装解除を行い、二〇〇五年にはＡＢＳＵの元学生指導者とＢＬＴの元指導層が結集してボド人民革新戦線（Bodo People's Progressive Front）を結成し、選挙政治に参加した。この直後にボド人民革新戦線は分裂し、一方のボドランド人民戦線（Bodoland People's Front）が現在のボドランド領域評議会の与党であり、州議会選挙でも一〇％の議席を占めている。

## 排他的な自治権要求とエスニック関係の変化

　一九八〇年代後半以降、ボドランド運動によってアッサム州西部地域のエスニック関係の一部は大きく変化した。それまでは「平野トライブ」の名の下にウダヤーチャル要求で政治的に一定のまとまりを見せていた各トライブ集団が、ABSUの運動に触発され、それぞれの自治権要求を活発化させる。一九九三年にボド自治評議会が認められた直後には、ティワ、ミシン、ラバなど他の平野トライブにおいても自治評議会が設立された。

こうした変化は、学生団体指導層、政党レベルの政治的な主張で起こる個別化であり、即座に村落レベルのエスニック関係が大きく変化するわけではない。しかし、それまで政治的なレベルで横のつながりのあった平野トライブが各トライブ個別の運動に再編されていくにつれて、人びとの日常生活にもさまざまな影響が出てくる。たとえば、ボドの武装組織が活動していたブータンやアルナーチャル・プラデーシュ州と国境／州境を接するブラフマプトラ川北岸の国有林では、不法居住者の増加が一九九〇年代の半ばから問題となっている。筆者は二〇〇五年から二〇〇七年の間にブラフマプトラ北岸の森林地帯の「不法居住者（encroachers）」に関する調査を行ったが、同地域の不法居住者のほとんどはボド民族であった。土地不足に悩む農民が森林地で不法に耕作を始めることはボド民族に限られたことではない。また森林地帯付近にはムスリムやアーディヴァーシーなど他の民族も多く居住している。すなわち、不法居住者のほとんどがボドということは、ボド以外の不法居住者は武装組織によって排除された可能性が高い。PTCAによる平野トライブの運動が継続していれば、一部の地域とはいえ、各トライブごとに住み分けが生じたとは考えにくい。また、ボドランド運動がさかんとなって以降、ボドの女性たちは「ドコナ」と呼ばれるボドの民族衣装を着用することが奨励され、一部では民族組織や学生団体によって半ば強制される例も見られた。こうした住み分けや民族衣装によるアイデンティティの強調は、徐々に平野トライブ間の差異を際立たせ、「われわれ意識」に変化を及ぼしていった。

ABSUのボドランド要求の背後にあるのは、ボドという民族の単一のエスニックな起源、文化、言語、そして王国の領土にこだわるエスニックな主張である。これらは、平野トライブというカテゴリーでまとまっていたウダヤーチャル要求とは根本的に異なる性質を持つ。ウダヤーチャル要求では、トライブの土地喪失が問題とされ、トライブの土地所有を保護するトライブ地帯・地区の強化から自治県、連邦直轄地という案が生まれた。これに対し、ボドランド運動は単一のエスニックな起源と、ボド民族のホームランドとしての一体性のある領域が主張された。ここから誰がこの地域の最初の居住者であり、正当な所有者であるのか、という「土地への帰属」が文化や言語的同質性とエスニックな起源を同一とする集団に帰されていったのである。

この主張は、トライブごとの運動の間に個別化とある種の分断をもたらしたが、同時にトライブ以外の人びと、とくに植民地化以降の移民であり、アッサム州では「よそもの」と見なされているベンガルに出自を持つムスリムやアーディヴァーシー、ネパール人の排斥をもたらした。攻撃にいたる過程は先に論じた通りだが、同地域においてラバ民族も一定の人口がいるにもかかわらず、攻撃を受けていないことは注目に値する。ムスリムやアーディヴァーシーは「よそもの」と見なされ、しばしば攻撃の対象となることに対し、他のトライブはそれほど大規模な攻撃の対象となっていない。

アッサムにおいて、移民、とくにムスリム移民は東パキスタン／バングラデシュからの不法移民ではないかという疑いのまなざしで見られている。とくにムスリム人口の多いアッサム州中部や西部では、一九八〇年代の反外国人運動の際など、土地問題をめぐってトライブや他のアッサム人住民からの攻撃対象となった（Kimura 2013b）。九〇年代のボドランド要求をめぐる政治的駆け引きのなかで、ボド人口が自治評議会の管轄権をめぐって重要となり、ターゲットがアーディヴァーシーなどの他の集団にまで拡大した結果といえよう。

## 四　インド北東部におけるエスニック運動の傾向とグローバル化の影響

一九八〇年代のインド北東部では、エスニック運動や紛争が多発し、その多くが、武装化や排他的なエスニック要求、伝統的領土を共有する他のエスニック集団との競合や対立という点で、ボドランド運動と共通する性格を有していた。アッサム州内では、先述のようにカルビ・アングロング県や北カチャール県で、それまで「自治州要求」を掲げて政党活動を行っていたカルビ民族とディマサ民族がそれぞれ武装組織を結成し、二〇〇五年にはカルビ民族とディマサ民族の間の民族衝突が起きた。

アッサム以外の州では、トリプラ州で一九八〇年代にトリプラ防衛隊（Tripura Volunteer Force）という民族組織が武装活動を始め、トリプラ州の独立を要求した。一九六〇年代にアッサム州から分離したメガラヤ州では、ガロ民族、カシ民族がそれぞれ民族組織を結成し、独自のホームランドや自治を要求している。マニプル州では、一九四〇年代から独立要求を行っているナガの民族組織、および一九七〇年代から自決権要求を掲げているメイテイの組織に加え、クキの民族組織がナガの組織との衝突に備えて結成された。

このように、ボドと同じく、それまでは「トライブ」としてまとまりを見せていた地域で、エスニック集団ごとの運動が活性化する状況が、一九八〇年代の後半から見られる。こうした運動の特徴は、以下の四つにまとめられる。①エスニックな起源と単一の言語、文化にこだわりを見せること。②歴史的な王国に起源を求め、エスニック集団のホームランドとして、特定の領土において排他的な自治権を要求すること。③自治権やホームランド要求をめぐり、他のエスニック集団と競合していること。④ほとんどすべての集団の民族組織が、武装活動を行っていること。

本章の第一節と第二節で見てきたように、トライブが自治を求める運動自体は、植民地時代から継続して存在している。しかし、従来は政党としての活動が多く、かついくつかの集団がまとまって「トライブ」として政治的要求を行ってきた。また、武装活動はごく少数の集団に限られていた。しかし、八〇年代にはエスニックな主張と武装活動が特徴となるスタイルの運動が北東部全体に広まっている。こうした運動の質的な変化は、どのようにして起こったのか。

一九八〇年代後半はデタントなど世界的な冷戦構造の変化が起きたが、大国からの武器（とくに小型武器）輸出はかえって増加し、そしてエスニック紛争の増加が見られた。北東部においても、一九八〇年代まで、武装紛争はナガ独立運動とミゾ独立運動、そして小規模なメイテイ独立運動などに限られていた。こうした運動がインド連邦政府に対して武力で抵抗するためには、中国やパキスタンなど、隣国による武器の供給や訓練が不可欠であった。

しかし、一九八〇年代後半以降、武装組織が単独で武器を入手できるルートが確立されたと見られ、この時期にナガの最大の武装組織であるナガランド民族社会主義評議会（略称ＮＳＣＮ（Ｉ／Ｍ））は積極的に北東部の他のエスニック集団に対して武器と訓練を提供した。ボドの武装組織の一部も、最初はＮＳＣＮ（Ｉ／Ｍ）に武装活動の訓練を受けている。[*8] もちろん、武器が手に入るから即武装活動に結びつくとは限らないが、このような冷戦構造の変化が、武装活動が拡大する環境を準備したことは、指摘できるだろう。

同時に、九〇年代に入ると旧ソ連や東欧で秩序の再編が起こり、いくつかの国家が民族自決の原理で独立を果たした。こうした大規模な国際秩序の再編は、第二次大戦以降、国際連合結成以来はじめてのことであり、既存の国民国家に統合され、独立要求や政府からの弾圧を「内戦」として片づけられていた少数民族の多くに希望をもたらすものでもあった。自集団の「民族性」を示すことが政治的権利要求の達成につながるという世界的な変化は、ボドのようなインド北東部の運動にも大きな影響を与えた可能性が指摘できる。また、それまでの度重なる自治要求（ウダヤーチャル要求など）に対して、インド連邦政府が誠実に対応してこなかったことへの不満の表れでもある。

## 五　おわりに

二〇一三年、アーンドラ・プラデーシュ州からテランガーナ州を分離させるというインド連邦政府の発表により、ボドランド州要求は再び活性化している。本章で論じてきたように、州や県などの政治的単位の自治要求の起源は植民地時代に遡ることができるものであり、アッサム州ではほかにも多くの集団が自治や独立を求めた政治的な運動を展開してきた。これらの運動は、分離選挙区からトライブ指定区、そして連邦直轄領要求を経て独立州と、時代状況に応じて要求の内容を変化させてきている。

本章では、とくに一九八〇年代後半以降、ボドランドという特定の民族の権利を求める独立州要求という形で主張が先鋭化された時代に焦点を当ててきた。この時期は、運動の方法も大衆を動員した大規模で急進的な学生運動と武装闘争に変化していった。また、主張の内容に関して、ある特定の集団がどのように自らを定義し、運動の方向を定めたのかという変化も重要である。「平野トライブ」から「ボド民族」という運動のエスニック化は、他のトライブ集団との軋轢も産んだ。

従来の研究では、一九八〇年代以降の北東部におけるエスニック運動の活性化に関して、主流民族からの差別や土地問題といった要因に主に着目してきた。こうした要素は、多くの運動に共通する基盤となっているが、しかしこれだけでは「なぜ、一九八〇年代に多くの運動が活性化し、同時に武装化や運動の個別化が起きたのか」

という点を説明できない。本章では、差別や土地問題といった要因を歴史をさかのぼって明らかにしつつも、アッサム州における政治状況や国際状況の変化といった外的な要因を主な考察の対象とし、この時期の運動の性質の変化を説明することを試みた。とくに、武装化に関しては、冷戦構造の変化と小型武器の輸出という外的な要因が、エスニック集団の組織が武器を持つことを可能にした。これは今までほとんど指摘されてこなかったことであるが、北東部のエスニック紛争を世界情勢のなかに位置づけて考える上で重要な点である。

また、一九八〇年代後半から九〇年代は、冷戦構造の変化に伴って新たな世界秩序が模索され、そのなかでいくつかの民族が国家としての独立を果たした。こうした変化は、世界的に自治や独立を求めて闘ってきたマイノリティ集団に希望をもたらした。本章では「民族自決」原則の再来が、運動の個別化に影響を与えた可能性も指摘したが、この点に関しては今後さらなる分析が必要であろう。

また、本章では扱いきれなかったが、インドの他地域との比較も今後の研究課題である。一九八〇年代は、北東部だけではなく、インドの他地域でもエスニック集団やカースト集団を中心とした運動が活性化した時期である。インドの他地域では、指定トライブや後進諸階級などのカースト、そして宗教を基盤とした政党活動といった形のアイデンティティ・ポリティクスと呼ばれる現象が目立った。北東部の運動は、武装化とエスニック化という地域独自の特徴を見せたが、これは北東部がビルマやバングラデシュ、中国と国境を接するという地政学的な事情や、インド本土とは異なるアイデンティティを形成する集団が多いという固有の要因が指摘できるだろう。今後は、インドの他地域におけるアイデンティティ・ポリティクスとの関連性や、第四節で指摘したような他地域における政治的変化や独立運動の事例の影響に関する考察が望まれる。

注

＊1　インドでは、イギリスの植民地化以降、官僚や文化人類学者が山岳地などに住み、ヒンドゥー教やイスラーム教の影響をあまり受けていない未開民族をトライブ（tribe 主に部族民と訳される）と名づけた。近年の国際的な先住民族の権利回復運動のなかで、インドの一部のトライブも自らを先住民族と定義し、土地権や自決権の行使を目指している。「部族民」という呼称は差別的であるが、本章で中心的に扱うボド民族のなかでは先住民族概念を使う場面が限定されており、ボドの人びと自身も tribe という言葉を使用しているため、本章では便宜的にこれらの集団を「トライブ」と呼ぶ。

＊2　インド国民会議派などの自治要求にこたえ、イギリスがインド統治のあり方を検討するために一九二七年に派遣した委員会。全委員が白人であることがインド側の反発を招いたが、インド各地をまわって数多くのコミュニティの要望を聞いた。

＊3　アッサム州の平野部では、トライブのことを全般的に Kachari（カチャリ、コサリ）と呼んだ。また、ティワやラバ、ソノワルを含む平野部のトライブを Bodo-Kachari と呼び、個々のトライブ集団の上位集団として位置づけることもあった。これが一九八〇年代後半、ボドの学生団体がボドランド州要求を始めた際に、ボドをすべての平野トライブを含む集団として定義する根拠ともなった（二〇五頁参照）。

＊4　筆者によるチャラン・ナルザリ氏へのインタビュー。コクラジャル市、二〇一三年三月一日。

＊5　筆者によるハパサラ避難民キャンプの村人たちへの集団インタビュー。二〇一一年三月五日。

＊6　ヒンディー語で「先住民」を意味する言葉だが、アッサムにおいては植民地期にインド中央部から移住してきたサンタルやオラーオン、ムンダなどのトライブを総称する言葉として使用される。

＊7　筆者によるNGO職員へのインタビュー。ソニトプル県バリパラ保留林、二〇〇七年一二月。

＊8　筆者による Swmkhwr Basumatary 氏（NDFBの元書記長（General Secretary））へのインタビュー。ウダルグリ市、二〇〇六年一二月。

参考文献

木村真希子　二〇〇九「先住民族の土地喪失と移民との紛争——インド北東部の移動耕作民の事例より」松野明久・中川理編『フード・セキュリティと紛争』Glocol ブックレット七、九五—一〇七頁。

All Bodo Students' Union (ABSU) 2001. *Bodoland Movement, 1986-2001: A Dream and Reality*. Kokrajhar: ABSU.

Baruah, Sanjib 1999. *India against Itself: Assam and the Politics of Nationality*. New Delhi: Oxford University Press.

Chaudhuri, Kalyan 1994. Outrage in Assam'. *Frontline*, August 26: 28-35.

Kimura, Makiko 2013a. Ethnic Conflict and Violence towards Internally Displaced Persons: A Case-Study of Bodoland Movement and Ethnic Clash. *International Journal of South Asian Studies* 5: 113-129.

Kimura, Makiko 2013b. *The Nellie Massacre of 1983: Agency of Rioters*. New Delhi: Sage.

Narzary, Charan 2011. *Dream for Udayachal and the History of the Plains Tribals Council of Assam (PTCA), 1967-1993*. Kokrajhar: N. L. Publications.

Pegu, Yadav 2004. *Reclaiming Identity: A Discourse on Bodo History*. Kokrajhar: Jwngsar Narzary.

Report of the Line System Committee 1938. Assam Government Press, Shillong.

Talukdar, Sushanta 2012. Assam's Sorrow. *Frontline*, August 24: 4-8.

The Deputy Commissioner, Kokrajhar 2000. *Action Plan for Rehabilitation of the Refugees of 1993, 1996 and 1998 Ethnic Violence*. Dispur: Government of Assam.

# 第八章　突破口としての司法
## 清掃カーストの組織化と公益訴訟

鈴木真弥

### 一　はじめに――ダリト運動を問う

「われわれこそが、アティ・ダリトである」とは、筆者がデリーで清掃カースト（カースト名はバールミーキ）[*1]の調査を行っている際に、しばしば聞いた言葉である。「アティ」とは、甚だしいことや度外れな意を添えるヒンディー語で、「アティ・ダリト」は最も抑圧された者、ダリトのなかのダリトを意味する。この自称は、「不可触民」に代わる名称として、今日広く浸透しつつある「ダリト」と自分たちを差異化する試みとして捉えることもできよう。そうした人びとの運動が何を目指そうとしているのかという問題意識が、本章の出発点である。

「ダリト」という自らの置かれてきた従属的立場を表明する呼称が、運動において本格的に普及し始めた背景には、一九六〇年代から七〇年代に顕著となった、教育を受けたダリト出身の作家による出版活動の増加、さらにアンベードカル（B. R. Ambedkar 一八九一～一九五六）の出身地であるマハーラーシュトラ州を拠点に盛り上がりを見せた運動組織ダリト・パンサーの成立（一九七二）がある。ダリト・パンサーは、五〇年代からアメリカで席捲していた公民権運動とその急進的組織ブラック・パンサーの影響を大きく受け、バラモン的な価値体系やカースト抑圧への対決姿勢を鮮明に、独自のアイデンティティの確立を企図した（Dangle 2009）。その後、不可触民自身による運動は「ダリト運動」と総称されつつあるが、実際のダリトの間には、「マハール」「マーング」「チャマール」などカーストごとに分断される傾向も強く見られる。

ダリト運動に関してさらに言及すべき現象として、運動の「多様化」「個別化」も挙げられる。ダリト・パンサーは文学運動を契機としており、その作品群は体制批判やインド社会の変革を要求する画期的な試みであった。しかし、指導者間のイデオロギーの違いや派閥争いが次第に露わになり、活動拠点であったマハーラーシュトラ州以外の地域、およびマハール・カースト以外のダリトの支持を広範囲に獲得することができなかった。ダリト・パンサーの例が示すのは、経済的には中間層に属する層の出現に見るダリト内部の教育・経済格差や運動を志向しない非革新性が指摘されうるが（Dangle 2009: xxxvi）、カースト間の分裂状況も根深いものであった。九〇年代以降には、カースト単位で個別のイッシューを掲げる運動がいっそう進行している。こうした状況で浮かび上がるのは、「ダリトとはいったい誰か」という既存のダリト（運動）概念への問いであり、これはダリト運動の核心に迫るものと考えられる。

本章では、デリーを中心にバールミーキの運動を取り上げ、ダリト運動が個別化していく現象を考察する。バールミーキは、デリー、パンジャーブ州、ハリヤーナー州、ウッタル・プラデーシュ（以下ＵＰ）州など北インドにおいて、清掃カーストとして知られる社会集団である。[*2] ヒンドゥー教で不浄とされる清掃・汚物処理に従事してきたことから、ダリト内部でも蔑視や忌避感が強い。相対的に社会経済的地位が低く、運動で存在感を示すことはあまりない。実際に、ダリト運動研究においても、バールミーキにアプローチする研究は非常に限られている（Sharma 1995; Shyamlal 1999）。その理由として、経済的に困窮し、教育レベルの低いバールミーキが独自の運動を組織する可能性を研究者が等閑視してきたことも否定できない。[*3]

しかし、「研究の少なさ＝運動の少なさ」は必ずしも自明ではない。近年の社会運動研究で意識されているのは、制度化を経て、安定したように見える運動や運動の結果が計測可能なデータとして焦点化されてきた一方で、いまだ運動の形をとっていないような現象、変化の兆し、運動の可能態をどう理解するのかということである（メルッチ 一九九七、新原・牛山 二〇〇三）。運動の成否という二分法的思考に陥ることなく、運動の「兆し」の段階を考察することにより、多様な運動が生まれるインド社会の変化に迫ることができるのではないだろうか。

本章では以上の問題関心を念頭に置きながら、バールミーキの動向を検討する。運動の変遷をたどることで、宗教的救済や既存の政治勢力への依存から、次第に法廷の場に運動拡大の可能性を見出していることが明らかにされる。政治、文化、経済面で、バールミーキの前進する道が閉ざされてしまったあとで、唯一頼ることのできる場所が法廷であったことは認識する必要がある。バールミーキの人びとは、なぜ法廷闘争という戦術を取り入れたのだろうか。さらに、ポスト・コロニアルな状況の根本的課題の一つとして、カーストが人びとの主要なアイデンティティとして機能し続けている現状を、留保政策の改正を支持する事例を手がかりに考えてみたい。

## 二　運動体としてのカースト団体

筆者は二〇〇〇年初頭からデリーのバールミーキを対象に調査を開始して以来、カーストを基盤に活動する組織に注目してきた。組織は都市自治体の清掃労働組合から政治的・宗教的色彩を帯びたものまで多種多様である。目立った大規模な集会が開かれるのは、とくに不可触民制に起因する差別や清掃カーストを標的とする暴力事件に対する抗議活動[*4]、政府への異議申し立てのほか、カーストに関わる記念日や祝祭時に集中している。ここでは、バールミーキの組織の変遷を追う前に、カーストの「実体化」「政治化」の現象として注目されてきたカースト団体（caste association）の特徴を概観しておきたい。

一般に、カースト団体とは、帰属カーストの政治・社会・経済的向上を目標に掲げ、同種ないしは類似のカーストが旧来の狭い結合の範囲を越えて、州レベルといったような広域的規模で結集することによって形成される、いわば二次的なカースト・ネットワークと考えられる（小谷 二〇〇三：一三〇）。植民地期の一九世紀後半に遡り、植民地政策（とくに国勢調査によるカースト調査）に対応するために、現地の人びとが「意図的に」結成したとされる。したがって、植民地以前に在地社会で機能していたと考えられている「村落パンチャーヤト」や「カースト・パンチャーヤト」などの村落共同体を基礎とする集団組織との連続性は実証されていない。また、出生によって決定される狭い内婚集団などの一次的集団とも区別される必要がある（Carroll 1978; 藤井 一九八九）。一九世紀後半ごろには、北インドのカーヤスタの「カーヤスタ・ダルマ・サバー」（一八七三年設立）のほか、クルミー、ラージプート、カトリーなどの有力カーストは、ぞくぞくとカースト団体を結成した。[*5]

一九世紀から独立前にかけて成立したカースト団体の動向については、史資料が乏しく、解明されていない点が多いが、地域差が認められること、組織的特徴として分裂と統一を繰り返すなど、必ずしも堅固に編成されていたわけではなかったことが窺えよう。

イギリスによる支配からの独立後、憲法制定をはじめとする制度改革や社会福祉政策の導入、さらに近年の経済発展により、カーストをめぐる状況は変容した。出身カーストを同じくする人びとのなかにも、貧富の差や社会的地位の変化が生じている。このような状況のもと、カースト団体は次第に影響力を失っていった。もはや、組織として機能していくことが困難になり、メンバーたちの社会経済的地位を向上させるという目的や存在意義を失っていった。一九七〇年代以降、次第に影響力を失い、個人はカースト団体以外のネットワークを介してそれぞれの状況を改善せざるをえなくなった（田辺 二〇一〇：四三五）。

しかし、一九九〇年代に入ると、民主主義の理念や連邦・州・州以下レベルの選挙制度がじょじょに民衆の間に定着していったことを背景に、人びとの政治参加には高まりが見られるようになった。これにともない、カーストを基盤とする組織がとくに政治領域で「増加」した。その例として、留保政策の改善・拡大をめぐる要求運動や利益団体化するカースト団体が挙げられる。国勢調査や留保制度の実施を受けて、再びカーストという枠組みのもとに人びとが結集する状況は、植民地期のそれと共通性が見出せる。つまり、カースト関連の植民地政策が結果としてカースト団体の成立を促したように、現代インドにおいても政策を通じてカーストが公定カーストとして制度化（留保制度の対象として、カーストを「認定」する措置など）されることで、人びともそれに「応答」する。今日のカースト団体の「増加」現象は、こうした潮流に位置づけられよう。[*6]

次節では筆者の調査地で観察された事例も取り上げつつ、清掃カーストの組織の特徴と変容の過程を考察する。事例には労働組合も含まれるが、その活動目標に「カースト成員の社会・政治・経済的向上」が掲げられており、カースト団体に共通する特徴といえる。また組織化の草創期にカースト団体の存在が認められる事実は注目すべきである。

## 三　清掃カーストの組織化とその変遷

本節では独立以降における清掃カーストの組織を対象として、活動の特徴から三つの時期に区分する。まず全国レベルの清掃労働組合が設立される黎明期（一九六〇年代）の後、カリスマ的指導者の登場とインド国民会議派（以下、会議派）の蜜月期（一九七〇年代〜九〇年代初頭）、最後に、強力なリーダーシップの不在による組織の分裂および多様化の時代（一九九〇年代半ば〜現在二〇一四年）にいたる。[*7]なお、本章後半で検討する事例と関連して、ダリト運動全体が昂揚した一九九一年のアンベードカル生誕百年祭に、組織の転換期を迎えたことをあらかじめ強調しておきたい。

### 第一期：清掃労働者の結集——一九六〇年代

清掃カーストの組織や運動に関する先行研究は少なく、資料が残されていたとしても、その多くが個人によって所有されており、外部の者が入手することは困難である。こうした制約のなか、社会学者シャームラールの研究は貴重な手がかりを与えてくれる（Shyamlal 1999）。著者自身がラージャスターン州ジョードプル市の清掃カースト（カースト名はバンギー）出身ということもあり、カースト団体の会合の参与観察を行い、関係者から情報収集を行っている。一九六〇年代から九〇年代初頭にかけて北インドで影響力を持った「全インド清掃労働者会議（All India Safai Mazdoor Congress：以下、清掃労働者会議）」は、与党会議派への選挙協力と引き換えに、福祉政策を通じてバンギーへの便宜を図っていた。次に、シャームラールの研究と筆者の聞き取り調査に依拠して、清掃労働者会議の展開を見ることにしよう。

一九六〇年代に入ると、マハーラーシュトラ州のバンギーの間で小規模のカースト団体が出現し始めた。「全インド・ヴァールミーキ・サバー」「北インド・ヴァールミーク・サング」「ハリジャン奉仕委員会」の組織名に、「ハリジャン（神の子）」[*8]や「ヴァールミーキ」の語が見出せることから、ガーンディーが主導した不可触民解放運動や、詩聖崇拝の影響を認めることができる。

六三年に、上述の組織を含む複数のバンギー団体が寄り集まって、ボンベイ（現ムンバイー）で最初の会合を開いた。清掃カーストの社会経済的向上の実現に向けて、全インドレベルでの組織化とカースト内の連帯意識を強化する必要性を主張した。しばらくはマハーラーシュトラ州内の活動にとどまっていたが、会議派の支援を受けて六六年に初の全国集会を実現させた。元国防大臣V・K・メーノーン（V. K. Krishna Menon 一八九六〜一九七四）が開会宣言を行い、ラージパット・ラーイ（Lala Lajpat Rai 一八六五〜一九二八）と個人的につながりのあるヤシュワント・ラーイ[*9]（Yashwant Rai）が議長を務めた。「会議派との連携こそが清掃カーストに利益をもたらす」というヤシュワント・ラーイの主張のもと、この時期に清掃カーストと会議派の関係は深化していった。

同じく六六年に、清掃労働者会議は清掃労働組合の全国組織として結成された。この組織名が示すように、清掃人を基盤として、インド全域に分布する清掃カーストの動員を企図した。しかし実際は、メンバーの大多数は北インド出身者によって占められ、ほかの地域の清掃カーストとの連携が十分でないことが懸念された。

第一期では、ガーンディー主義団体の影響が見られたことも重要である。一九六九年はガーンディー生誕百年祭にあたり、「バンギー解放運動」が高揚し、清掃労働の劣悪な環境に社会的関心が高まった。水洗トイレのモデル開発と普及によって、不衛生な環境から清掃人の「解放」を試みるガーンディー主義者の手法は、当時の公衆衛生事業にも取り入れられた。屎尿処理労働に関する調査委員会の設置や、職業訓練など清掃人向けの政策が相次いで打ち出されたのもこの時期である。

第二期：カリスマ的指導者の登場による会議派との蜜月期、アンベードカル生誕百年祭——一九七〇年代〜九一年

パンジャーブ州のマジュビー・カースト[*10]を出自とするブーター・シン（Buta Singh 一九三二〜）は、清掃カースト出身者では初めて入閣まで果たした元国会議員（一九六四年に会議派入党）である。七九年の第一二回清掃労働者会議全国集会（カルカッタ開催）で代表に選出され、このカリスマ的指導者の登場によって組織は拡大し、政治的には会議派への接近をいっそう鮮明にした。そのような傾向に内部から批判もあったが、当時の首相インディラ・ガーンディー（Indira Gandhi 一九一七〜八四）の力添えを得たシンは、同組織の要求を政策へ反映させ

ることで支持基盤を固めた。七九年の大会では、清掃カースト出身の国会・州議会議員を増やすこと、閣僚への登用など政治分野での活動強化が議論された。

八四年の、シク教徒過激派の反中央政府運動を収拾し損ねたインディラ・ガーンディー元首相の暗殺事件により、シンは政治活動の休止を余儀なくされたが、インディラの長男ラジーヴ・ガーンディー（Rajiv Gandhi 一九四四〜九一）が首相を引き継いだことで、清掃労働者会議と会議派の関係も保持された。

発足から二五年を経て、一九九〇年代に清掃労働者会議は最盛期を迎える。九一年には、アンベードカルの生誕百年を祝う運動が全国的に高揚し、各地でデモ行進や各種イベントが開催されるなか、清掃労働者会議も政府に要求活動を強化した。

まず九〇年八月一五日の独立記念日に、デリーでダルナ（要求のための座り込み）を開始し、九月二一日に一四項目の決議を採択した（Shyamlal 1999: 102-103）。そのおもな決議内容には、①公的な清掃部門の民営化に反対する、②組織部門の清掃労働の環境および待遇を改善させる、③手作業による屎尿処理作業を非合法化する、④非組織部門で働く清掃労働に対して最低賃金を規定する、⑤非公務員の清掃労働者の最低賃金を規定する、⑥ヴァールミーキ詩聖の生誕祭を法定休日に制定する、などが含まれていた。これらのうち③は、一九九三年に「乾式便所屎尿処理人雇用と設置（禁止）法」の立法化によって実現された。さらに同法の監視機関となる「清掃人のための全国調査委員会」（一九九四）が時限つきで設置され、部分的とはいえ一定の成果が得られた（Shyamlal 1999: 161-163）。

### 第三期：清掃労働者会議の分裂、運動の多様化——一九九〇年代半ば〜現在二〇一三年

ブーター・シンのカリスマ性と強力なリーダーシップのもと、清掃労働者会議は会議派の傘下に入ることでカー

スト成員への便宜供与に成功していた。さらに九三年の清掃人に関する法制定と調査委員会の設置により、活動はピークに達した。

しかし、会議派主導の中央政治が次第に不安定化するにしたがい、清掃労働者会議の状況も下降線をたどり始める。まず、シンの指導力低下に大きく影響したのが、八九年のラジーヴ元首相の暗殺、さらに九三年のジャールカンド解放戦線政党の議員への賄賂事件であった。シンと当時の首相ラーオ（Narasimha Rao 一九二一～二〇〇四）を含む主要閣僚が事件関与の疑いで起訴され、シンは内閣の座から外された。[*11]

写真8-1　清掃労働者会議主催による「清掃人の日」の集会
（2007 年 7 月 31 日、デリーにて筆者撮影）

シンの失脚後、後継者をめぐる内部対立が激化し、かつての組織力、求心力は急速に衰退していった。メンバー間の抗争が続くなか、シンの次男が収賄容疑で起訴されるなど、組織的問題を抱えている。したがって、現在は以前のような活発さは見られないが、清掃職員の待遇改善を求める活動は続けられている[*12]（写真８‐１）。

清掃労働者会議が衰退した内的要因について二点ほど指摘しておきたい。それは独立以降長らく支持してきた会議派に対して交渉力を持つリーダーを失ったこと、さらには清掃カースト内部に富や地位の格差が生じていたことが挙げられる。構成員が清掃労働者会議に期待する活動も変容しつつあり、組織自体の存在意義が低下したと考えられよう。今日の清掃カーストのなかには、清掃業以外の分野に従事する人びとも出始めている。医師や弁護士などの高学歴で専門職に就く「中間層」とも呼べる階層が形成されつつある。これは、清掃労働者会議の設立当時（一九六六年）と比べると、大きな変化である。

こうしたメンバーの変化を反映して、九〇年代以降には従来のアプローチと異なる「新しい」タイプの組織が出現している。以前は清掃労働者会議を典型に、労働組合員を主体とする傾向が顕著であった。また政治的には、会議派を支持することで政策的便宜を図るといったように単一政党への依存度が高く、活動内容は清掃人の労働・生活環境の改善に焦点が当てられていた。しかし、もはや清掃労働問題に限定されない主張が聞こえ始めている。

とりわけ指導層の重要な変化として、高学歴で、いわゆるホワイトカラーの職業（弁護士、医師、教員、上・中級公務員）に従事する（あるいは退職した）活動家の存在感が増している。このような人びとは、留保制度やその他の指定カースト優遇政策を利用して社会的・経済的地位を獲得した点で共通しており、教育の価値と政策を活用する重要性を実感している。したがって、彼らの活動は、人権侵害や現行の優遇政策の改正に重点をおく傾向が強い。次節ではそれらを具体的に検討してみよう。

## 四　運動としての訴訟の始まり——社会正義の実現手段として注目される公益訴訟

一九九〇年代初頭までの清掃カーストの運動においては、清掃労働者会議を典型とする労働組合が主導し、会議派の傘下に入ることで、労働・生活環境の改善を要求する活動が見られた。これに対して、二〇〇〇年代に登場する組織は、司法に直接働きかける取り組みに力を入れていることが大きな特徴である。

なかでも、公益訴訟*13（Public Interest Litigation）は最も注目される運動形態の一つである。公益訴訟は、七〇年代後半から最高裁判所が積極的に取り入れ始めた訴訟形態であり、憲法第三二条および第二二六条で保障された憲法上の救済措置の権利に基づく。基本権を侵害されている個人・グループを救済し、社会正義の実現に司法が積極的に介入すべきであるとの見解から、令状管轄権を持つ最高裁が、審理ならびに調査委員会の任命や援助の要請を行う。*14 人権救済活動に取り組む司法関係者、社会活動家の関心を集め、バールミーキの運動でも二〇〇〇年代から導入されている。以下、デリーの事例を二つ紹介したい。

事例一――人権侵害を告発する

清掃人運動（Safai Karamcharis Andolan）は、一九九四年に南インドのアーンドラ・プラデーシュ州（以下AP州）で三人のNGO活動家によって結成された人権NGOである。バールミーキに対する蔑視の原因と見なされてきた屎尿処理労働を撤廃することによって、尊厳の回復を希求することを目標に掲げる。*15 九三年に施行された「乾式便所屎尿処理人雇用と設置（禁止）法」は、手作業での屎尿処理とそれを必要とする乾式便所の存在を禁じているが、完全に消滅したとは言い難い。たとえば、AP州政府は州内の乾式便所の存在を否定しているが、二〇〇一年から二〇〇二年に一一州で実施された農村調査によると、乾式便所がいまだに使用されている実態が報告されている（Shah et al. 2006: 113-115）。

実際のところ、一九九三年の禁止法を遵守させることは非常に時間のかかるプロセスであり、法律自体の認知度もきわめて低い。その理由の一つに、同法の法的性質が考えられる。インドは二九州および七連邦直轄領から構成される連邦制国家であり、法律には連邦法と州法とが存在する。一九九三年禁止法は連邦法に属する。この法律が実際に効力を発揮するのは、各州が州議会において当該法律を採択する場合に委ねられている（インド憲法の第二五二条（一）の規定）。したがって、インド国内のすべての州議会による可決手続きが完了するまでには多大な時間を要する。*16

写真8-2　清掃人運動の全国集会（2009年2月25日、デリーにて筆者撮影）

そこで、清掃人運動はこの問題を摘発し、法律の遵守と屎尿処理労働者の解放（転職プログラムの実施）を実現する手段として、最高裁判所へ令状請求訴訟の形態をとっているのが最大の特徴である。訴訟活動を通じて、屎尿処理労働者に対する人権侵害の現状を政府とインド社会に広く認識させるのがねらいである。メディアを積極的に利用し、二〇一二年七月にはボリウッド映画スターのアミール・カーンの司会とプロデュースで話題を呼んだテレビ番組『真実のみが勝利する（Satyamev Jayate）』のなかで取り上げられ、大きな注目を集めた（写真８-２）。

清掃人運動の設立者および代表のウィルソン（Bezwada Wilson 一九六六〜）は、カルナータカ州出身である。植民地時代に金・銀山の町として開発されたコーラール県で育ち、[*17]カーストはキリスト教に改宗したマディガで、いわゆる不可触民に属する。ウィルソンの幼少期には、マディガの大半が屎尿処理労働に従事しており、ウィルソンの父と兄も自治体や鉄道部門で清掃労働をしていた。[*18]マディガの若者にとって清掃職以外の選択肢はほとんどなく、ウィルソン自身が高校卒業後に職業紹介所で職を求めたところ、出自カーストを理由に清掃職を紹介されたという。

学校では級友から嫌がらせを受けたが、家族の強い支えにより大学まで進学する。勉学のほか、一六歳のときには教会の社会奉仕活動に参加する。劣悪な労働環境で働く屎尿処理労働者、さらにはコミュニティ全体を変える決意をし、まずは身内から屎尿処理労働を辞めさせる試みを始めた。しかし、彼の活動に強く反発する者も少なくなかった。屎尿処理は過酷で蔑視される仕事であっても、ほかの仕事を得られないマディガの人びとにとって「唯一」の生計手段と見なされていたからだ。ウィルソンは屎尿処理労働の現状と廃止を訴える手紙を地元の行政や新聞社に送り続けた。しかし、このときはまだ何の手ごたえも得ることができなかった。

転期は一九九一年前後に訪れる。折しもこの時期はアンベードカルの生誕百年祭にあたり、インド中でダリト運動が昂揚していた。アンベードカルの信奉者であったウィルソンも運動に参加し、AP州のチットゥールからハイダラーバードまで横断する自転車ラリーに加わった。このとき、清掃人運動の共同設立者となる二人のダリト運動家、ディワカル（Paul Diwakar）とサンカーラン（S. R. Sankaran）と出会う。[*19] ウィルソンらは、屎尿処理廃止運動の組織化に乗り出した。

この時期の興味深い点として、先述したように、清掃労働者会議もシンのリーダーシップのもと、清掃人に関する政策実施の要求を強化していたことからも、九一年のアンベードカル生誕祭を契機として、ダリト活動家間のネットワークが拡大し、運動体の「交流」「連合」の兆しも現れていたのではないかと推測される。

二〇〇三年、ハイダラーバードからデリーに本部を移した清掃人運動は、インド全域を対象に乾式便所と屎尿処理の全廃に向けて新たに運動を始動させた。公益訴訟を活動の焦点におき、連邦政府、州政府、その他の公共部門を相手に最高裁で審議中である。

事例二――指定カースト留保政策の改正を求める

バールミーキの間では、屎尿処理労働による人権侵害の問題を告発する先述の清掃人運動に加えて、同じ公益訴訟の手続きを行使しながらも、現行の指定カースト留保政策に異議を申し立てる試みも存在する。その代表として、二〇〇七年に結成された「留保政策改革のための全国協同委員会（National Cooperation Committee for Revision of Reservation Policy：以下、留保委員会）」がある。指定カースト留保枠を先進／後進グループに分割する要求を行っているのが特徴である。弁護士、上・中級公務員（の退職者）を担い手として、メンバーのカースト構成はバールミーキとそのほかの不可触民カースト（先進グループと目されるチャマール以外）から成る。代表のシュックラー（O. P. Shukla 一九四七〜）は、インド法務局を退職後、二〇〇四年ごろから弁護士資格を活かして留保政策改正の訴訟活動を始めた。デリー大学在学中には、弱者層向けの無料法律相談に参加した経験があり、社会活動への関心は高かった。

留保委員会設立の背景として、指定カースト内部で現行の留保政策に対する「不満」の高まりを指摘することができる。指定カースト集団間は、留保枠の獲得をめぐって非常に厳しい競合関係にあり、バールミーキのような後進グループにとって、高等教育と公的雇用の機会は非常に限られており、現行の政策をいかにして最大限享受できるかが課題となっている。

このような状況を反映して、パンジャーブ州政府は一九七五年から、ハリヤーナー州政府は九四年から、指定カースト留保制度を先進／後進グループに分割（sub-categorization）する方法を導入した（ただし二〇〇六年七月に、両州の高裁は実施の停止判決を下した）。留保制度の分割実施は南部のカルナータカ州やＡＰ州においても大きな問題とされ、議論されている（Rao ed. 2009）。

代表のシュックラーは、留保委員会の可能性を次のように述べる。

まずは教育を受けて、自立することが大事なのです。社会活動はそれがあってこそ成功します。バールミーキは長い間抑圧されてきたので、闘うすべを知りません。最高裁訴訟は高額ですが、私たちは法律の専門家なので、どのように手続きを進めるべきなのかよくわかっています。*20

この発言では、「法律の専門家」という自負心から運動の実現性が主張されている。シュックラーに限らず、法律知識を重視する考え方は、二〇〇〇年代以降のバールミーキの運動参加者に共通の特徴である。法律家として不可触民の権利獲得に尽力したアンベードカルの貢献がロール・モデルとされ、弁護士資格を取得する動機づけになっているのである。

さらに「なぜ、公益訴訟という手段を用いるのか」と筆者が尋ねると、シュックラーは次のように述べる。

> 人材と資金力でも相対的に劣るバールミーキのようなダリトにとって、大規模な動員や政治力を確立することは難しいのです。しかし、裁判所は万人に開かれており、判決の詳細は新聞などのメディアで全国に報道されることから、それほどコストをかけずに済みます。私は司法制度（judiciary）にしか希望を持っていません。[*21]

写真8-3　留保委員会の集会。右から２番目が代表のシュックラー（2007年７月30日、デリーにて筆者撮影）

この発言に見られるように、一般にバールミーキの人びとの間で司法に対する期待は高い。他方、政治と行政への信頼は急速に失われつつあることも指摘しておきたい。この背景には、かつて清掃労働者会議の会議派依存が批判を浴び、組織力を失っていったことも大きく影響している。政治や行政に蔓延る汚職は、バールミーキの人びとも日々経験していることであり、賄賂を支払って仕事や銀行の融資、福祉の手当てを得ることが常態化している。

このほか訴訟活動を支持する理由として、シュックラーも述べているように、訴訟は路上での示威行動と異なり大規模な動員を必要としないこと、訴訟の進展状況や判決はメディアを通じて非参加者以外にも伝わり、さらにソーシャル・メディアの発展によりコミュニケーションの費用を抑えられることも挙げられよう。こうした利点は、運動の戦術という観点からも重要と思われる。ただし、このように法廷を闘いの場とする運動が、法律知識や訴訟手続きに熟知していない一般のバールミーキからどの程度支持を得られるのかについてはやや疑問も残るが、新たな運動のモデルになりうるか関心が持たれている。

二〇一一年、公益訴訟として最高裁に提訴したシュックラーの訴訟は受理され、翌年八月に最高裁は、各州政府に指定カースト留保政策の見直しに向けて調査を行うことを要請した。現在（二〇一四年）も、公聴会は断続的に開かれている（写真8-3）。

## 五　おわりに――突破口としての司法の可能性と課題

本章では、いわゆる主流のダリト運動とは異なる動きを見せる清掃カースト（バールミーキ）の動向を検討してきた。そこでは、一九九一年を分岐点として、清掃労働組合の盛衰と、それに代わる公益訴訟の展開が見られた。清掃人運動、および留保委員会の事例から、両者とも司法の場に救済を見出していること、その担い手が留保制度によって社会経済的に上昇を果たした弁護士や上級公務員などであることが大きな特徴である。

社会経済的地位の低いバールミーキの運動は、蔑視の根源とされた「清掃労働」の問題を前面に出すことでカースト内部の結束力を高め、労働・生活環境の改善を志向するものであった。清掃労働者会議、清掃人運動、そして留保委員会の事例は、ほかのダリト運動においては実現されにくいバールミーキの権利要求を申し立てる、彼らの状況に根ざした「戦略」として理解することができる。こうした動きのなか、清掃カースト内部では、地域を越えたネットワーク形成が活発化しており、インド全体で類似のサブ・カーストが「バールミーキ」の名のもとに結集する動きが見られる。

しかし同時に、ほかのカーストとの差異化を際立たせている点にも留意したい。カーストを基盤とするイッシューを掲げ続ける限り運動は個別化し、また清掃労働者会議の分裂が示唆しているように、構成員の変化次第では組織自体の存在意義を失う可能性もありうる。清掃人運動と留保委員会の活動では、ほかのダリトとの協働を目指す試みも芽生えつつあるが、チャマール・カーストへの対抗心は根強く、デリーの隣UP州で影響力を持つ多数者社会党の政治運動や仏教改宗運動（本書第五章参照）との連携はほとんど見られない。カーストを超えた支持層の拡大に向けて、どのような取り組みがなされるのかが注目されよう。

インド公益訴訟の歴史的展開との関わりでいえば、最近の動態について、浅野は「弱者層の人権保障を目的として誕生した公益訴訟が、環境や汚職など、一見権利侵害を受けている者が明確に特定しづらい問題や、弱者の保護をうたう政策に対して、公益訴訟の手続きを用いて異議を申し立てるという内容の訴訟がみられる」（浅野二〇〇九：一二七―一二八、一三〇）と、訴訟対象の拡散化・複雑化を指摘する。清掃カーストのような「弱者」の当事者に着目する本研究が明らかにしたのは、「弱者」とされる人びとのなかにも（当然のことながら）変化があり、公益訴訟を活用しようとする近年の動きがあることであった。

運動を研究するわれわれに求められるのは、社会運動が告発してきたインド社会の不均衡な社会構造を批判的に分析することである。そこから新しい社会実践の方向性を探ることが今後いっそう重要となろう。

注

*1　バ／ヴァールミーキ（Balmiki/Valmiki）は、蔑称とされてきた従来のカースト名「バンギー」「チューラー」の改称である。一九二〇〜三〇年代にかけて、北インドの清掃カーストの間で肯定的な名乗りとして定着し始めた。大叙事詩『ラーマーヤナ』の編者と言い伝えられるヴァールミーキ詩聖をコミュニティの導師（グル）・神（バクワーン）として崇拝している（Leslie 2003）。他方で、こうした動きはヒンドゥー教的価値観に否定的な他のダリトに反感を抱かせ、ダリトの統一を妨げる要因として、しばしば非難の的となってきた。

表記に関して、バールミーキは同義のサンスクリット語に由来する「ヴァールミーキ」をパンジャーブ語で発音したものである。パンジャーブ語の影響が大きいデリーでは、「バールミーキ」の発音が浸透しており、本章の事例も該当することからそのように記す。

*2　清掃カーストは単一のコミュニティではなく、サブ・カーストと呼ばれる複数の（外婚を含む）内婚集団から成る。地域ごとにバンギー、チューラー、メーヘタル、マジュビー、ラール・ベーギーなど種々の名称が存在する（篠田 一九九五：一八、Chaudhary 2000: 33; Shyamlal 1999: 2）。

*3　一九八〇年代前半から政治社会分野で低カーストの存在感が高まるにつれ、その動きを捉える研究は着実に増え続けている（Doron 2008; Jaffrelot 2003; Narayan 2001）。UP州西部の農村部における低カーストの政治的台頭と支持政党を分析したPai and Singh（1997）によると、バールミーキは「受動的」で、独自の政治活動はほとんどないと指摘される。

*4　白昼にバールミーキの集住地区が襲撃され、インド社会に衝撃を与えた事件として、ハリヤーナー州で起きた二〇〇五年八月三一日の「ゴーハーナー事件（Gohana Atrocity）」および二〇一〇年四月一九日の「ミルチプル事件（Mirchpur Atrocity）」が有名である。近年のハリヤーナー州とパンジャーブ州では、土地所有層の支配カースト（ジャート、カトリー）と不可触民カースト間の抗争が深刻な問題となっている（Yadav 2011）。

*5　この時期に「急増」したカースト団体成立の現象をどのように捉えるのかは、議論の分かれるところである。藤井によれば、以下の三つに分類される（藤井 一九八九：四四―五一）。第一に、カースト団体を近代化の媒介組織（非宗教化）と見なして、その適応性・柔軟性を肯定的・楽観的に評価する立場があり、第二に、カースト団体を国家と個人を結ぶ仲介組織として見なす点では第一の立場と共通するが、カースト間の対立問題など具体的事例を検討することで、その発展には

やや慎重な見方を示す立場である（Kothari 1970; Rudolph and Rudolph 1960）。第三には、カーストの「柔軟性」という観点ではなく、カーストが社会環境の変化に順応できなかったからこそ代替機構としてカースト団体の結成にいたったという立場、つまりカーストの「崩壊」「終焉」と見る研究がある（Carroll 1978）。

＊6　インド憲法第一五条では、宗教・人種・カースト・性別または出生地を理由とする差別の禁止が規定されている。ここでは、カーストの存在自体を禁止しているわけではないことに留意する必要がある。また、カーストごとに実施している留保政策、アファーマティヴ・アクションなどの特別措置は、第一五条の規定によって、妨げられない（第一五条（四）項）とされる。

＊7　バールミーキの組織は、インド独立後に「突如」発足したわけではない。紙幅の関係上、独立前の分析は他稿に譲るが、英領期の一九世紀末から一九三〇年代に、カースト団体の萌芽を認めることができる。この時期の特徴として、当時の北インドで高まりを見せた一連のヒンドゥー教改革団体（アーリヤ・サマージ、ヒンドゥーマハーサバーなど）の活動との関連で、カースト団体の「バールミーキ・サバー」が一九一〇年にジャランダル、一九二六年にデリーで設立された（Prashad 2000: chapter 4; 長谷 一九九四：三三〇）。

＊8　ガーンディーが提唱した不可触民に代わる呼称。

＊9　幼児期をラージパット・ラーイのもとで過ごすという興味深い経歴を持つ（実子あるいは養子だったのかは不明）。パンジャーブとロンドンで教育機会を得る。清掃労働者会議の設立当初から代表の一人を務める。一九七九年まで全国集会の議長を計一三回務めた。

＊10　シク教に改宗したチューラー・カースト。

＊11　一九九三年の事件のシンに対する容疑は、二〇〇二年に解かれた。二〇〇四～〇六年にはビハール州知事に就任する。しかし、二〇〇五年の州議会解散の指示をめぐり、最高裁から批判を受けるなど論争を引き起こし辞職する。二〇〇七年には「指定カーストに関する全国調査委員会（National Commission for Scheduled Castes）」の議長に就く。二〇〇九年の第一五次総選挙では、会議派からの立候補が認められず、無所属でラージャスターン州から出馬するも落選した。
　最近のシンは、二男サラブジョット・シン（Sarabjot Singh）の汚職事件で注目されることが多く、目立った政治活動や従来の清掃カースト関連の活動はあまり聞かれない。長男アルヴィンダ（Arvinder Singh Lovely）は、二〇〇八年のデリー州議会選挙で会議派から出馬して初当選を果たしている。筆者は二〇一一年七月一一日にアルヴィンダ議員と面会し、清

掃労働者会議の現状についてインタビューを行った。それによると、清掃労働者会議は現在でも活動を続けており、アルヴィンダ議員はジェネラル・セクレタリーの役職であった。インタビュー後に構成員リストを送付するとのことであったが、いまだ確認できていない。

＊12　デリー市自治体の清掃組合代表のひとりであるB・K・マハールへのインタビューより（二〇一〇年七月二七日、デリーのマハール氏の自宅にて）。

清掃労働者会議の動向について、以下の記事から確認することもできる。"Rs 40,000 as arrears for MCD Sanitation workers", *Hindusthan Times*, 9 October 2011（http://www.hindustantimes.com/Rs-40-000-as-arrearS-for-MCD-Sanitation-workers/Article1-755118.aspx 最終アクセス二〇一一年一一月八日）。

＊13　先行研究では、他国の公共訴訟との差異を明らかにするために、固有名詞としての「インド公益訴訟」「社会活動訴訟」の用語も使われる。インドの公益訴訟について、佐藤（二〇〇一）、孝忠（二〇〇〇）、浅野（二〇〇九）を参考されたい。

＊14　最高裁が発行するガイドラインには、公益訴訟の対象として一〇項目が列挙されている。http://supremecourtofindia.nic.in/circular/guidelines/pilguidelines.pdf（最終アクセス二〇一三年一一月一日）。浅野（二〇〇九：一一七）。

＊15　本節における清掃人運動の記述は、二〇〇六年九月五日から現在（二〇一四年八月）まで継続している筆者自身の参与観察およびウィルソンを含む活動家からの聞き取りとジャーナリストによる記述（Singh 2014）に基づく。組織のウェブサイトは以下を参照されたい。http://safaikarmachariandolan.org/index.html（最終アクセス二〇一四年八月二〇日）。

＊16　Government of India 2000: 1.

屎尿処理と乾式便所の廃止は五ヶ年計画においても明記され、二〇〇七年を期限に達成することが宣言されていた。しかし、こうした試みが十分に成功しているとは言い難い。目標期限は二〇一〇年三月三一日に設定し直され、再度二〇一二年八月一五日に延期された。屎尿処理問題とその政策を分析した鈴木（二〇一二：四章、五章）を参照のこと。

＊17　コーラール地域は英領期の一八七〇年に、金・銀山の開発により発展した。危険な作業を要する採掘労働者の多くは、地元やタミル・ナードゥ出身のダリトであった。

＊18　二〇〇六年二月六日、デリーの清掃人運動本部にて聞き取り。コーラールの屎尿処理労働者に関して、その六〇%はキリスト教徒が占めるという報告もある（Ramaswamy 2005: 47）。

＊19　ディワカルはダリト運動の国際ネットワーク化を企図するNGO「ダリト人権のための全国キャンペーン（National Campaign on Dalit Human Rights: NCDHR）」（一九九八年設立）の代表メンバーの一人。サンカーランは元インド行政職の社会活動家。
＊20　二〇一二年八月二九日、デリーのシュックラーの事務所にて聞き取り。
＊21　注20に同じ。

参考文献

浅野宜之　二〇〇九「公益訴訟の展開と憲法解釈から見るインド司法の現在――そのほか後進階級にかかわるタークル判決をもとに」近藤則夫編『インド民主主義体制のゆくえ――挑戦と変容』アジア経済研究所、一二三―一五四頁。
孝忠延夫　二〇〇〇「人権の裁判的保障の制度と現実――インドにおける『社会活動訴訟』などを手がかりとして」『憲法問題』一一、二〇―三四頁。
小谷汪之　二〇〇三「カーストとカースト制度――その歴史的変容」小谷汪之編『現代南アジア五――社会・文化・ジェンダー』東京大学出版会、一一七―一三六頁。
佐藤創　二〇〇一「『現代型訴訟』としてのインド公益訴訟（Ⅰ）（Ⅱ）」『アジア経済』四二（六）：二―二五頁、四二（七）：一八―三六頁。
篠田隆　一九九五『インドの清掃人カースト研究』春秋社。
鈴木真弥　二〇一二「現代インドにおける不可触民解放の一考察――デリーの清掃カーストを中心に」慶應義塾大学大学院社会学研究科博士学位論文。
田辺明生　二〇一〇『カーストと平等性――インド社会の歴史人類学』東京大学出版会。
新原道信・牛山久仁彦　二〇〇三「市民運動の多様性」矢澤修次郎編『講座社会学一五――社会運動』東京大学出版会、一三九―一七八頁。
長谷安朗　一九九四「シク社会における不可触民――宗教とカーストの狭間で」佐藤正哲・山崎元一編『カースト制度と被差別民一――歴史・思想・構造』明石書店、三〇七―三五〇頁。

藤井毅　一九八九「カースト論への視角とカースト団体」『アジア経済』三〇（三）、三〇―五二頁。
メルッチ、A　一九九七『現在に生きる遊牧民――新しい公共空間の創出に向けて』山内靖・貴堂嘉之・宮崎かすみ訳、岩波書店。
Carroll, L. 1978. Colonial Perceptions of Indian Society and the Emergence of Caste Associations. *Journal of Asian Studies* 37(2): 233-250.
Chaudhary, S. N. 2000. *Occupationally Mobile Scavengers*. New Delhi: Har-Anand Publications.
Dangle, A. (ed.) 2009 [1992] *Poisoned Bread*. Translations from Modern Marathi Dalit Literature, New Delhi: Orient BlackSwan.
Doron, A. 2008. *Caste, Occupation and Politics on the Ganges: Passages of Resistance*. Farnham: Ashgate.
Government of India 2000. *Report of the National Commission for Safai Karamcharis: Forth Report 1999-2000*. New Delhi.
Jaffrelot, C. 2003. *India's Silent Revolution: The Rise of the Low Caste in North Indian Politics*. Delhi: Permanent Black.
Kothari, R. (ed.) 1970. *Caste in Indian Politics*. Hyderabad: Orient Longman Limited.
Leslie, J. 2003. *Authority and Meaning in Indian Religions: Hinduism and the Case of Vālmiki*. Aldershot: Ashgate.
Narayan, B. 2001. *Documenting Dissent: Contesting Fables, Contested Memories and Dalit Political Discourse*. Shimla: Indian Institute of Advanced Study.
Pai, S. and J. Singh 1997. Politicisation of Dalits and Most Backward Castes: Study of Social Conflict and Political Preferences in Four Villages of Meerut District. *Economic and Political Weekly* 32 (23): 1356-1361.
Prashad, V. 2000. *Untouchable Freedom: Social History of a Dalit Community*. New Delhi: Oxford University Press.
Ramaswamy, G. 2005. *India Stinking: Manual Scavengers in Andhra Pradesh and their Work*. Chennai: Navayana.
Rao, Y. C. (ed.) 2009. *Dividing Dalits: Writings on Sub-categorisation of Scheduled Castes*. New Delhi: Rawat Publications.
Rudolph, L. and S. Rudolph 1960. The Political Role of India's Caste Associations. *Pacific Affairs* 33 (1): 5-22.
Shah, G., H. Mander, S. Throat, S. Deshpande and A. Baviskar 2006. *Untouchability: In Rural India*. New Delhi: Sage Publication.
Sharma, R. 1995. *Bhangi: Scavenger in India Society, Marginality, Identity, and Politicization of the Community*. New Delhi: M.

D. Publications.
Shyamlal 1999. *The Changing Bhangis in India: A Study of Caste Association*. Jaipur: Sublime Publications.
Singh, B. 2014 [2012]. *Unseen: The Truth about India's Manual Scavengers*. Translated by Reenu Talwar, New Delhi: Penguin Books.
Yadav, B. 2011. Mirchpur: Assertion and Rehabilitation. *Economic and Political Weekly* 46 (31): 10-11.

# 第九章　ホスト国インドへの接近

## チベット難民運動の新展開

山本達也

### 一　出発点と目的

「チベットの独立運動ほどグローバルな運動はなかなか見当たらない。とくに西洋での活動や支持は圧倒的だ」。友人のネパール人研究者のこの何気ない一言は正鵠を射ている。一九五九年のダライ・ラマ一四世の亡命以降、いや、五〇年代後半からの米国のＣＩＡの関与を思えば、チベットの自治や独立に向けた運動は当初からグローバルな規模で展開され、チベット難民は自身に対する西洋の想像力を活用し、西洋の人びとを運動に動員してきたのである。だが、西洋偏重気味だった運動に近年変化が起こっている。たとえば、以下の発言を見てほしい。

「確かに私たちは二〇〇〇年代までインドにあまり働きかけてこなかった。ヒンディー語の冊子やインド関係の冊子を政府が出版してこなかったのはその証拠だろう[*1]」。

チベット青年会議（Tibetan Youth Congress：ＴＹＣ）のダラムサラー地区代表のこの発言は、チベット難民の間での二〇〇〇年代以前のインドの存在感の相対的希薄さを示すと同時に、現在はそうではない、という認識を示している。インド在住のチベット難民[*2]の近年の動向を扱う本章にとって、この発言はまさに出発点となる。

一九九〇年代後半以降、チベット亡命政府とチベット難民NGOは、インドとの結びつきを急速に強めてきた。しかしながら、チベット難民研究の多くは西洋偏重のパースペクティブを保持し続け[*3]、チベット難民にとってのインドの重要性を強調する研究が現れ始めたのは二〇〇〇年代後半であった[*4]。本章は、こうした近年の研究潮流をふまえて、インド人との良好な関係構築を目指すチベット難民NGOの運動の様相と、彼らが抱える問題の析出を目的とする。議論を明確にするために論点を先取りすれば、「チベットへの帰還」という主目的と連動した「インド人との関係構築」という目的が加わっているのが近年のチベット難民NGOの活動方針であり、本章ではこうした関係構築にチベット難民を動員していくNGOの手法およびその効果を問うていく[*5]。

ここで問われるべき点は二つある。まず、インド人との関係構築に向けてチベット難民はどんな運動をどんな論理で展開しているのか。この問いに対しては、チベット難民と手を組むインド人の利害や活動形態を提示し、インド人を動員の対象とした諸活動を提示する。

また、インド人との関係構築を目標に掲げる現在、運動を先導するエリート層のチベット難民は、運動を外から眺める一般のチベット難民を巻きこもうと努力している。ここでは、エリートたちは、どうやってインド人との関係構築に一般のチベット難民を動員しようとしているのかが問われることになる。この問いを明らかにする上で、またチベット難民NGOの運動の近年の働きかけが機能しているのか見極めるには、日常レベルでのインド人とチベット難民の関係性を見ることが必要になってくるだろう。本章では、この二点を論じる際、日常レベルでのチベット難民とインド人の自他認識がとくに重要な位置を占めることを示す。

本章では、「インド人との良好な関係構築」という目的を掲げるチベット難民NGOのインドへの接近を国際情勢およびインドの内政や経済状況の変遷と関連づける。その上で、亡命政府やNGOとインド人との共働の様相の提示、また関係構築への一般のチベット難民の包含過程とそこでの障害を明示する。

## 二　チベット難民をめぐる概略

チベット難民とは、中国の侵略を逃れて一九五八年以降チベットの外で暮らす人びとである（デエ 二〇〇五）。亡命政府の調査によれば、世界に一二万七九三五人のチベット難民がおり、そのうち九万四二〇三人がインドに、一万三五一四人がネパールに、次いでアメリカに九一三五人が住んでいる（CTA 2010）。大半がインド各地の難民居住地に暮らすチベット難民の拠点は、ヒマーチャル・プラデーシュ州の山麓の町ダラムサラーである。ダライ・ラマを中心としたチベット亡命政府（二〇一〇年以降はロブサン・センゲが指揮を執っている）が難民社会を維持・統治し、チベットでの高度な自治の獲得のために活動している。

ここで彼らを取りまく近年の歴史を概観したい。第二次世界大戦以前の歴史を紐解けば、チベットと中国の複雑に入り組んだ関係性が姿を現す。だが、チベット問題の直接的な引き金となったのが、一九四九年に毛沢東を中心とした中国共産党が政権を握る中華人民共和国の成立と、その植民地主義的な領土拡大政策であった。西洋帝国主義からの解放を旗印に、人民解放軍は一九五〇年、東チベットへの侵攻を進め、南東に位置するカム地方の中心地チャムドを武力制圧する。翌一九五一年、一七ヶ条協定の受諾によりチベットは自治を失った。中国軍との争いが頻発するなか、ゲリラ部隊チュシ・ガンドゥクが結成され、共産主義勢力の拡大の阻止を目論むCIAが武器を提供し、沖縄やアメリカ本土などで訓練を施した。

しかし、彼らの活動も中国軍の圧倒的な戦力の前には多勢に無勢であり、軍はラサに住むダライ・ラマに手をかけようとしていた。こうした雰囲気を察知して、一九五九年三月一〇日、ラサでチベット人が蜂起し、中国軍と衝突した。この際、多くのチベット人が死傷し、生存者も投獄された。逼迫した事態のなか、三月一七日、ついにダライ・ラマはインドに亡命するためにチベットを発った。戦禍を逃れて八万人超の人がインドやネパール、ブータンへと亡命し、今日チベット難民と呼ばれる人びとになったのである。

インドに亡命した一行は、政治的な活動の制限を条件に、ネルーを首班としたインド政府に受け入れられた。アイデンティティの保持やさまざまな思惑のもと、周辺のインド人から隔絶された場所に居住地が設けられ、多くの難民がそこで生活していくこととなった（Deepak 2011; Kharat 2003; Lau 2009, 2010, 2012; Palakshappa 1978; Saklani 1984）。しかし、ダライ・ラマやチベット難民の受け入れが一つの要因となり、一九六二年に印中間で国境紛争が勃発し、両国の関係は悪化した。同時期、アメリカは引き続きチベット難民を支援し、スイスやカナダなども人道的見地からチベット難民を支援した。自由主義勢力と共産主義勢力の対立という構図のもと、チベット難民は国際政治で一定程度の存在感を持っていた。国際的な議論や自らへの援助を目の当たりにしたチベット難民たちは、「もうすぐチベットに帰ることができる」という希望を支えに日々を生き抜いていたことだろう。同じころ、チベット本土では文化大革命の嵐が吹き荒れ、夥しい数のチベット人を翻弄していた。

続く一九七〇年代はチベット難民にとって絶望と希望が同居する時期となった。七一年、バングラデシュ独立に介入したインド政府は、インドと中国間の国境画定のため、チベット問題に対する姿勢を穏当化させた（Norbu 1997）。その結果、インド政府とチベット亡命政府の関係は、政治色を希薄化させたものとなり、チベット問題は九〇年代後半まで大きなイシューとなってこなかった。また、七二年にはニクソンが訪中し毛沢東と会談するという歴史的事件が起こり、梯子を外される形となったチベット難民は、帰還という希望が国際関係の狭間で蹴散らされるのを目の当たりにした。このアメリカの予想外の離反は、アメリカを中心とした国際的チベット支援体制に大きな変更を迫ることとなった。しかしながら、この時期、中国支配下のチベット本土では文革の行き過ぎの反省もあり、状況が徐々に安定しつつあった。

一九八〇年代は胡耀邦の相対的に穏当な政策もあってチベット本土との行き来が可能となり、それに乗じて難民の第二波がインドへ亡命した。同時に、本土では抵抗運動が活発化し、八七年や八九年には大規模な蜂起が起こったものの、胡錦濤の指示のもと鎮圧され、抑圧的な体制が再度もたらされた。他方、八八年、ダライ・ラマはチベットの完全独立を放棄し、高度な自治を求める演説をストラスブールで行った。中国をめぐる情勢やダライ・ラマの姿勢を反映してか、八九年にはダライ・ラマにノーベル平和賞が授与された。

一九九〇年代の幕開けは、ダライ・ラマのノーベル平和賞受賞の祝賀ムードとともに、胡錦濤の圧政を逃れる難民の第三波の到来をもって迎えられた。九一年はリチャード・ギアらが国際チベット年と銘打ち、大々的にチベット問題を宣伝した。ダライ・ラマのノーベル賞受賞と相まって、これは時宜を得たものであった。チベットに対する人びとの関心は高まり、多くの観光客がダラムサラーを訪れ、寄付等の形で積極的に援助し、経済的にチベット難民を潤すこととなった。翌年にはアメリカが五千人のチベット難民を受け入れ、九〇年代後半にはチベット関連の映画がぞくぞくと制作されるなど、チベット難民を取りまく社会的経済的状況は大きく変化した。また、九八年にインド政府や中国政府のチベット政策に対する異議申し立てとしてデリーで焼身自殺したトゥプテン・ンゴトゥプの死を悼んで、インド人がチベット運動に参加したことは注目すべき事件である。七〇年代以降、離れているように見えたチベット問題をめぐるインド人とチベット難民の関係の明らかな再接近が、ここに見出せる。

同時に、九〇年代はチベット難民社会がインド人との激しい衝突を経験した時期でもあった。九四年には小競り合いが原因でインド人の暴徒たちがダラムサラーを襲撃し、九九年にはヒマーチャル・プラデーシュ州の避暑地マナーリーのチベット難民居住地が襲撃された。海外からの支援もあって経済的に豊かになった一方で、彼らは、インド人からの襲撃を通して難民というインドでの自分の立ち位置を再認識させられるのであった。

亡命五〇周年を迎える二〇〇〇年代は、二〇〇〇年のカルマ・カギュ派の指導者カルマパのインドへの亡命、二〇〇八年のチベット本土でのラサ蜂起、二〇〇九年以降多発する焼身自殺による中国政府への抵抗運動など、チベット難民の間に政治意識をかきたてる出来事が連続した。その衝撃は、現在まで続いている。

## 三　チベット運動の位置づけ

チベット亡命政府は、仏教や西洋からのまなざしに依拠して非暴力的な運動を中心に据えながら中国のチベット支配に外部から抵抗し、とくに一九八八年以降はチベットの独立要求を取り下げ、チベットの高度な自治を求めてきた。これに対し、TYCなどのNGOは非暴力主義を共有しつつ、チベットの完全独立を求めている。亡命政府とNGO間のこうした政治的主張の相違を重要視する議論もあるものの（たとえば Ardley 2002）、両者は必要に応じて手を取りあい、活動を展開している。彼らは差異を抱えつつも、チベットへの帰還、そして本章の扱うインド人との関係構築という論点では共働することが可能なのである。

自治／完全独立獲得によるチベットへの帰還を主目的としてきたチベット運動は、亡命政府が基本的に意思決定し、そこに各アクターが関係していく制度化・体制化された運動である。[*6]この制度化された運動は、他者のまなざしや慈悲に訴えかける非暴力的手法を前述のように採用する。「全世界のチベット人は六〇〇万人である」とチベット難民社会では当たり前のように語られるが、一〇億を超す中国の人口に比すれば圧倒的少数である。こうした状況下で自らの主張の正当性を証明するための運動を組織し、成功にいたらしめるには、チベット人以外からの支持を取りつけることが不可欠であった。実際、チベット運動は、運動当事者であるチベット難民自身の意図や活動とともに、非暴力主義に共感し、人権、文化保存、環境保全、それぞれの政治的なイデオロギーや個々人の理想を理由に合流する西洋の支援者によっても支えられてきた。また、支援者たちの援助から恩恵を受けることで、チベット難民は現在も運動を継続できているところがある。[*7] チベットをめぐる事態が自由主義圏対共産主義圏という冷戦構造の枠組みで理解されてきたこともあり、その運動は当初から二国家間の枠内にとどまらない、グローバルな規模のものであった。

しかし、チベット運動は西洋への働きかけに偏重した運動として進展し、七〇年代までに顕著にインドの運動や民衆から支援を受けながらも、九〇年代半ばまでインドの人びとへの働きかけをあまり重視してこなかった。また、ネルーが主導した難民居住地での生活は、文化やアイデンティティの保護という観点からチベット難民に資するものであった一方、現地のインド人との関係を希薄にもし、日常的な関係性も濃密なものとはならなかった。インドの人びととの密接な関係を構築できなかった姿勢や状況と、九〇年代の暴動の発生は決して無縁ではないだろう。

だが、デリーでのデモにインド人が参加したように、九〇年代後半になると一部のインド人支援者とチベット難民たちは積極的に関わり始める。この時期に両者が接近したのは、双方の利害がある程度一致したからだと見るのが自然であろう。まずインドの経済成長の持つ意味である。九一年の経済自由化以降、二〇〇八年まで年平均六・八％の経済成長率を見せてきたインドは、中国とともに注目を集める存在となり（椎野 二〇〇九：二）、いわばグローバル・インドの時代へと突入した（田辺 二〇一一：三）。国際社会で存在感を増したインドは、チベット難民にとって、財政上の利益をもたらすものとして、関係形成するべき対象となったのだ。[*8] また、政治的要因も考慮されるべきである。九〇年代以降、インドではＮＧＯやＮＰＯなど多元的なアクターの活動が活発となり、対話・調整・妥協を通じた協働的なガバナンスを志向し、とくに民主化の進展において重要な役割を担い始めた時期であった（田辺 二〇一一：七、九）。これらのＮＧＯは、チベット難民との関係形成において重要な役割を果たしている。

加えて、インドの社会的状況も見逃せない要因である。九〇年代から二〇〇〇年代初頭は、インド人民党（Bharatiya Janata Party：以下ＢＪＰ）の台頭に代表されるヒンドゥー至上主義が躍進し、アヨーディヤー問題や各地の宗教暴動で多数の死傷者を出し、物議を醸した。また、九八年に政権与党となったＢＪＰは核実験を実施するなど「強国インド」の形成に尽力し、安全保障上の見地から国際的な非難を浴びた。排他的なヒンドゥー至上主義はチベット難民社会にも影響し、ヒマーチャル・プラデーシュ州で活動するＢＪＰの政治家クリシュナ・カプールが九四年のダラムサラーでの暴動に資金援助したという噂もある。だが、後述するように、ヒンドゥーをインド統合の原理とするナショナリズムは、チベットにあるヒンドゥーの聖地が中国の支配下にあることを懸念していた。さらに、九八年には中国脅威論を当時の防衛大臣が表明するなど、この時期、チベットをめぐる問題は、中国の進出に対するインドの国益の確保と直接に結びつくものとなったのである。加えて二〇〇六年に開通した北京とラサを結ぶ青蔵鉄道がネパールのルンビニーまで延伸される計画が発表され、また東南アジアおよび南アジアの河川の水源を抱えるチベットにダムを建設して水資源を牛耳る動きを見せるなど、中国の南アジア圏への進出は顕著である。その結果、国境警備や環境汚染、中国によるブラフマプトラ川の掌握などが大きな問題として浮上し、緩衝地帯としてチベットが注目されつつある。このように、九〇年代以降の政治的経済的状況は、イデオロギー的な利害の一致するインド側とチベット難民側双方が手を組むのに適した状況であった。

他方、チベット難民側から九〇年代以降の流れを見れば、この時期は彼らが「インドとの良好な関係構築」という目的を設定し、活動し始めた時期であるといえる。ここには、先行きが不安定な彼らの生存を保証するための「インドでの基盤づくり」の獲得という意味も込められているといえる。たとえば、二〇〇五年一二月には、チベット難民排斥運動の急先鋒であるバガット・シン・グループがカルナータカ州マイソールで「インドから出ていけ」運動をするなど、少ないながらも反チベット人系の集団が活動している。暴動や排斥運動、そして二〇〇八年以降のネパールでのチベット難民への締めつけを見ても、インドでの生活が安定しなければ、彼らは運動の継続はおろか、自分たちの生きる場すら確保できないのは明らかである。たとえば、インド政府が一九五五年に定めた市民権法において、八六年七月一日以前にインドに生まれた者はインド国民として認められる旨が記載されているが、彼らの多くがその恩恵に預かることは今のところできていない。その一方で、チベット難民にインドにおける恩恵や安全をもたらすには、インド人の支援者たちの力が必要なのである。近年、インド人との関係構築を意識的に目指す彼らの活動は、世界最大の民主主義国家であるインドに暮らす人びととして、多様なかたちで運動を展開するインドの人びとと草の根レベルで繋がりあい、自分たちの生存を確保しようとする「つながりの政治」（石坂 二〇一二）であるといえるのである。

## 四　インド人とチベット運動の接続

ここで、チベットに対するインド政府の姿勢を概観する。[*9] 一九四七年に独立したインドは、イギリスのチベット政策（チベットに対する中国の宗主権は認めるが、統治権は認めない）を引き継いだ。中国との共存を望むインドは一九五四年に平和五原則を締結し、中国のチベット支配を事実上認めた。だが、ダライ・ラマの亡命により状況は変化し、一九五九〜六二年の国境紛争以降、印中間の関係は冷却化した。この間、チベット難民はインドに支援され、多大な恩恵を被った。だが、バングラデシュの独立とシッキム州の設立に際して、中国と国境に関して駆け引きしたことで、一九七一年以降、インド政府はチベット難民から距離を取り始めた。一九八八年にはラジーヴ・ガーンディーが、二〇〇三年にヴァジパイが訪中してチベットに対する姿勢を確認し、マンモーハン・

シンも中国との戦略的互恵関係を追求するなど、インド政府の姿勢は中国に接近していっている。

対照的に、チベット亡命政府と一部のインド人団体が近年結びつきを強めている。一九九八年、J・P・ナーラーヤンら歴代の政治家のチベット関連の発言をまとめた冊子『チベットに関するインド人指導者の発言』を亡命政府は発行・配布した。一九九九年には、後述する全インド学生協会（Akhil Bharati Vidhyarthi Parishad：以下ABVP）主催のチベット問題をめぐる会合の開会式にダライ・ラマが来賓として出席した。[*10] そして、亡命政

写真9-1　デリーで開催されるTIPAの催しを告知するポスター。自由チベット学生連盟（SFT）らNGOも運営に関与している（筆者撮影）

写真9-2　ヴィーヴェカーナンダ生誕150周年式典へのダライ・ラマ14世の参加を告知する看板（筆者撮影）

府は二〇〇二年にインド・チベット協働事務所（India Tibet Coordination Office：以下ＩＴＩＣＯ）を設立し、三年ごとにインド人ＮＧＯや政治家を招聘して「全インドチベット支援グループ大会」[*11]を開催し、行動指針を設けている。また、チベット難民芸能集団（Tibetan Institute of Performing Arts：以下ＴＩＰＡ）も、二〇〇〇年前後からインド人聴衆に対し公演活動を行っているし（写真９‐１）、二〇一四年にはチベット仏教サキャ派のトップであるサキャ・リンポチェが説法の際にインド人との良好な関係を心するように聴衆に説いてもいる。[*12]このように、九〇年代後半以降、亡命政府など指導者層はインド側との積極的な関係形成を模索している（写真９‐２）。

こうした活動をしているのは亡命政府だけではない。チベット亡命政府の内務省の高官は、「インド人との日常的な関係構築やそのための催しは『市民社会』の担い手であるＮＧＯが開催すべきで、それは政府の仕事ではない」[*13]と語り、政府の関与を規模の大きな会合などに限定する。現在、彼のいう「市民社会」で活動を展開するのはチベット難民が運営するＮＧＯであり、彼らこそがインド人のＮＧＯ組織や個人とチベット難民社会の結び目を形成しているのである。

亡命以降、世界各国から多くのＮＧＯがチベット難民の生活状況を改善するために財政支援してきた過程でノウハウを学んだチベット難民自身も、ＮＧＯを立ち上げてきた。代表的存在が一九七〇年に結成されたＴＹＣであり、チベットの独立のために内外に向けて積極的に活動している。彼らは一九九七年に冊子『チベットに関するインド人民衆の発言』を発行していち早くインドとの関係構築に乗り出し、ＩＴＩＣＯの主催する会議にも参加するなど、インド人との連携に尽力している。ほかにも、ＴＹＣから一九八四年に分派したチベット女性連盟（Tibetan Women's Association：ＴＷＡ）、チベットの独立を目指す学生連盟であるＳＦＴ（Students for a Free Tibet）、仏教的な理念から紛争の非暴力的解決や民主主義の浸透を目指して二〇〇一年に結成されたチベット紛争解決センター（Tibetan Centre for Conflict Resolution：ＴＣＣＲ）などが挙げられる。

　これらのNGOは、今日、インドのNGOや関連組織と緊密に連携している。こうしたインドのNGOや関連組織としては、一九九九年に設立され、独立運動の支援やチベットでの人権侵害を問題提起するチベット友の会（Friends of Tibet）、ネルー大学の教授アナンド・クマールらが中心となり、チベット問題をインドの国防問題や水源問題、ヒンドゥーの聖地（カイラーサ山とマーナサローワル湖）の問題と結びつけて活動するインド・チベット友好協会（Indo Tibet Friendship Society：以下ITFS）、ヒンドゥー至上主義組織民族奉仕団（Rashtriya Swayamsevak Sangh：RSS）の幹部インドレッシュ・クマールが二〇〇〇年に設立し、ITFSと同じ理由でチベットの重要性を説くインド・チベット協議会（Bharat Tibbat Sahyog Manch：以下BTSM）、RSS傘下の学生組織であるABVP、インドのヒマラヤ文化圏に住む人びとが構成し、中国による環境破壊や軍事問題を焦点に活動する組織、チベットに関する行動のためのヒマラヤ実行委員（The Himalayan Committee for Action on Tibet）などが挙げられる。

　これら、それぞれの利害を持った組織がチベット難民NGOと連携して活動しているが、ディーパク（Deepak 2011）によれば、ここで挙げた組織の多くがインドの政治的位置づけから見れば極右や右派を占め、またチベットを支援する一般民衆も極右と右派が多数を占めるという。[*14] これらの団体の主張とチベット難民側の主張は一部重なるが、チベット難民NGOは活動が偏らないようにこれらの組織と均等な距離感を保ち、どの姿勢にも肩入れしないよう意識して活動している。たとえば、世界規模でチベット運動に対する認知の促進を進めるチベット難民NGOである国際チベットキャンペーン（International Campaign for Tibet: ICT）の代表者やTYCのダラムサラー地区代表は「たとえばRSSやBTSMはヒンドゥー・ナショナリストであり、彼らの理念でチベット運動を支援しているのは明白だ。だからといって、そうした主張まで我々が一致させねばならないということはなく、必要なときに共働すればいいと思っている[*15]」と語り、双方の利害をすり合わせながら活動していることを強調している。事実、彼らはインド国民会議派や庶民党（Aam Aadmi Party）の議員とも手を組んで、チベット問題をインドの裁判所に提訴する運動を行っている。*16

こうしたチベット難民NGOとインド人支援者との共働は、インドの民主主義的な体制に支えられている。ここで追求される運動や活動はすべて民主主義的なプロセスに則ったものであり、インドの民主主義的政治のなかでのプレゼンスの確保が、チベット難民の地位の確保と、最終的な帰還運動への支援へとつながっていくものでもある。

ところで、一般のインド人はチベット難民をどう見ているのだろうか。ディーパクによれば、中国への内政不干渉を唱えるインド政府に対して国民は批判的であり、ダライ・ラマやチベット難民の状況に理解を示し、彼らの帰還を支援し、また、六二年の国境紛争に起因した反中感情もインド人の間では根深いという（Deepak 2011）。ディーパクの理解をふまえるならば、チベット難民NGOがまず働きかけようとしているのは、チベット難民の状況を理解し、中国に批判的な立場をとる人びとである。そして、最終的には無関心層も運動に巻きこもうとしているといえるだろう。

インド人の関心を引くためにチベット難民NGOが行う活動は、近年、冊子に代表されるメディアの活用に加え、「直接性」を基盤としている。TCCRが催すチベット文化やチベット問題に関する少人数制の講義やワークショップでは、チベット難民とインド人の参加者の直接的な対話を重視し、親密な雰囲気のなかで質疑応答や議論が深められる。また、各NGOはインドの諸組織と手を組んでさまざまな活動を各地で展開している。たとえば、二〇一二年一〇月二〇日にはITFSが西ベンガル州カリンポンで印中国境紛争の追悼デモを主催し、それにTYCやTWAらチベット難民NGOも参加するなど、インド人とチベット難民が手を組んでチベット運動を展開している。直接的な働きかけの最たる例は、TWAによるラクシャー・バンダンでのラーキーの配布である。

ＴＷＡのメンバーは、姉妹が兄弟へ送る友愛の証ラーキーをダラムサラー在住のインド人男性へと配布し、双方の結びつきを毎年再確認するのである。また、ＮＧＯと共働する亡命議会議員のダワ・ツェリン氏は、インドの子どもたちをチベット難民の幼稚園や学校に招待し、共生の重要性を理解してもらおうとしている。

さらに、チベット難民ＮＧＯはインドの行事にも積極的に参加している。ＴＹＣらはインドの記念式典にチベット難民を動員し、現在のインドを構成する一員として自らの立場を明確にする。また、チベット難民の学生たちも運動に動員され、インドの独立記念日にはチベット伝統舞踊を演じた[*17]。

九〇年代末からのＮＧＯの増加やワークショップなどの継続、それに一定数のインド人が参加していることを見ても、彼らの運動は一定程度成功していることがわかる。だが、参加するインド人の大半はＮＧＯや特定の利害集団を経由しており、無関心層の支持を十分に集められていない。そして、インド政府を動かしえるだけのインド人を運動に巻きこむためには、現時点では関心を示さない個人および集団への着目と彼らとの日常的な関係の形成が鍵を握るということに、関係者たちは自覚的である。ＴＣＣＲの代表は「チベット運動は、上からインドの人びとに対して支援を求めるのではなく、草の根（grassroots）から働きかけて運動を展開していかなければならない。そのためには、普段からお互いの関係を良好にしなければならない[*18]」と語り、草の根の運動の重要性、すなわち日常的に顔を合わせるレベルでの関係構築の重要性を説いている。

また、日常レベルでの関係構築に注目した際、彼らが巻きこむべき対象がもう一組存在する。インド人と顔を合わせて生活する一般のチベット難民である。インド人とチベット難民の良好な関係の上で、チベット難民ＮＧＯが率いる独立運動の継続が可能なのであり、また、長期的な視座からチベットへの帰還を考えなければならない現在、暴動や排斥運動をなくすために、彼らはインド人とさらに親密な関係を形成していく必要に迫られている。以上の理由から、ＮＧＯはチベット難民に対する働きも強めている。たとえば、ＴＹＣらはチベット難民セーター行商人組合に働きかけ、行商が始まる一〇月ごろ、行商先のインド人と良好な関係を築くよう呼びかける集会を各地で開催している。また、各NGOは、自分たちがイベントを開催するたびにインドに対する感謝の念を伝え、聴衆もインドに対する感謝を示すよう呼びかけている。[*19]

だが、こうした活動を意図的に妨害するチベット難民も存在する。インド人とチベット難民の間に緊張を生み出す彼らは亡命政府職員に「不満分子」と呼ばれ、中国が送りこんだスパイであると解釈されている。もちろん、彼らは少数派であるが、次節で示すように、チベット難民とインド人の関係は一筋縄ではいかず、不満分子の存在を頂点として、日常レベルでの両者の良好な関係形成の運動は容易に進展していない。

## 五　チベット難民とインド人の日常的関係

七〇年代ごろから本格化したチベット難民研究だが、インド人とチベット難民の関係に言及する研究者は少数派だった。彼らは日常的に良好な関係（Deepak 2011; Saklani 1984）や、インド人による妬みや暴動（Deepak 2011; Diehl 2002; Palakshappa 1978; Saklani 1984; Subba 1990, 2002など）を指摘したが、ラウの研究（Lau 2009, 2010, 2012）は大きく一歩踏みこみ、インド人に対するチベット難民の両義的な態度と敵視を指摘している。

ラウによれば、日常的なレベル、とくに経済的な面で両者の関係は良好である。そして、インド映画は多くのチベット難民を惹きつけ（Lau 2010）、彼らはインドの映画音楽に合わせて踊りまくる。だが、インド人を褒めたかと思えばすぐさま罵倒するという、彼らの両義的な態度の存在も示される（Lau 2012）。チベット難民のインド人に対するこうした二律背反的な態度の根底には、文化的純潔性の希求とインドへの同化の恐怖が存在し、自らを差異化するために戦略的に「敵」として構築している、とラウは分析する（Lau 2009, 2010, 2012）。

文化的純潔性の保持や同化への恐怖がインド人を敵として構築するというラウの指摘には頷ける点もある。文化を通したアイデンティティの構築を模索した亡命政府や難民社会の働きかけ（Anand 2007; Diehl 2002; Moran 2004; Palakshappa 1978; 山本 二〇一三）や、ネルーの政策の実験場として周辺のインド人から隔絶された居住地を設けたインド政府の目論見（Magnusson 2012）、それにTWAによる同族結婚の推奨（Chitkara 1994）を考慮すれば、同化の忌避に起因する敵対的な意識があるともいえるだろう。

だが、ラウの指摘は以下の点で受け入れられない。まず、ネパールやインド北東部に住むチベット難民の間では他民族との通婚も見られ、現地への同化と呼ばれうるものも散見される一方[*20]、双方の特質が近いからこそ起こる衝突も報告されている（Subba 1990, 2002）。[*21]また、チベット難民の多くは民族衣装であるチュバを脱ぎ捨て、地元のインド人と同様にジーンズとTシャツを着ているし、言葉のはしばしに英語やヒンディー語をちりばめて会話している。この混淆的状況を鑑みれば、純潔性の希求やインドへの同化の恐怖がインド人を敵として構築するという分析を鵜呑みにするわけにはいかない。ここでは、純潔性の希求や同化の忌避が、チベット難民がインド人に対してとる態度の原因であると一般化して難民社会に内在的な要因として論じるのではなく、難民社会の歴史およびインド人との相互交流の文脈に具体的に落としこむ必要がある。

ここで補助線として「インド人とチベット難民はお互いの何を問題視しているのか」という問いを立ててみよう。筆者の聞き取りでは、西洋の支援で豊かになる難民と恩恵に与ることができないインド人という「経済的要因」と、両者の生活様式の相違に起因する「文化的要因」という図式が存在することが明らかとなった。そして、論点を先取りすれば、これらの要因は分割不可能なものとして、すなわち文明論的な枠組みで双方に理解される傾向があり、こうした枠組みは、チベット運動のグローバルな展開が生起させたのである。

亡命以降、大半のチベット難民が地元のインド人と比較的隔絶した難民居住地で生活していた。そこではチベッ

表9-1　アメリカのNPOより2013年度拠出されたダラムサラーのNGOへの寄付

| 拠出先 | 拠出額 |
|---|---|
| グチュスムの会（政治囚救済NGO） | $30,000 |
| カワ・カルポチベット文化センター（チベット語新聞発行所） | $35,000 |
| チベット読み書き協会（チベット語新聞発行所） | $40,000 |
| チベット女性連盟 | $25,000 |
| チベット人権民主主義センター | $18,000 |
| チベットの声（チベット語ラジオ局） | $34,000 |

出典）全米民主主義基金のホームページ（http://www.ned.org/where-we-work/asia/china-tibet 最終アクセス2015年1月15日）をもとに作成

ト難民はアイデンティティ保持のために伝統文化の保存に力を注ぎ、また、スイスやカナダ、アメリカなど西洋各国が援助物資や資金を投入し、彼らの生活を支えてきた。結果的に、彼らの生活環境は周辺のインド人のそれとは大きく異なったものとなり、現在にいたるまで双方の差異の創出において大きな影響力を持っている。[*22] 以下の表はＮＧＯへの支援だが、これだけの額が定期的に彼らの手元に入ってくることを意味している（表９‐１）。

ここで見過ごしてはならないのは、チベット難民にとって西洋の援助が持つ意味である。西洋の援助は彼らの生活の改善という実際的な利益をもたらすとともに、彼らの自己認識にも影響を及ぼしている。たとえば、アメリカ在住チベット難民は、自分たちが庇護を受けられるのは価値があるからであり、庇護を受けられない他のアジア人よりも白人に近い存在であると自己認識している、とイェーとラマは指摘している（Yeh and Lama 2006）。彼らの論文の事例が示すのは、物質的な援助がもたらす象徴的な価値づけと文明論的選民意識の様相である。そして、こうした意識に結びついた行為はインドのチベット難民社会でも目にすることができる。たとえば、チベットと結びつけられることの多い一妻多夫婚は、現在のダラムサラーでも少数ながら営まれている。しかし、一妻多夫婚を「二一世紀の風習ではない」と語る若者の存在をグレントは指摘しているし（Grent 2002: 127）、ラウも若者は一妻多夫婚を避けていると記述している（Lau 2010: 976-977）。ここで見出されるのは西洋近代的な価値観を身につけ、この価値観にそぐわない風習を否定するチベット難民の姿である。

このように「近代化」されたチベット人のまなざしは、周辺のインド人にも向けられる。[*23] 筆者が出会ったチベット難民の多くは、「彼らは牛を今でも家で飼っているから彼らの体に牛の匂いが染みついて臭い」[*24]「インド人を信用してはだめ。彼らは恥知らずにもいろんな要求をしてくるから」[*25]「インド人は短期的にしかものを考えられないから、せっかくの上客も、わずかな儲けのために欺こうとする」[*26]「インド人に乞食が多くてチベット人に少ないのは、我々が勤勉だからだ」[*27]「インドの農村ではいまだに子どもたちが裸で走り回っている。かわいそう」[*28]などとインド人について語っていた。こうした言葉の背後にあるのは、「自分たちはそうではない」という意識であり、自らが近代化され洗練されている、という含意である。

では、インド人はチベット難民をどう見ているのだろうか。[*29] 筆者がダラムサラーに暮らすインド人と会話した際に最もよく耳にしたのは、「自分たちが難民だからってかわいそうなふりをして、西洋人からいっぱい金をもらっている」[*30]「あいつらがやっているのは、ただのパフォーマンスだ」[*31]という批判であり、「西洋にかぶれたチベット人が自分たちの子どもたちに悪影響を与える」[*32]という西洋化＝堕落という図式に則った危惧の表明である。これらは男性の語りであり、外にあまり出ないインド人女性のなかにはチベット難民がなぜダラムサラーにいるのか理解していない人びとすらいる、と彼らは語る。インド人女性と比較して、あるインド人男性は「チベット人の女は外をやかましく歩き回っている」「チベット人の女と付き合っているけど結婚する気はない。ただのタイムパスだ」[*33]と発言し、インド人女性を道徳的および実利的に上位に置いている。ここでも、西洋化＝堕落という文明論的な視座が導入され、双方の差異が強調されている。

このような非難は日常的なものである一方、一定の感謝の念や理解をお互いに示してもいるため、筆者も両者の仲の悪さを恒久的なものとして過度に強調する意図はない。しかし、両者の分断は決して小さくはなく、共存にとって躓きの石となっている。差異を差異として認める付き合いは容易には見出しがたく、お互いを異なった存在として分類し非難することで、両者の結びつきは分断されてしまう。たとえば、ダラムサラーでチベット難民が催す焼身自殺者の追悼行事に大半のインド人は関心を示さず、追悼の念を示す人びとの目の前を無関心に、ときには騒ぎ立てながら通り過ぎる。また、チベット難民も自分たちに対して敵対的なインド人の商店を認識し、そうした店に対しては無言の不買運動を展開し、何かあればインド人に対する非難をすぐさま口にする。[*34]

否定的な態度をとるチベット難民に対し、チベット難民NGOはインド人との友好関係の重要性を説き、直接性に依拠した活動に巻きこもうとする。だが、現状では彼らの活動の目的を一般のチベット難民が十分に理解していない上に、大多数がその存在を認知していない。たとえば、ある政治団体の副代表に筆者がTYCらの活動について話したとき、彼は「そんな活動をしていたこと自体知らなかった」と語っていた。このような事態を受けて、地域レベルでのチベット難民への働きかけが不十分であることを認識したTYCやTWAらは二〇一三年以降、さらに催しを増やして積極的な活動の展開を計画している。だが、NGOのスタッフもまた日常的にインド人と接触するチベット難民であり、良好な関係を呼びかける彼ら自身がときにインド人に対して侮蔑的な態度をとってしまう。この現状が示すのは、草の根からより大規模な方向に徐々に進展する通常の運動のあり方とは異なり、国際関係の荒波のなかでそもそもグローバルな規模の運動が、ようやく周辺の人びとを巻きこむことを意識した、というチベット運動の特異性である。また、西洋からの支援が副産物的にもたらす社会環境の様相と文明論的自他認識からなる文脈的拘束性や[*35]、その乗り越えの困難さも示されている。国際社会の思惑に翻弄され影響されたチベット問題は、その結果抱えることになった自らの地位の不安定性を緩和しようとする草の根の運動においてもまた、容易には逃れ難い西洋の影響に翻弄されてしまっているのである。

## 六　おわりに

本章では、亡命政府やチベット難民NGOが近年力を入れているインド人との関係構築のための運動に着目し、その現状を明示した。ここで本章の冒頭で挙げた「インド人との関係構築のためにどんな運動をどんな論理で展開しているのか」「どうやってインド人と関係構築するための運動に一般のチベット難民を動員しようとしているのか」という問いに答えて本章を締めくくりたい。

九〇年代以降のインドの目まぐるしい経済成長とヒンドゥー至上主義が支える強国形成志向、それに結びつく国際情勢の動向と歩調を合わせて、亡命政府やチベット難民NGOの活動が本格化して一〇年以上が経過したが、チベットに関心を持つインド系NGOの設立や積極的な協働を見れば、エリート間の関係形成や連帯、運動への動員はまずまず成功しているといえるだろう。また、彼らの活動のもう一つの核である草の根レベルの運動の展開は、チベットへの帰還という彼らの掲げる大命題のみならず、インドにおける自分たちの立場の確保のために重要性を増している。だが、グローバルな規模での関係構築が先行し自明化された環境で周囲のインド人から相対的に切り離された歴史をチベット人が刻んできた結果、文明論的自他認識による差異化が支配的となり、融和的関係の形成はそれほど容易なものではないのが現状である。良好な関係形成を促すNGOの運動が認識されていない現状は、運動が未だ浸透段階であることを意味し、また、NGOのメンバー自身も否定的な差異化の再生産に関与してしまう状況は、その道のりが前途多難であることを示している。

とはいえ、人びとが顔をつき合わせて生きる日常レベルでの関係構築こそが、インドの民主主義的政治決定プロセスに働きかけながら長期的な運動の足場を確保しつつ、暴動や衝突を忌避しながら長期的にインドに留まるという、チベット難民が進みつつある方向性にとって鍵となる。ゆえに、西洋偏重の運動を制度化してきた歴史を引き受けつつ、今後、NGOの活動を中心にして、いかにチベット難民とインド人との間にある文明論的な自他意識に基づく断絶を克服するきっかけを人びとに提供するのかが、大きな焦点となってくるだろう。

注

＊1　二〇一二年五月九日のインタビューより。

＊2　チベット難民は自称であり他称でもある。英語では Tibetan refugee チベット語では bod kyi skyabs bchol ba である。なお、近年ではインドから移住し欧米やアジア諸国で再定住したチベット難民を含めるためか Tibetan diaspora が用いられるようになりつつある。

＊3　たとえば以下の研究を参照（Anand 2007; Hess 2009）。

＊4　たとえば以下の研究を参照（Bentz 2009; Deepak 2011; Lau 2009, 2010, 2012）。

＊5　アイデンティティ形成や自己主張に関するディアスポラ研究は、同一カテゴリー下での既得権益の拡大を獲得するために設定されるメインフレーム（たとえば戦略的本質主義の動員）をおもに論じる傾向にあり、他者との具体的な関係性やその政治経済的情勢が看過されがちである（たとえばロウ 一九九六、Sokefeld 2006; Wayland 2004）。

＊6　しかしながら、制度化されているといって、現在の難民社会の若者たちが抱えるアイデンティティの問題を看過してはならない（山本 二〇一三）。

＊7　「チベット亡命政府は絶え間なく増え続ける亡命チベット人の支援を成功させるための海外からの寄付や善意にきわめて強く依存している」（Swank 2011: 70）。

＊8　二〇〇八年以降、インド政府は亡命政府の文化関連施設に「ヒマラヤ圏の文化保存」の名目で巨額の補助金を出している。

＊9　ここでの整理は以下の文献によるものである（Bentz 2009; Deepak 2011; Norbu 1997）。

＊10　ダライ・ラマは八〇年代に同様の集会に一度参加している。

＊11　二〇〇三年はチャンディガール、二〇〇六年はブッダガヤ、二〇〇九年はデリー、二〇一二年はダラムサラーで開催さ

れた。

＊12　この説法を取り上げた新聞記事のタイトルが「インド政府と国民の恩義を忘れることなく、地元民と調和せよ」であることから見て、チベット難民とインド人の関係は重要なイシューの一つとなっていることがわかる。

＊13　二〇一二年五月一六日のインタビューより。

＊14　ディーパクはチベットをめぐるインドの政治姿勢を極右（ジョージ・フェルナンデスのサマタ党やＲＳＳ）、右派（ＢＪＰ）、中道（国民会議派）、左派（共産党系）、中立、チベット難民排斥派の六つに分類する。

＊15　二〇一二年六月二五日および二八日のインタビューより。

＊16　『チベット・タイムズ』紙の二〇一四年三月一一日の記事（Bod dun zhu gtug byas 'dug）を参照。なお、この記事におけるチベット難民側がインド人側に連携を呼びかける際のロジックは、水源などの資源問題であり、ＩＴＦＳらのロジックとほぼ重なり合うものである。

＊17　二〇一一年八月一五日には観光客も含めて五〇〇人ほどが会場に集まった。

＊18　二〇一二年六月二九日のインタビュー。

＊19　この傾向は、ダライ・ラマの発言やＴＩＰＡの公演やＤＶＤにおいても二〇〇〇年代後半以降顕著である。

＊20　たとえば、タマンやグルンらネパールの現地民と通婚しているチベット難民の家庭では、チベット語ではなくネパール語で会話する様子が頻繁に見られた。

＊21　「（訳注：チベット難民とインド人の）社会的分裂の創出において、難民という地位、ジェンダー関係、教育など、社会的類似性に関する知覚が今日ではより重要なものとなっている」（Swank 2014: 21）というスワンクの指摘を敷衍すれば、同一化と差異化の片方の要因のみがチベット難民とインド人の分裂を作り出しているのではないといえる。

＊22　金銭上の格差を示す客観的な指標を筆者は持っていないが、海外からの支援が格差を生み出している例の中でも顕著なものを一つここで取り上げたい。カルナータカ州のチベット難民居住地フンスルの人々が耕作しているトウモロコシ畑には、海外からの支援により象除けの電線や溝が設営されている。これらの設備が整って以降、象が難民居住地から周辺に暮らすインド人の耕作するトウモロコシ畑に餌場を変更したという。この話を筆者は二〇〇七年三月二八日にその居住地のチベット難民農家から聞いている。

＊23　同様の批判は本土出身の新難民にも向けられる。
＊24　二〇〇五年九月二二日の会話より。
＊25　二〇〇七年三月四日の会話より。
＊26　二〇一一年九月一二日の会話より。
＊27　二〇〇三年七月一六日の会話より。
＊28　二〇一二年四月二六日の会話より。
＊29　ラウは主にチベット難民を語りの主体とし、インド人側の日常的なチベット難民認識を十分に取り上げていない。チベット難民が一方的に非難するだけならば、これまでの暴動や排斥運動は存在しえない。この問題はチベット難民とインド人双方に注目しなければ全体像が見えてこない。
＊30　二〇〇五年九月一五日の会話より。
＊31　二〇一一年八月二二日の会話より。
＊32　二〇一一年八月二二日の会話より。
＊33　二〇一二年七月四日の会話より。
＊34　スワンクによると、現在「マクロード・ガンジ界隈のチベット人とインド人の双方がしょっちゅう相互不信を口にしている」（Swank 2014: 18）状況であり、「私が話したインド人の多くの間では、インド在住チベット人とは社会的に自己隔離し、インド社会から身を引き離す人々であると一般に認識されていた」（Swank 2014: 21）。
＊35　西洋による支援から相対的に取り残された北東部の難民居住地周辺やネパールで地元民との通婚が見られるのは、民族的類似に加え、文明論的な自他認識がチベット難民に十分に身体化されなかったからだという点も重要だと考えられる。

参考文献

石坂晋哉　二〇一一『現代インドの環境思想と環境運動――ガーンディー主義と〈つながりの政治〉』昭和堂。
椎野幸平　二〇〇九『インド経済の基礎知識――新・経済大国の実態と政策』第二版、ジェトロ。
田辺明生　二〇一一「現代インド地域研究――私たちは何をめざすか」『現代インド研究』（一）、一―一七頁。

デエ、L　二〇〇五『チベット史』今枝史郎訳、春秋社。

山本達也　二〇一三『舞台の上の難民――チベット難民芸能集団の民族誌』法藏館。

ロウ、L　一九九六「アジア系アメリカ――異種性・雑種性・複数性」浜邦彦訳、『思想』（八五九）、二二二―二四九頁。

Anand, D. 2007. *Geopolitical Exiotica: Tibet in Western Imagination*. London: University of Minnesota Press.

Ardley, J. 2002. *The Tibetan Independence Movement: Political, Religious and Gandhian Perspectives*. London: Routledge Curzon.

Bentz, A. S. 2009. Tibetan Refugees in India, or How Diaspora Politics Can Be Influenced by an Omnipresent Host Country. In B. Dotson, K. N. Gurung, G. Halkias and T. Matt (eds.), *Contemporary Visions in Tibetan Studies*. pp.93-112. Chicago: Serindia Publications.

Chitkara, M. G. 1994. *Tibet: A Reality*. New Delhi: Ashish Publishing House.

CTA 2010. *Demographic Survey of Tibetans in Exile-2009*. Dharamsala: CTA.

Deepak, B. 2011. India, China, and Tibet: Fundamental Perceptions from Dharamsala, Beijing and New Delhi. *Asian Ethnicity* 12 (3): 301-321.

Diehl, K. 2002. *Echoes from Dharamsala: Music in the Life of a Tibetan Refugee Community*. Berkeley: University of California Press.

Grent, N. 2002. Polyandry in Dharamsala: Plural-Husband Marriage in a Tibetan Refugee Community in Northwest India. In P. C. Klieger (ed.), *Tibet, Self, and The Tibetan Diaspora: Voices of Difference*. pp.105-138. Leiden: Brill.

Hess, J. 2009. *Immigrant Ambassadors: Citizenship and Belonging in the Tibetan Diaspora*. California: Stanford University Press.

Kharat. B. 2003. *Tibetan Refugees in India*. New Delhi: Kaveri Books.

Lau, T. 2009. Tibetan Fears and Indian Foes: Fears of Cultural Extinction and Antagonism as Discursive Strategy. *Explorations in Anthropology* 9 (1): 81-90.

Lau, T. 2010. The Hindi Film's Romance and Tibetan Notions of Harmony: Emotional Attachements and Personal Identity in the Tibetan Diaspora in India. *Journal of Ethnic and Migration Studies* 36 (6): 967-987.

Lau, T. 2012. Sweater Business: Commodity Exchange and the Mediation of Agency in the Tibetan Itinerant Sweater Trade in India. In M. Svasek (eds.), *Moving Subjects Moving Objects: Transnationalism, Cultural Production and Emotion.* pp.96-116. New York: Berghahn Books.

Magnusson, J. 2012. Tibetan Refugees as Objects of Development: Indian Development Philosophy and Refugee Resistance in the Establishment of Lukzung Samdrupling, The First Tibetan Refugee Settlement in India. In K. Bauer and G. Childs, S. Craig, A. Fischer (eds.), *Development Transitions: Land, Labor and Social Policy in Tibet.* pp.247-273. Kathmandu: Himal.

Norbu, D. 1997. Tibet in Sino- Indian Relations: The Centrality of Marginality. *Asian Survey* 37 (11): 1078-1095.

Palakshappa, T. C. 1978. *Tibetans in India: A Case Study of Mundgod Tibetans.* New Delhi: Sterling Publishers.

Saklani, G. 1984. *The Uprooted Tibetans in India: A Sociological Study of Continuity and Change.* New Delhi: Cosmo Publications.

Sokefeld, M. 2006. Mobilizing in Transnational Space: A Social Movement Approach to the Formation of Diaspora. *Global Network* 6 (3): 265-284.

Subba, T. B. 1990. *Flight and Adaptation: Tibetan Refugees in the Darjeeling- Sikkim Himalaya.* Dharamsala: Library of Tibetan Works and Archives.

Subba, T. B. 2002. One or Many Path: Coping with Tibetan Refugees in India. In C. J. Thomas (ed.), *Dimensions of Displaced People in North-East India.* pp.131-148. Delhi: Regency.

Swank, H. 2011. A Wanderer in a Distant Place: Tibetan Exile Youth, Literacy, and Emotion. *International Migration* 49 (6): 50-73.

Swank, H. 2014. *Rewriting Shangri-la: Tibetan Youth, Migrations, and Literacies in McLeod Ganj, India.* Leiden: Brill.

Tsewang, P. 2003. Government in Exile. In D. Bernstorff and Hurbertus Von Welck (eds.), *Exile as Challenge: The Tibetan Diaspora.* pp.125-149. Hyderabad: Orient Longman Private Limited.

Wayland, S. 2004. Ethnonationalist Networks and Transnational Opportunities: The Sri Lankan Tamil Diaspora. *Review of International Studies* 30: 405-426.

Yeh, E. and K. Lama 2006. Hip-hop Gangsta or Most Deserving of Victims?: Transnational Migrant Identities and the Paradox of Tibetan Racialization in the USA. *Environment and Planning A* 38: 809-829.

（ウェブ上のチベット語新聞）

Bod dun zhu gtug byas 'dug. *Tibet Times*, March 21, 2014.
http://www.tibettimes.net/news.php?cat=49&&id=8676（最終アクセス二〇一四年三月二一日）

rGya-gar gzhung dang mi-mang gi bka'-drin dran pa'i thog yul-mir mthun-po byed dgos. *Tibet Times*, March 26, 2014.
http://www.tibettimes.net/news.php?cat=49&&id=8698（最終アクセス二〇一四年三月二六日）

# 第一〇章　開発と神霊

## 土地接収とブータ祭祀をめぐるミクロ・ポリティクス

石井美保

### 一　はじめに――インドにおける「環境運動」研究の射程

本章では、南インドにおける大規模な開発プロジェクトと反開発運動の展開について、ブータ祭祀と呼ばれる神霊祭祀に焦点を当てて検討する。本章で取り上げるカルナータカ州マンガロール郡バジュペ地域では、一九八〇年代から官民複合型の大企業による大規模な開発事業が進められてきた。石油精製プラントの建設、ならびにこれと関連する複数の工業施設の誘致と建設を中心とする開発事業によって、広大な土地が企業に接収されるとともに、接収の対象となった村落に居住していた人びとは農地と家屋を失い、他地域への移住を余儀なくされた。また、企業による土地の接収は、その土地で祀られていた多くの宗教施設の移設や破壊を伴うものであった。[*1]

開発に伴う半強制的な土地の接収と村落の破壊、産業廃棄物による土壌や水源の汚染などに対して、近年、バジュペ地域を中心として農民や漁民団体、社会運動家、環境保護団体、一部のジャーナリストや科学者らによる反対運動が繰り広げられている。本章で見ていくように、ブータ祭祀は反開発運動の展開のなかで中心的な役割を担ってきたのみならず、開発プロジェクトをめぐるさまざまな抗争の焦点ともなっている。この点については後述することとして、先に、本章の理論的視座を明らかにしておきたい。

インドにおける環境運動を扱った研究[*2]は数多く存在するが、その一つの潮流として、環境運動を広く民衆運動や民主主義との関連から評価する研究が見られる（Gadgil and Guha 1993; Arnold and Guha 1995; Swain 1997; Guha 2000; Shiva 2010）。こうした研究のなかにもさまざまな視座が存在するが、共通する点として、環境運動を民衆の抵抗運動の一種として捉えている点を挙げることができる。このとき、抵抗運動の主体となるのは、小農や女性、トライブをはじめ、社会において周辺化されてきた人びとであるとされる。また、彼らの運動は、具体的には開発を推進する政府や企業などに対する抵抗として展開されるが、理念的には資本主義経済やグローバリズムをはじめ、人びとの伝統的な生業・社会形態に大きな変化をもたらす構造的暴力への批判としての意味をもつとされる。こうした研究において、開発の主体が近代化とグローバリズムを代表するのに対し、運動の主体は伝統的な地域社会や自然との共生を体現するものとして描かれる。

他方、環境運動がその一部をなすポリティカル・エコノミーの詳細な分析に基づき、上記のような視座の問題点を指摘する研究が少なからず存在する。たとえばシャー（Shah 2010）は、ジャールカンド州の農村部における現地調査に基づき、森林や野生動物と共存し、伝統的な生活を営む人びととして先住民の姿を描く環境運動家の言説が、皮肉にも当の先住民をいっそう周辺化していると指摘する。「自然とともに生き、自然を愛する先住民」というイメージを先住民に押しつけ、先住民を環境に縛りつけるこのような言説を、シャーは「エコ監禁（eco-incarceration）」（Shah 2010: 11）と呼び、運動家やローカル・エリートが主導する環境主義とアイデンティティ・ポリティクスのはらむ問題を鋭く批判している。

バーヴィスカル（Baviskar 2004, 2005）もまた、ナルマダー渓谷におけるダム建設反対運動を事例として、環境運動家と先住民との認識の差異を指摘するとともに、先住民の内部におけるエリート層と貧困層との格差を浮き彫りにしている[*3]。シャーとバーヴィスカルの研究は、このように環境主義的言説の持つ政治性や、運動内部の階層分化と格差の問題を指摘するとともに、開発の対象となった人びとの間の多様性に目を向ける必要性を訴えている[*4]。

さらに、「環境性（environmentality）」や「環境的主体（environmental subject）」という概念を用いて地方における環境主義の台頭を分析し、「開発に抵抗する民衆」あるいは「運動家によって利用される底辺の人びと」といった従来の分析枠組みに新たな知見を加えた研究として、アッグラワール（Agrawal 2005）を挙げることができる。アッグラワールによれば、環境性とは、規制と保護の対象としての「環境」という領域の出現と結びついて形成されてきた知識、政治、組織、そして主体性のあり方を指す。また、環境的主体とは、人間による支配と保護の対象としての「環境」との関連において思考し、行為するような新たな主体のあり方を意味する（Agrawal 2005: 7, 226）。アッグラワールは、北インドのクマーオン地域を対象として、植民地期から現代にいたる森林政策の変遷と、森林に対する地域住民の意識の変化を検討し、森林管理の脱中央集権化と地域社会における管理組織の充実に伴って、地域住民が環境的主体へと構築されてきたことを明らかにしている。アッグラワールによれば、地域住民による森林管理への積極的参加や環境保護への意識の高まりは、一部の研究が称揚するような「官僚主義から民主主義へ、植民地主義から自由へ、そして国家からコミュニティへ」といった成功物語としてのみ語られるべきではない。これらの現象はむしろ、森林管理や環境保護という新たな規範を内面化し、自他の行為と思考をこの規範との関連において監視し、律するような環境的主体の誕生として捉えられるべきなのである（Agrawal 2005: 6-7, 202-203）。

これらの研究が明らかにしているように、環境運動を分析するにあたって、私たちは開発のエイジェンシーとそれに抵抗する民衆という構図を前提とするのではなく、運動に関わる人びとの間の階層的差異や、開発の対象となった人びとの多様性とコンフリクトに目を向ける必要がある。アッグラワールが示唆しているように（Agrawal 2005: 203）、環境運動のはらむ政治性や、運動を媒介する組織と知識／権力、さらに主体性の問題を追究することは、運動自体の虚構性や権力性を暴くことに終始するものではない。それはむしろ、それぞれの運動を独自の歴史性とミクロなポリティカル・エコノミーのなかに置きなおすとともに、運動が内包する分岐と発展の多様な可能性を明らかにすることでもある。*5

以上の理論的視座の下に、本章では、マンガロール経済特区（Mangalore Special Economic Zone：以下MSEZ）の建設と反開発運動の展開について、ブータ祭祀との関連を主軸として検討する。まず二節では、カルナータカ州沿岸部におけるブータ祭祀と土地・自然との関係を概観する。三節では、MSEZの開発プロジェクトについて概説するとともに、社会運動家の主導する反開発運動の展開のなかで、管理と保護の対象としての「環境」と対になった「文化」を代表するものとして神霊祭祀に焦点が当てられていく過程を分析する。四節では、社会運動家による「反開発のアイコン」としての神霊祭祀の表象とは異なり、人びとを支配する野生の力としてのブータへの畏れが地域住民のみならず企業幹部にも共有され、このことが開発事業に一定の影響を与えていることを明らかにする。五節では、開発をめぐって人びとの間に生じている分断やコンフリクトが、開発プロジェクトの進出以前から続く村落内部の抗争といかに関係しているのかを、神霊祭祀をめぐる裁判の事例から検討する。以上の検討から本章は、マンガロールを舞台に展開している反開発運動の多面性を明らかにするとともに、開発プロジェクトをめぐる人びとの多様な実践と認識の交叉する場所として、ブータ祭祀が新たな重要性を帯びていることを示す。

## 二　土地、山野、神霊祭祀

ブータ祭祀とは、南カナラとも呼ばれるカルナータカ州沿岸部で広く信仰されている土着の神霊祭祀である。ブータと呼ばれる神霊の多くは、非業の死を遂げた英雄や、山野に棲む野生動物の霊であるとされる。ブータの儀礼は主に憑依と託宣からなり、憑坐に憑依した神霊と信者たちは儀礼を通して互いに交渉する。ブータの憑坐かつ踊り手となるのは、ナリケ、パラワ、パンバダという三つのカーストに属する人びとであり、彼らは儀礼のなかで神霊になりかわって託宣を述べ、パールダナと呼ばれる口頭伝承を詠唱する。また、ビッラワ・カーストに属する司祭（パトリやマーニと呼ばれる）と、バンツ・カーストに属する司祭（ムッカールディと呼ばれる）は宗教的職能者として祭祀を執行するとともに、儀礼のなかで神霊に憑依される。村落レベルのブータ祭祀において祭主を務めるのは、多くの場合バンツ・カーストに属する領主たちである。[*6] 儀礼において、領主の長たちは村民の代表として神霊に供物を捧げるとともに、神霊からの託宣と祝福を受け取る権利と義務をもつ（Gowda 2005; Brückner 2009; 石井 二〇一〇）。

南カナラの民俗信仰であったブータ祭祀は、一四世紀から一七世紀頃に地方の領主たちを祭主としてゆるやかに組織化され始め、部分的にバラモン的な祭祀様式の影響を受けながら発展してきた。イギリスによる植民地統治期には、宣教師や植民地行政官らから「悪魔崇拝」として蔑視されたが（Navada and Fernandes 2008）、一九七〇年代以降は現地の民俗学者らによる調査が進み、現在ではこの地域を代表する民俗文化の一つとして認知されている。

続いて、本章の調査地であるマンガロール郡バジュペ地域のブータ祭祀について、土地や自然との関係に着眼しつつ見ていきたい。この地域では、丘陵に囲まれた湿潤な低地で水田稲作が行われている。また、ココヤシやバナナなどの食糧作物の栽培に加えて、近年では商品作物としてビンロウジが栽培されている。農地の背後に伸び広がり、村落の土地面積の大部分を占めているのは、グッデと呼ばれる山野である。木々や下生えの生い茂るグッデは、食糧となる動植物の狩猟採集をはじめ、豊かな資源として人びとに利用されてきた。その一方で、かつてはトラなどの猛獣が棲んでいたとされ、現在も有毒なヘビを含む野生動物の棲息地として恐れられている。

また、グッデはブータ祭祀との関連においても重要な位置を占めている。農地や人家を取り囲み、人間の生活領域の周囲に黒々と広がるグッデは、死霊や精霊のさまよう場所であるとともに、あらゆる霊を統べるブータの領域でもある。グッデは神霊の力（シャクティ）に満ちた場所とされ、ブータはシャクティそのものであるともいわれる。グッデに棲息する（あるいはかつて棲息していた）トラやノブタ、コブラなどの動物は、高位のブータとして祭祀の中心に位置づけられている。このように、豊饒であると同時に危険な場所である森林と深く結びついたブータの存在は、地域の人びとにとって野生のシャクティ、もしくは「土地の主」として認識されてきた。

野生のシャクティを具現する神霊祭祀は、従来、人びとと土地や自然の関係を媒介する役割を担ってきた。すなわち、村落の領主は、究極的な「土地の主」であるブータの命を受けた者として広大な土地とその生産物を管理してきた。彼らは儀礼に奉仕する村人の家系に免税地を与える一方、ブータの社名義の土地や寄進財を管理し、社と祭祀の運営を担ってきた。地域の土地利用と結びついた人びとと神霊の関係は、ネーマと呼ばれるブータの年中儀礼において明確に表現されている。ネーマでは、村人たちから農作物が献供され、その見返りとして憑坐に憑依したブータが領主一族の家長をはじめとする人びとに祝福を与える。また、ブータに捧げられた供物の一部はプラサーダ（お下がり）として人びとに再分配される。このように、ブータと人びとの間には、供物と祝福のやりとりを通した相互的な贈与関係が形成されてきた。この意味でブータ祭祀は従来、人びとと土地・自然との循環的なネットワークを可視化すると同時に、遂行的に構築するものであったといえる（Appadurai and Breckenridge 1976; Appadurai 1981 参照）。

ブータ祭祀を介した人びとと土地・自然との結びつきは、村落のランドマークとしての社の配置にもよく表れている。すなわち、水田に囲まれた領主の屋敷の広間にはブータの祭壇があり、耕地の外れにはブータの社が点在している。また、叢林に囲まれた水源のほとりにはブータ祭祀と深い結びつきを持つナーガ（コブラ）の祠と井戸があり、その背後には森林が広がっている。この地域の多くの村々において、このようにブータやナーガの社は領主の屋敷地と耕地、そして野生の領域をつなぐ役割を果たしてきた。神霊祭祀を通して、人びとは自らの生活世界と連続していながら、それを超えた神霊の領域として森林や山野を認識するとともに、儀礼を通した神霊とのやりとりを通して、霊的世界でもある自然界との関係を創り上げてきたといえる。のみならず、後に見るように、村落内における家系の権威やヒエラルキーと密接に結びついた神霊祭祀は、村落を舞台とする権力抗争の焦点ともなってきた。

さて、神霊祭祀を介した人びとと土地・自然との具体的な関係性は、一九八〇年代中盤以降にこの地域で進展した大規模な開発プロジェクトによって大きな変容を被ることになる。次節では、この開発プロジェクトについて概観するとともに、反開発運動の言説におけるブータ祭祀の位置づけを見ていきたい。

## 三　「環境」と「文化」の出現——経済特区の建設と反開発運動

マンガロール経済特区（ＭＳＥＺ）とは、インド中央および州政府、それに複数の財閥や多国籍企業が推進する一大プロジェクトであり、プロジェクトを統括する企業体は二〇〇七年に設立されたマンガロール経済特区有限会社（Mangalore Special Economic Zone Limited：以下ＭＳＥＺＬ）である。ＭＳＥＺＬのウェブサイトによれば、経済特区の敷地として予定されている土地面積は四千エーカーを超える。マンガロール経済特区の建設に先立ち、一九八〇年代半ばから一九九〇年代初頭にかけて、マンガロール石油精製・石油化学有限会社（Mangalore Refinery and Petrochemicals Limited：以下ＭＲＰＬ）によって約一七〇〇エーカーの土地が接収され、当該の土地に居住していた六〇九世帯が他地域に移住させられた（Dhakal: n. d.）。マンガロール都市開発局（Mangalore Urban Development Authority）の資料によると、二〇一四年一月現在、ＭＲＰＬとＭＳＥＺをはじめとする複数の開発プロジェクトによって総計約二三三〇エーカーの土地が収用され、一七九五世帯が立ち退きの対象となっている。[*7]

一連の開発事業に伴う村落の破壊と住民の強制移住、ならびに産業廃棄物による環境汚染に対して、主に二〇〇〇年代以降、多くの反対運動が繰り広げられてきた。当初、運動の主眼は経済特区の建設に伴う環境破壊への警鐘と土地接収への抵抗に向けられており、工場排水による海洋汚染を訴える漁民団体が路上を封鎖して座り込みを行ったり、経済特区が環境に及ぼす影響について、環境保護団体が独自の調査を行ったりした（Hosbet and Bhatta 2003）。また、土地の接収によって先祖伝来の農地や家屋を失った農民たちをはじめ、マンガロールを拠点に活動する社会運動家や宗教指導者、学生団体などが集会やデモなどを通して開発事業による暴挙の実態を世論に訴えた。

こうした反対運動の展開のなかで、近年、企業による環境汚染と土地接収への反対に加えて、地域の文化や伝統を守れというスローガンが登場している。本章の冒頭でもふれたように、工場建設の過程において、農地や人家のみならず多くの宗教施設や聖地が破壊され、接収の対象となった村落での宗教祭祀の続行は不可能となった。こうした状況のなか、地域の自然や土地と密接に結びつき、村落を基盤として祀られてきたブータ祭祀は、開発によって危機に晒された自然と文化の象徴として、ひいては人びとのアイデンティティの拠り所として頻繁に言及されている。また、新聞やテレビをはじめとするメディアでは、土地接収を迫られた村落におけるブータの託宣が、企業の暴挙に対する神霊からの「異議申し立て」として大々的に取り上げられている。

こうした状況の背景には、開発に反対する社会運動家らによるローカルな「文化」への着目と、メディアへの働きかけがある。たとえば、マンガロールを拠点に活動している社会運動家であり写真家でもあるウダイ氏は、開発プロジェクトによって壊滅の危機に晒された村々に赴き、農作業や祭祀をはじめとする人びとの生活を写真に収めてきた。彼が二〇〇四年にマンガロール市内で開催した展覧会は、反開発のメッセージを訴える企画として地方新聞各紙で取り上げられ、大きな反響を呼んだ。このことについて、ウダイ氏は次のように語っている。

当初、人びとは（開発による）環境への影響についてばかり語っていて、文化への視点が欠けていた。あの展覧会が一つの転換点になった。（二〇一二年八月二八日）

また、反開発運動や女性の権利擁護運動をはじめ、マンガロールを中心に展開する複数の社会運動を率いる女性運動家ディンカール氏は、筆者への私信のなかで次のように述べている。

私は、環境汚染の問題は普遍的なものだと思っています。一方、（ブータ祭祀に関する）あなたの調査が重要であるのは、それがしばしばコミュニティにより深く結びついた事柄——しかも、NGO団体のなかでは記録されず、語られないような事柄を捉えることができるからです。伝統的な信仰システムは、（企業の搾取に対する）抵抗を打ち立てていくための支えになりえます。もしそれが人びとから奪われてしまったなら、彼らの内面的な強さは完全に失われてしま

うでしょう。（ディンカール氏からの私信、二〇一二年三月一五日）

このディンカール氏の発言に見られるように、社会運動家の多くは反開発運動におけるローカルな「文化」や「信仰」の重要性を認めつつ、それらを村落に暮らす人びとのアイデンティティや共同性を象徴するものとして位置づけている。一方、これらの社会運動家にとって「環境」とは、正しい科学的知識と民主的な手続きをもって管理運用し、保全すべき対象として位置づけられている。こうした視座の下、二〇〇三年にマンガロールで開催された環境と開発に関する公聴会では、社会運動家や科学者らがよりオープンで正確な環境アセスメントと、開発をめぐる意志決定プロセスへの市民参加の必要性を口々に訴えた（The People's Commission on Environment and Development India 2003）。

反開発運動の要として環境保全と伝統文化の保護を据えると同時に、普遍的な環境問題の内にありながら、それにローカルな特徴と独自のアイデンティティを与えるものとして文化を捉える社会運動家の語りは、彼らの運動の近代主義的な性格をよく示している。化学工学者であり、マンガロールを拠点に活動する環境運動家でもあるシュリクマール氏は、自らが目指す環境運動のあり方について次のように述べている。

私たちの運動は、単に経済特区の問題だけを対象としているのではありません。この種の運動に対してよくなされる批判は、それはＮＩＭＢＹ（not in my backyard）症候群にすぎないというものです。しかし、私たちはより大きな目的と環境への関心を抱いているのです。（二〇一三年一月二九日）

反開発運動をリードする社会運動家の多くは、このように環境問題を普遍的な科学的知識や民主主義の問題として認識する一方、ローカルな世界観やアイデンティティの問題として文化を捉える近代主義的な視座を有している（Szerszynski 1996; Ghosh 2006）。彼らは普遍的な社会正義としての環境運動を目指しながら、人びとにとっての「文化」や「信仰」といった概念を用いて、あるべき世界についての理念と実践の正当性を開発推進派と争っているといえる。このとき、ローカルなものとされる人びとの文化的・歴史的・宗教的な価値観は、社会運動家やメディアによる仲介と翻訳を経て、開発推進派の言説や認識に対するオルタナティヴな認識論（Stoffle and Arnold 2003: 245）としての地位を付与される。このオルタナティヴな認識論は、反開発を訴える社会運動家らが自らの理念と知識の正統性を訴え、開発プロジェクトに関する意志決定をめぐる交渉を有利に展開するための資源として用いられる*8。

こうした状況において、南カナラの伝統文化を代表するものとしてのブータ祭祀は、開発プロジェクトの進展によって人びとと土地・自然を結ぶ従来の具体的な関係性から引き離され、反開発運動のアイコンと化してしまったかのように見える。だが実際には、開発プロジェクトが進展する現在においても、神霊の存在は「環境」と対になった「文化」の一部として客体化されるにとどまらず、人びとを支配する「土地の主」として、かつ、森林に充溢するとされる「野生のシャクティ」として人びととの実践に作用を及ぼしている。次節では、開発プロジェクトをめぐる人びとの交渉に介入する神霊の存在について見ていきたい。

## 四　開発プロジェクトと神霊祭祀

二〇〇九年三月一日付の『カナラ・タイムズ』は、「カラワルの神霊グリガ、経済特区に基地を譲ることを拒否！」と題した記事を掲載している。

この記事によれば、バジュペ近郊の他の村落と同じく、カラワル村も開発プロジェクトの第一段階で接収の対象となった一八〇〇エーカーのなかに含まれていた。最近、この村で祭祀されているブータであるグリガのための年中儀礼が行われ、そこで憑坐に憑依した神霊は祭主である領主一族に向かって次のような託宣をのべた。

「私はこの場所を去るつもりはない。私は、そなたたちが私を呼び出す場所にたまさかやって来るかもしれないが、ここが私の永遠の基地である」

グリガはまた、人びとに向かって次のように警告したという。

「誰であれ、もし私のことを邪魔する者がいれば、私は黙ってはいないであろう」

この神霊は、カラワル村に古くからある巨大な椰子の木と深く結びついていると信じられており、企業の労働者がこの木を伐採しようとするたび、彼らはその根元にコブラを発見するのだという。人びとは神霊への畏れのために社を移動させることができず、領主一族はすでに隣村の貸家に移住したにもかかわらず、神霊の社はいまだカラワル村に残ったままである。

この記事にあるように、企業による接収の対象となった土地で祀られていた神霊が儀礼の場で社の移転を拒否し、神霊の呪詛に対する畏れのために開発事業が一時的にせよ阻まれるという事件がしばしばメディアを賑わせている。こうした事例の一つとして、本節ではバジュペ村のN一族の例を見ていきたい。

N一族の屋敷は、幹線道路から外れた小高い丘の中腹にある。屋敷の周りの森林は、わずかな農地を残してすでに大部分が伐採され、土砂を積んだトラックが土煙を立てて行き来する。屋敷に向かう山道からは、眼下にアメリカ資本の化学工場と労働者の宿舎が立ち並んでいるのが眺められる。N一族の一員であるキショワ氏は、砂埃を浴びた椰子の木に囲まれ、土砂に埋まった敷地の一角を指さしてこう言った。

あそこも私たちの農地だった。連中がブルドーザーでやってきて、土砂を落としていったんだ。(二〇一二年九月一日)

N一族はバジュペ村にある一六の領主の家系の一つであり、家長のチョウタ氏によれば、その屋敷地は八〇〇年の歴史を持つ。一族は、村全体を司る神霊「ジュマディ」の祭祀において中心的な役割を担っており、屋敷の広間に重厚な祭壇を備えているほか、敷地の一角にジュマディの社を有している。また、社専用の井戸水はコブラの毒消しに効くといわれ、「聖なる水」として近隣住民の信仰を集めてきた。この地域に暮らす農民の多くと同じく、水田稲作と食糧作物の栽培によって生計を立ててきたチョウタ氏らが、はじめてこの土地における開発事業計画の進行に気づいたのは、二〇〇五年ごろのことであった。チョウタ氏によれば、企業はこのころにN一族の保有地を含む近隣の土地の測量を開始した。「その当時は、彼らが何をしようとしているのか誰もわからなかった」とチョウタ氏は語っている(二〇一二年九月一日)。

二〇〇七年、政府から一族に対して一枚の通告書が届く。それは、N一族が保有する三五エーカーの土地すべてを収用するという通達であった。*9 二〇一一年、チョウタ氏らの抵抗にもかかわらず、三エーカーの保有地が強制的に接収され、その土地にあった親族の住居が破壊された。さらに翌年五月、企業が雇用した三〇〇人余の労働者と暴漢たちがブルドーザーなどの重機とともに一族の保有地を襲い、水田に大量の土砂を投下して作物を壊滅させたのみならず、その場にいた親族らに暴力をふるった。*10 この事件はテレビやインターネットで報道され、一時世間の注目を集めた。同年六月、チョウタ氏らはカルナータカ高等裁判所において企業による土地接収の不当性を訴える裁判を起こし、現在も係争中である。

こうした一連の出来事は、企業とN一族との土地をめぐる物理的・法的な抗争として展開したのみならず、神霊の介入によって霊的な次元における抗争という様相をも呈することになった。以下に、その経緯を見ていきたい。先にも述べたように、N一族はジュマディと呼ばれるブータを祭祀しており、五月に起こった暴力事件の約ひと月後に、彼らはジュマディに捧げる大規模な儀礼を行った。この儀礼のなかで、憑坐に憑依したジュマディは人びとに向かって次のような託宣を述べた。

「私はここを去るつもりはない。私はこの屋敷を欲している。この屋敷は私のものである」

実は、この儀礼にはN一族のメンバーや村人たちに加えて、MSEZLの幹部ら数名が列席していた。幹部らの意図は、N一族の屋敷地を接収するにあたって、ジュマディの社を他の地域に移転することの許可を神霊自身から得ることであった。しかし、憑坐に憑依した神霊は、移住先に新たな社を建設するという幹部らの申し出を拒否し、N一族に向かって次のように警告した。

「私の社の敷居に少しでも彼ら（企業側の人間）を触れさせてみるがよい。そうしたならば、私が誰であるかを見せつけてやろう」

二節で見たように、ブータの存在は地域の土地や自然と密接に結びついているのみならず、領主の家系をはじめとして村全体の存続と繁栄を左右すると考えられている。祭祀の円滑な存続と神霊からの祝福こそが領主一族ならびに村全体の安寧と繁栄を約束するのであり、人間の過誤に対する神霊の怒りと呪詛は、領主の家系と村の存続を危機に陥れかねない（石井 二〇一〇）。先に見た反開発運動の言説におけるような、人びとのアイデンティティと共同性の象徴としての静態的でポジティヴな神霊像とは異なり、人びとの神霊への帰依は、儀礼において実現される神霊からの加護と祝福の希求と、祝福と表裏一体となった呪詛へのリアルな畏れに裏打ちされている（Shah 2010: 117 参照）。

立ち退きを求める企業の圧力に抗する神霊ジュマディの力について、N一族の家長であるチョウタ氏は次のように語っている。

われわれは、ダイワ（ブータの尊称）のお陰でここに残ることができているのだ。もしもダイワの力がなければ、彼らはこの屋敷をとっくに破壊し尽くしているだろう。（二〇一三年三月七日）

チョウタ氏の発言に見られるように、神霊の力によってN一族が先祖伝来の土地を保守しえているという側面があることは確かである。しかしながら、それと表裏をなすものとして、まさにジュマディの命令があるがために一族はこの土地を出て行くことができないという側面を看過すべきではないだろう。企業による土地接収に対するN一族の行為と意志決定は、ある面において、彼らにとって至高の命令者としてのジュマディに委ねられているのである。

また、神霊の存在は地域の土地や自然と不可分であるとされるが、この場合の土地や自然とは、反開発運動の文脈においてしばしば問題化される西ガーツ山脈やカルナータカ州沿岸部といった広範囲の「環境」とは異なり、あくまで村落を中心とした特定の領域における具体的な自然物や場所を意味している。であるからこそ、土地接収をめぐる企業側と村民との抗争や折衝において、特定の土地の「主」であるとされる神霊の存在とその意志が大きな意味を持つことになる。

ここまで見てきたように、社会運動家の言説に登場する「環境」や「文化」といった概念と、立ち退きを迫られた人びとの生活世界としての土地や自然、そしてそれらと密接に結びついたブータの存在は、相互にズレをはらみながら反開発の文脈において結びついている。反開発運動を推進する社会運動家らは、自らの意志を発揮して帰依者を支配する行為者であり、人びとにとってなまなましい畏怖の対象でもある神霊の存在を、農民にとってのアイデンティティや共同性の象徴へと翻訳しなおしている。社会運動家やメディアの言説は、こうした翻訳と代弁のプロセスを通して神霊の存在を反開発運動のアイコンへ転換するとともに、神霊に帰依する人びとを、反開発運動の主体――ただしアッグラワールのいうような「環境的主体」(Agrawal 2005)としてではなく、いわば反近代の象徴としての小農的主体《ペザント》――として構築しなおしているともいえる。*11

だが実際には、開発プロジェクトと神霊祭祀をめぐる人びとの関係性は、メディアにおいて描かれるような「開発推進派＝企業＝近代主義者」対「反開発派＝農民＝神霊の帰依者」といった単純な構図では分析しきれない複雑な様相を呈している。すでに見たように、反開発の立場に立つ社会運動家らは環境問題を普遍的な科学やデモクラシーの問題として捉える一方、人びとの信仰や文化をローカルな認識論の問題として捉える近代主義的な視座を有している。他方、先の事例で見たように、企業の管理者層を含めて開発を推進する人びともまた、しばしば神霊への畏れや信仰を農民たちと共有しており、儀礼の場において神霊の命令に従う帰依者としての立場に甘んじているのである。

さらに、土地接収によって立ち退きを迫られた人びとは、たとえ同じ村落に暮らす者同士であったとしても、神霊祭祀を核とする共同体や反開発運動の主体として描かれるような共同性や統一見解を必ずしも有しているわけではない。先にもふれたように、地域社会の土地利用と生産物の分配、家系の権威やヒエラルキーと密接に結びついた神霊祭祀は、村落における政治的抗争の焦点となってきた。神霊祭祀は、儀礼を通して人びとを凝集させる力を持つ一方で、名誉や権益をめぐる絶えざる対立と分裂の要因ともなってきたのである。次節で見るように、開発プロジェクトの進展によって神霊祭祀をめぐる人びとの抗争は新たな展開を見せている。同時に、開発プロジェクトによってもたらされたかに見える人びとの紛争や排除の構造は、プロジェクトの開始以前から続く村落のミクロなポリティクスの分析を通してのみ理解することができる。以下では、本節で見たＮ一族と、より上位の領主一族との神霊祭祀をめぐる抗争を取り上げ、この抗争と土地接収をめぐるポリティクスの関係を検討する。

## 五　神霊祭祀をめぐる抗争と土地接収のポリティクス

前節で見たように、N一族はMSEZLによる開発プロジェクトの進出によって農地のほとんどを破壊され、かろうじて残った屋敷地も立ち退きを迫られるという苦境に立たされている。近隣に住んでいた村人の多くはすでに他の土地に移住し、工場建設が進む開発現場の只中に、N一族の屋敷地だけが孤島のように取り残されている。バジュペ村の由緒ある家系の一つであり、人びとの信仰を集めるブータの社を有するにもかかわらず、なぜ彼らはこのような窮状に陥ることになったのだろうか。その背景を理解するためには、神霊祭祀をめぐってN一族と上位の領主一族との間で一〇年近くにわたって繰り広げられてきた抗争について知る必要がある。

先述したようにバジュペ村には一六の領主の家系があるが、これらの家系はすべて、最高位である第一位の領主から最下位とされる第一六位の領主まで位階的に順序づけられている。この家系間の位階は、村落におけるブータ祭祀と不可分の関係にある。すなわち、それぞれの家系の位階的な地位は、村のブータ祭祀の由来を詠った口頭伝承に描かれる神話的過去に、神霊自身によって定められたとされる。また、儀礼において憑坐に憑依したブータは、位階に従ってそれぞれの家系の長に祝福を与える。二節で見たように、この地域の村々において、上位の領主一族は村の神霊祭祀の管理運営の管理運営を担うとともに、ブータの命を受けた者として村落の土地の管理と生産物の分配に支配的な役割を果たしてきた[*12]。このように従来、村落における中心的な家系間のヒエラルキーや権力関係はブータ祭祀を中心に構成され、儀礼を通して正当化されてきた。

通常、一つの村落にある複数の領主の家系のうち、祭主の長として村の神霊祭祀の管理運営を指揮するのは第一位の領主一族の年長男性である。だが、バジュペ村の場合、第四位の領主であるＮ一族が村全体を司る神霊であるジュマディの祭祀に中心的な役割を果たしてきた。前節で見たように、Ｎ一族の屋敷の広間にはジュマディの祭壇があり、その社はＮ一族の敷地内に位置している。また、祭主の長であるガディパティナールの役職は、代々Ｎ一族の男性メンバーのなかから選ばれてきた。

このように社の管理者であり祭主の長として代々ジュマディの祭祀を担ってきたＮ一族の立場は、第一位の領主であるＧ一族のメンバーが社の管理者としての権利を主張し始めたことによって、ある危機を迎えることになる。以下、二〇〇一年から二〇〇九年にかけて、Ｎ一族の家長であるチョウタ氏を原告とし、マンガロールのヒンドゥー宗教・慈善寄進担当参事官（deputy commissioner for Hindu religious and charitable endowments）と同担当審議官（assistant commissioner）、ならびにＧ一族の中心メンバーであるライ氏以下、Ｇ一族に与するバジュペ村の村民八名を被告として争われた裁判の記録を見ていきたい。

はじめに、チョウタ氏が政府の役人とライ氏らを相手取って裁判を起こすにいたった経緯を簡単に説明しておきたい。Ｇ一族のライ氏が二〇〇一年五月二三日付で上述のヒンドゥー宗教・慈善寄進担当審議官に提出した手紙によれば、同年五月一三日、ライ氏をはじめとするジュマディの帰依者たちは社で集会を開き、社の運営を担う管理委員会を設立することを決定した。この集会で、九名の村民が五年任期の委員として選出されるとともに、ライ氏は社の管理責任者としての職務を生涯務めることが決定された。ライ氏によれば、このとき五年任期の委員としてＮ一族のチョウタ氏も選出されていた。一方、チョウタ氏は、二〇〇一年五月二一日付の審議官宛の手紙において、同年五月一一日にＮ一族の屋敷地で開かれた集会において、チョウタ氏自身が社の管理責任者として選出されたと主張した。この件について、審議官はバジュペ村に部下を派遣して双方に聞き取り調査を行った。

その結果、審議官はチョウタ氏が選出されたという集会の有効性について疑義を呈し、ライ氏を筆頭とする管理委員会の決定を承認した。以下で見る裁判は、この審議官の判断に対するＮ一族からの不服申し立てとして始まった。

カルナータカ高等裁判所の裁判記録（Writ Petition No.40504/2001（GM-R/C））によれば、二〇〇一年九月二九日、マンガロールのヒンドゥー宗教・慈善寄進担当審議官によって、バジュペ村に位置する「シュリ・カンタンナディカリ・ダイワスターナ（ジュマディの社を意味する）」の管理責任者としてＧ一族のライ氏以下、八名が任命された。これに対してチョウタ氏側は、Ｎ一族こそがこの社の世襲的管財人（hereditary trustee）であり、審議官によるライ氏らの任命は無効であるとする訴えを起こした。チョウタ氏側の弁護士の主張は、審議官による管理責任者の任命は一九五一年のマドラス・ヒンドゥー宗教・慈善寄進法（The Madras Hindu Religious and Charitable Endowment Act, 1951）三九条から四二条に基づくものであるが、同法は最高裁の承認の下に高等裁判所によって無効とされていることから、審議官は管理責任者を任命する権限を持たないというものであった。

この訴えに対し、二〇〇二年二月の判決において裁判官は、チョウタ氏側は自分たちが社の世襲的管財人であったことを証拠立てる資料を何ら提出しておらず、神霊自身の命令と占星術の結果のみを根拠としていることから、チョウタ氏は世襲的管財人ではなく「神霊の帰依者らによって指名された者」と見なされるべきであり、したがって審議官の決定に異議を申し立てる権限を持たないとした。また、審議官による管理責任者の任命はヒンドゥー宗教・慈善寄進法三九条から四二条に基づくものではなく、神霊の帰依者（つまりライ氏ら）による管理責任者の選出結果を承認したものと見なされるべきであり、したがって、審議官による任命を不当とするチョウタ氏側の主張は無効であるとされた。結論として、この裁判において裁判官はチョウタ氏の訴えを棄却する判決を下した。

しかし、社の管理運営権をめぐるＮ一族とＧ一族の抗争は、これで一件落着したわけではもちろんなかった。

二〇〇一年の判決以降も両一族の確執は続き、公的な管理責任者としての権利を主張するG一族に対して、チョウタ氏側は神霊自身の命を受けた世襲的管財人としての権利を訴え続けた。この件に関して、やはりチョウタ氏を原告とし、マンガロールのヒンドゥー宗教・慈善寄進担当参事官とG一族のライ氏以下八名を被告として高等裁判所で争われた裁判（Writ Petition No.1858 of 2007（GM-RC））の判決が二〇〇九年に下された。以下に、この判決の内容を見ていこう。

二〇〇七年、チョウタ氏側は、参事官がライ氏らを社の管理責任者に任命する一方、チョウタ氏を世襲的管財人として宣言することを拒否したとして、この参事官の命令を不服とする裁判を起こした。二〇〇九年一月の判決において、裁判官は一九五四年から一九九四年までに社の管理責任者として任命された人びとの氏名を列挙し、これらの人びととチョウタ氏の関係を示す有効な証拠がない上、彼らは世襲的管財人として任命されたわけではないと指摘した。また、裁判官はN一族が過去に社の維持管理を担ってきたことを認めつつも、問題の社（裁判資料では「寺院（temple）」と表記されている）は特定の家系に属する私的な宗教施設ではなく、「カルナータカ州宗教基金局の管理下にある公的な寺院である」とした。結論として、二〇〇九年の裁判において裁判官は参事官の命令を有効であるとし、チョウタ氏の訴えは再び棄却された。

以上のように、ジュマディの社の管理運営権をめぐる両一族の争いにおいて、法的にはG一族が社の管理責任者としての地位を獲得し、神霊自身の命を受けた祭主としてのN一族の立場は無視された形となった。こうした法的な抗争に加えて、ライ氏をはじめとするG一族のメンバーは、二〇〇〇年代の終わりにジュマディの社に関する冊子を刊行した。この冊子では、口頭伝承に基づくジュマディの社の由来が記載されているほか、祭祀の責任者としてG一族の主要メンバーの顔写真が見開きで印刷されている。また、冊子のなかではN一族についても言及されているものの、ジュマディの祭壇と社が位置する一族の屋敷は祭具を保管する「宝物殿」として位置づけられており、祭主の長としてN一族が果たしてきた役割については何らの言及もない。このように、この冊子ではジュマディの祭祀におけるG一族の中心性がアピールされている一方、N一族の存在は意図的に周辺化されているといえる。

神霊祭祀をめぐる両一族の対立は、当然のことながら村落における家系間の関係性や祭祀の執行にも少なからぬ影響を及ぼしてきた。N一族の屋敷に保管されている神霊の祭具は、年中儀礼の折にそれぞれの領主の屋敷の間を巡回する慣習であったが、G一族との対立が始まって以来、一〇年近くにわたって巡回が中止されているという。また、村民のなかでもG一族とN一族のそれぞれに与する者の間で意見の相違が生じている。社の管理権をめぐる両一族の対立は、潜在的な形にせよ、村落社会における人びとの間に不和と分裂を招いてきたと考えられる。

さて、神霊祭祀をめぐる一連の抗争を見るとき、両一族の主張や立論のあり方には異なる傾向があることに気がつく。すなわち、G一族は管理委員会の設立や政府による管理責任者の任命、祭祀に関する冊子の出版といった公的で近代的な手段によって社の管理運営権を獲得し、それを正当化しようとしている。これに対してN一族の側は、自らの権利を主張する際に神霊の託宣や口頭伝承に根拠を求め、先祖代々継承されてきた祭主としての立場を堅守しようとしている。だが、神霊自身の命に基づくN一族の主張は近代法廷の言語には馴染まないものであり、N一族側の提出した資料は法廷において有効な証拠として認められず、二度の裁判でチョウタ氏は敗訴した。*13

両一族の主張と立論に見られるこうした対照性は、以下に見るように、バジュペ村に進出してきた開発プロジェクトへの対応においてより明確に表れることになる。二〇〇〇年代の後半にバジュペ村の土地収用計画が持ち上がると、G一族の中心メンバーであるライ氏は企業側と結託し、企業と村民を仲介する役割を担うことになった。

ライ氏の勧告に従って、N一族ほか数世帯を除く多くの村民が企業に土地を引き渡して他の地域に移住した。G一族は、自らの家系に属する神霊として「タッパイディ」と呼ばれるブータを祭祀していたが、バジュペ村の屋敷地を手放すにあたって、彼らは一時的に神霊の力を祭具から抜き取る儀礼を行った後にこの神霊の祭具を移動させたという。

このように、村落において最高位を占める領主一族が率先して土地を売却し、他地域に移住するという選択をしたばかりか、仲介者として村民の土地移譲を推し進めるという状況にあって、バジュペ村の住民が団結して土地接収への抵抗運動を展開することは論外であった。村人たちがぞくぞくと土地を手放して村を去っていくなか、長年にわたってG一族と対立してきたN一族と他の数世帯だけが、ジュマディの社とともに村に取り残されたのである。

先に見たように、G一族のライ氏らは、神霊祭祀の管理権を獲得し、それを正当化するためにさまざまな手段を講じてきた。地域の土地や自然と結びついた存在である神霊祭祀の管理権を追求する一方、企業による土地収用に積極的に関与するライ氏らの姿勢は、一見矛盾しているように思われる。だが、神霊ジュマディが村落全体で信奉されている「村のブータ」であり、その祭祀が村落における家系間の地位や名誉と密接に関わってきたことを考えるとき、ライ氏をはじめG一族のとった選択と戦略はむしろ終始一貫していることに気がつく。すなわち、G一族の面々が神霊祭祀の管理権をめぐる裁判を通して追求してきたのは、村落の代表者としての権威と立場であった。この裁判において彼らが目指していたのは、村における最高位の領主かつ神霊祭祀の管理責任者、つまりは村落の最有力者としての地位を公に獲得することであった。この姿勢の下に、ライ氏らは村落の代表者として企業と接触し、土地の移譲や補償金に関わる交渉を行ってきたのである。儀礼の執行や神霊の託宣そのものを神霊祭祀の根幹として最重視し、それを守り抜くことを祭主の使命と考えるチョウタ氏らN一族とは異なり、ライ氏らは神霊の帰依者としての立場を顕示する一方、政府の役人や企業と結びつくことで宗教的な権威と世俗的な利権の双方を獲得しようと試みてきたといえる。

本節で見たように、村落社会における権威やヒエラルキーをめぐる人びとの対立は、村落における神霊祭祀の施行と密接に結びついている。神霊祭祀を焦点とする主要な家系間の対立と抗争は、バジュペ村における祭具の巡回の中止に見られるように、村民の間に不和と分断を招いてきた。開発プロジェクトの介入は、長い年月をかけて徐々に進行してきた村落内部の亀裂と分断を一挙に顕在化させたといえる。土地の移譲による村民の事実上の離散とN一族の窮状は、このように、彼らがその一部をなすローカルなポリティクスの分析を通して、はじめて理解することができるのである。

## 六　おわりに

本章の冒頭で述べたように、インドにおける環境運動を扱った先行研究の一部は、民衆による抵抗運動の潮流のなかに環境運動を位置づけてきた。これらの研究において、開発の主体は近代化やグローバリズムを代表するのに対し、環境運動の主体は自然と共生し、伝統的な小社会に生きる人びととして描かれてきた。これに対して、地域社会におけるポリティカル・エコノミーや社会関係のミクロな分析に基づき、環境運動の孕む政治性と権力の問題、運動に関わる人びとの多様性やコンフリクトを照射することを試みた研究が少なからず存在する。本章では、主に後者の理論的視座に基づき、ＭＳＥＺの開発プロジェクトをめぐる行為者間の関係性を、ブータ祭祀を主軸として検討してきた。

本章で取り上げた事例が示すように、開発プロジェクトをめぐる行為者間の関係は、一部の先行研究や社会運動家らが前提としているような、「開発の主体＝企業＝近代化のエイジェント」対「開発の対象＝地域住民＝伝統の庇護者」という構図においては十分に理解することができない。開発を推進する企業の幹部が神霊の熱心な信奉者でありうる一方、神霊祭祀を施行する村民たちもまた、近代的な手段を用いて自らの利権を追求する行為者たりうる。また、開発プロジェクトによって立ち退きを迫られた村落の住民は、神霊祭祀を核とする共同体や反開発運動の主体として描かれるような共同性や統一見解を必ずしも有しているわけではない。本章でその一端を垣間見たように、村落社会にはさまざまなレベルの差異や格差が存在しており、そうしたなかで神霊祭祀は村落内の地位やヒエラルキーをめぐる政治的抗争の焦点となってきたのである。

土地接収への反対や補償をめぐる折衝をはじめ、開発プロジェクトに関わる人びとのさまざまな交渉と実践は、反開発運動の主体としての「地域住民」を立ち上げると同時に、ときに地域社会に沈潜していた差異や分断を顕在化し、先鋭化させる。また、開発プロジェクトによって新たにもたらされたかに見える村落社会の分裂や対立のあり方は、往々にしてプロジェクトの開始以前から続く村落内のポリティクスや抗争によって方向づけられている。そして、本章が対象としてきた地域において、そうした抗争やポリティクスの核心部にブータ祭祀は位置している。

本章で見てきたように、開発プロジェクトの進展のなかで、神霊祭祀は社会運動家やメディアによって表象される「伝統文化の代表」かつ「反開発運動のアイコン」として、また、自らの意志を発揮して人びとの交渉と実践に影響を与える社会的行為者として、さらに、村落社会における権威と名誉の源であり、人びとの政治的競合の対象としての重層的な意味を担っている。開発プロジェクトをめぐる人びとの交渉と抗争、包摂と排除の営みの只中にあって、神霊祭祀は容易に通約できないような差異とズレを孕んだ複数の実践と認識が交叉する場所としての新たな展開を迎えようとしている。そして、このように重層的な意味をはらんだ場所としての神霊祭祀と人びと、開発プロジェクトの絡み合いを理解することを通して、地域社会における開発現象もまた、「近代化のエイジェント」としての意味だけに還元することのできない新たな様相を帯びて私たちの前に立ち現れてくるのである。

注

＊1 政府による土地の取得について、本章では強権的な取得を意味する文脈（主に農民側からの視点）では「接収」とし、損失の補償を条件とした強制的な取得という文脈（主に政府・企業側からの視点）では「収用」と表現して区別する。

＊2 環境運動（environmental movements）を一義的に定義することは困難であるが、ここでは自然資源に対する権利運動（Karnik 2005: 27 参照）、自然保護運動、反開発運動を包含するカテゴリーとして便宜的に「環境運動」という語を用いる。

＊3 ナルマダー・プロジェクトについては、Drèze, Samson and Singh (eds.)（1997）、真実（二〇〇一）も参照。

＊4 Ghosh（2006）はジャールカンド州を事例として、トランスナショナルな統治性（governmentality）によって生み出される先住民性（indigeneity）をめぐる言説と、先住民とされる人びとのローカルな運動実践との乖離を指摘し、前者による後者の不可視化や疎外の問題を明らかにしている。グローバルな環境主義とローカルなポリティカル・エコノミーの関係については Li（2000, 2003）、Baviskar（2003）、Doane（2007）も参照。インドにおける最も有名な環境運動の一つであるチプコー運動を、自然と共生する人びとの抵抗運動として捉える視座を批判した研究として Sinha, Gururani and Greenberg（1997）、Rangan（2000）参照。インドにおける環境問題研究については柳澤（二〇〇二）、チプコー運動については石坂（二〇一一）も参照。

＊5 従来の抵抗論の批判的検討、ならびに人類学的な事例分析における独自の歴史性とポリティカル・エコノミーへの配慮の重要性については石井（二〇〇七）も参照。

＊6 村落レベルの他に、それぞれの家系と家庭のレベルでもブータ祭祀が行われる。南カナラにおける地理的区分と対応したブータ祭祀の位階的な組織化については Gowda（2005）参照。

＊7 ＭＲＰＬによる石油精製・石油化学関連工場の建設と、それを拡大する形で進められている経済特区の建設によって、

これまでにバジュペ、ペルムデ、トークル、テンカイエッカール、カラワル、バラ、クッテトゥールという七つの村落にまたがる土地が収用された。

＊8　この問題について、くわしくは石井（二〇一三）参照。

＊9　この土地接収は一八九四年制定の土地収用法（The Land Acquisition Act of 1894）に基づいて行われたが、二〇一四年一月一日に土地収用に関する新たな法令（The Right to Fair Compensation and Transparency in Land Acquisition, Rehabilitation and Resettlement Act, 2013）が施行された。旧土地収用法の手続きとその問題について、くわしくは佐藤（二〇一二）参照。

＊10　この暴力事件には、ヒンドゥー・ナショナリズム組織の活動家であり、マンガロール市内で二〇〇九年と二〇一二年に起こった女性に対する暴力事件の首謀者である人物が中心的な役割を果たしたことが指摘されている（People's Union for Civil Liberties Karnataka and Forum against Atrocities on Women, Mangalore 2012）。企業による暴力的な土地接収とヒンドゥー・ナショナリズムの関係については、今後さらなる調査が必要である。

＊11　農民に対する社会運動家のこうした視座は、初期サバルタン・スタディーズにおける歴史家のサバルタンへの視座にも通じる（Guha and Spivak 1988, Guha 1994）。歴史家によるサバルタンの歴史化と主体化への批判としてChakrabarty（2000: 97-113）参照。

＊12　この地域ではバンツ・カーストに属する上位の領主の家系が実質的に村落の大部分の土地を保有してきた。一九七〇年代における土地改革の施行以降、領主の保有地の一部は小作に移譲されたが、上位の領主層は村落においていまだに有力な地位を占めている。村落内の土地保有構造と母系制の関係について、くわしくは別稿で論じたい。

＊13　神霊祭祀の管理権をめぐる同様の裁判事例について石井（二〇一〇）参照。

## 参考文献

石井美保　二〇〇七『精霊たちのフロンティア――ガーナ南部の開拓移民社会における〈超常現象〉の民族誌』世界思想社。
石井美保　二〇一〇「神霊との交換――南インドのブータ祭祀における慣習的制度、近代法、社会的エイジェンシー」『文化人類学』七五（一）、一―二六頁。
石井美保　二〇一三「神霊が媒介する未来へ――南インドにおける開発プロジェクトとブータ祭祀」『社会人類学年報』

三九、一—二七頁。
石坂晋哉　二〇一一『現代インドの環境思想と環境運動——ガーンディー主義と〈つながりの政治〉』昭和堂。
佐藤創　二〇一二「インドにおける経済発展と土地収用——『開発と土地』問題の再検討に向けて」『アジア経済』LⅢ（四）、一一三—一三七頁。
真実一美　二〇〇一『開発と環境——インド先住民族、もう一つの選択肢を求めて』世界思想社。
柳澤悠　二〇〇二「インドの環境問題の研究状況」長崎暢子編『現代南アジア　①地域研究への招待』東京大学出版会、二一三—二三六頁。
Agrawal, A. 2005. *Environmentality: Technologies of Government and the Making of Subjects*. Durham: Duke University Press.
Appadurai, A. 1981. *Worship and Conflict under Colonial Rule: A South Indian Case*. Cambridge: Cambridge University Press.
Appadurai, A. and C. A. Breckenridge 1976. The South Indian Temple: Authority, Honour and Redistribution. *Contributions to Indian Sociology* (N.S.) 10 (2): 187-211.
Arnold, D. and R. Guha 1995. *Nature, Culture, Imperialism: Essays on the Environmental History of South Asia*. New Delhi: Oxford University Press.
Baviskar, A. 2003. Claims to Knowledge, Claims to Control: Environmental Conflict in the Great Himalayan National Park, India. In R. Ellen and P. Parkes, A. Bicker (eds.), *Indigenous Environmental Knowledge and its Transformations: Critical Anthropological Perspectives*. pp.101-119. London: Routledge.
Baviskar, A. 2004. *In the Belly of the River: Tribal Conflicts over Development in the Narmada Valley*. 2nd ed. New Delhi: Oxford University Press.
Baviskar, A. 2005. Tribal Politics and Sustainable Development. In S. N. Pawar and R. B. Patil, S. A. Salunkhe (eds.), *Environmental Movements in India: Strategies and Practices*. pp.36-72. New Delhi: Rawat Publications.
Brückner, H. 2009. *On an Auspicious Day, at Dawn...: Studies in Tulu Culture and Oral Literature*. Wiesbaden: Harrassowitz Verlag.
Chakrabarty, D. 2000. *Provincializing Europe: Postcolonial Thought and Historical Difference*. Princeton, New Jersey:

Princeton University Press.
Dhakal, S. C. (n.d.) *A Report of People's Audit of SEZ Karnataka*. Tata Institute of Social Sciences. http://www.indiaenvironmentportal.org.in/files/KarnatakaReportfinal.pdf（最終アクセス二〇一四年四月二三日）
Doane, M. 2007. The Political Economy of the Ecological Native. *American Anthropologist* 109 (3): 452-462.
Drèze, J., M. Samson and S. Singh (eds.) 1997. *The Dam and the Nation: Displacement and Resettlement in the Narmada Valley*. Delhi: Oxford University Press.
Gadgil, M. and R. Guha 1993. *This Fissured Land: An Ecological History of India*. Berkeley: University of California Press.
Ghosh, K. 2006. Between Global Flows and Local Dams: Indigenousness, Locality, and the Transnational Sphere in Jharkhand, India. *Cultural Anthropology* 21 (4): 501-534.
Gowda, K. C. 2005. The Mask and the Message. Mangalagangothri: Madipu Prakashana.
Guha, R. 2000. *The Unquiet Woods: Ecological Change and Peasant Resistance in the Himalaya. Expanded Edition*. Berkeley: University of California Press.
Guha, R. (ed.) 1994. *Subaltern Studies I: Writings on South Asian History and Society*. New Delhi: Oxford University Press.
Guha, R. and G. C. Spivak (eds.) 1988. *Selected Subaltern Studies*. New York: Oxford University Press.
Hosbet, U. and R. Bhatta 2003. The Coastal Karnataka Industrialisation and Its Impact on Natural Resources. In The People's Commission on Environment and Development India (ed.), *Report: Public Hearing on Environment and Development*. pp.8-9. New Delhi: Milind Process.
Karnik, K. 2005. People's Movement for Natural Resources. In S. N. Pawar and R. B. Patil, S. A. Salunkhe (eds.), *Environmental Movements in India: Strategies and Practices*. pp.27-35. New Delhi: Rawat Publications.
Li, T. M. 2000. Articulating Indigenous Identity in Indonesia: Resource Politics and the Tribal Slot. *Comparative Studies in Society and History* 42 (1): 149-179.
Li, T. M. 2003. Locating Indigenous Environmental Knowledge in Indonesia. In R. Ellen, P. Parkes and A. Bicker (eds.), *Indigenous Environmental Knowledge and Its Transformations: Critical Anthropological Perspectives*. pp.121-149. London: Routledge.

Navada, A. V. and D. Fernandes（eds.）2008. *The Devil Worship of the Tuluvas: From the Papers of Late A. C. Burnell.* Mangalore: Karnataka Tulu Sahitya Academy.

People's Union for Civil Liberties Karnataka and Forum against Atrocities on Women, Mangalore 2012. *Attacking Pubs and Birthday Parties: Communal Policing by Hindutva Outfits: A Joint Fact Finding Report.* Mangalore: PUCL-K and FAAW-M.

Rangan, H. 2000. *Of Myths and Movements: Rewriting Chipko into Himalayan History.* London: Verso.

Shah, A. 2010. *In the Shadows of the State: Indigenous Politics, Environmentalism, and Insurgency in Jharkhand, India.* Durham: Duke University Press.

Shiva, V. 2010. *Staying Alive: Women, Ecology and Development.* Brooklyn: South End Press.

Sinha, S. and S. Gururani, B. Greenberg 1997. The 'New Traditionalist' Discourse of Indian Environmentalism. *Journal of Peasant Studies* 24（3）: 65-99.

Stoffle, R. W. and R. Arnold 2003. Confronting the Angry Rock: American Indians' Situated Risks from Radioactivity. *Ethnos* 68（2）: 230-248.

Swain, A. 1997. Democratic Consolidation? Environmental Movements in India. *Asian Survey* 37（9）: 818-832.

Szerszynski, B. 1996. On Knowing What to Do: Environmentalism and the Modern Problematic. In S. Lash, B. Szerszynski and B. Wynne（eds.）, *Risk, Environment and Modernity: Toward a New Ecology.* pp.104-137. London: Sage Publications.

The People's Commission on Environment and Development India 2003. *Report: Public Hearing on Environment and Development.* New Delhi: Milind Process.

（新聞記事）

Kalavar's Guliga Daiva refuses to let base for SEZ! *The Kanara Times,* March 1-15, 2009.

（ウェブサイト）

Mangalore SEZ Limited. http://www.mangaloresez.com/index.html（最終アクセス二〇一四年七月三〇日）

# あとがき

本書は、インド社会運動研究会の共同研究の成果である。

インド社会運動研究会の由来は、二〇〇八（平成二〇）年にさかのぼる。石坂晋哉、小嶋常喜、舟橋健太の三名で、翌年の国際学会でのパネル報告応募計画を練り始めたのが、そもそもの始まりであった。その後、国内外の学会等でパネル報告を重ねるうちに、少しずつメンバーが増えていった。二〇一一（平成二三）〜二〇一三（平成二五）年度には「ポストコロニアル・インドにおける社会運動と民主主義」というテーマで日本学術振興会科学研究費補助金（基盤研究（B）、課題番号：二三三二〇一七八、研究代表者：石坂晋哉）を受けた。同科研プロジェクトの運営は、上記三名に木村真希子、志賀美和子を加えた五名の「コアメンバー」を中心に進め、メンバーとして、石井美保、杉本浄、鈴木真弥、中溝和弥、松尾瑞穂、山本達也が参加した。

インド社会運動研究会は、ほぼ同時期にインドで現地調査を行った同世代の若手研究者の集まりであり、互いに気兼ねなく率直に意見を出し合い、自由な議論を楽しむことができたように思う。専門分野（社会学、歴史学、文化人類学、政治学）の垣根を越えて学び合うことができたことも誠に幸いであった。

以下に、本書の完成にいたるまでに重ねてきた研究会を列記し、ご出席いただいたみなさまに、あらためて感謝申し上げたい。本書は、これらの研究会で積み重ねられた議論の賜物である。

・ＩＣＡＳ六　パネル報告（二〇〇九年八月八日、韓国・テジョン）

発表：小嶋、石坂、舟橋　討論：清水耕介先生

・日本南アジア学会第二二回全国大会パネル報告（二〇〇九年一〇月三日、北九州市立大学）

発表：小嶋、木村、石坂、舟橋　討論：田辺明生先生

・ＫＩＮＤＡＳ研究グループ一第四回研究会セッション報告（二〇一一年三月二七日、京都大学）

発表：志賀、舟橋、小嶋、中溝、杉本、木村、山本　討論：石井　司会：脇村孝平先生

・ＡＡＳ＆ＩＣＡＳ七　パネル報告（二〇一一年四月二日、米国ハワイ・ワイキキ）

発表：松尾、志賀、舟橋、小嶋、中溝、石坂、杉本、木村、山本　討論：石井

・第一回インド社会運動研究会（二〇一一年五月二九日、京都大学）

発表：石井、石坂、木村、小嶋、志賀、杉本、中溝、舟橋、松尾、山本

・第二回インド社会運動研究会（二〇一一年六月二五日、龍谷大学）（共催：ＲＩＮＤＡＳユニット一）

発表：石坂、木村

・第三回インド社会運動研究会（二〇一一年七月九日、京都大学）（共催：ＫＩＮＤＡＳ研究グループ二）

発表：石井、田中雅一先生　討論：太田信宏先生、古賀万由里先生

・アジア政経学会二〇一一年度全国大会分科会（二〇一一年一〇月一五日、同志社大学）

発表：伊豆山真理先生、木村、中溝　討論：近藤則夫先生　司会：堀本武功先生

・第四回インド社会運動研究会（二〇一一年一一月二三日、東京外国語大学）（共催：ＦＩＮＤＡＳ）

発表：小嶋、志賀、舟橋　討論：土佐桂子先生、粟屋利江先生

・第五回インド社会運動研究会（二〇一二年五月二六・二七日、龍谷大学・京都大学）

発表：舟橋、志賀、石坂、木村、杉本、石井、小嶋、松尾　討論：小西公大さん

・第六回インド社会運動研究会（二〇一二年六月二二日、麻布台セミナーハウス（大阪経済法科大学））

発表：鈴木　討論者：篠田隆先生

・国際ワークショップ「ポストコロニアル南アジアにおける社会運動とサバルタン」（二〇一二年一〇月一七日、連合王国スコットランド・エディンバラ大学）（共催：エディンバラ大学南アジア研究センター、ＪＳＰＳ「頭脳循環を活性化する若手研究者海外派遣プログラム」、ＩＮＤＡＳ）

発表：石坂、舟橋、Jeevan Raj Sharma さん、Shahid Perwez さん、Radhika Govinda さん、Hugo Gorringe さん

討論：田辺明生先生、Crispin Bates 先生　司会：三尾稔先生

・第七回インド社会運動研究会（書評会）（二〇一二年一二月九日、京都大学）（共催：ＫＩＮＤＡＳ研究グループ三）

発表：中溝、小嶋、木村

・第八回インド社会運動研究会（二〇一三年二月九日、京都大学）

発表：山本　討論者：橋本和也先生

・第九回インド社会運動研究会（二〇一三年四月二〇日、麻布台セミナーハウス（大阪経済法科大学））

発表：石坂、小嶋、木村、舟橋

・第一〇回インド社会運動研究会（二〇一三年五月二九日、京都大学）

発表：石井、石坂、舟橋、山本

・ＩＣＡＳ八　パネル報告（二〇一三年六月二五日、中国・マカオ）

発表：石井、松尾、石坂／発表：冨澤かなさん、舟橋、鈴木、Lee Ji Eun さん

・第一一回インド社会運動研究会（二〇一三年七月一三日、東京外国語大学）（共催：「ガーンディーからアンベードカルへ」研究会（研究代表者：長崎暢子先生））

発表：福内千絵さん、鈴木、舟橋

・第一二回インド社会運動研究会（書評会）（二〇一四年一月一三日、東京外国語大学）

発表：池亀彩さん、冨澤かなさん、太田信宏先生

・ＩＮＤＡＳ現代インド・南アジア次世代研究者合宿（二〇一四年三月一日、飛鳥・祝戸荘）

発表：石坂　討論：宇根義己さん

・第一三回インド社会運動研究会（書評会）（二〇一四年四月二〇日、東京外国語大学）

発表：木村、中溝

・第一四回インド社会運動研究会（二〇一四年四月二六日、東京外国語大学）

発表：中溝、木村、石坂、鈴木、舟橋、山本、杉本、石井、志賀、小嶋、松尾

本書の編集作業に際しては、昭和堂の松井久見子さんに大変お世話になった。松井さんの忍耐強いサポートがなければ、本書は日の目を見ることがなかったであろう。心からお礼申し上げたい。なお、本書の出版にあたっては、二〇一四（平成二六）年度日本学術振興会科学研究費補助金（研究成果公開促進費）の交付を受けた。また、お名前を挙げることはできないが、執筆者それぞれのフィールドで、また研究会などの場で、多くの方々からご支援を賜った。記して謝意を表します。

二〇一五（平成二七）年一月　京都にて

編者　石坂晋哉

■執筆者紹介（五十音順）

石井美保（いしい みほ）　［第10章執筆］

京都大学人文科学研究所准教授。専門は文化人類学。主な著作に『精霊たちのフロンティア――ガーナ南部の開拓移民社会における〈超常現象〉の民族誌』（世界思想社、2007年）、Playing with Perspectives: Spirit Possession, Mimesis, and Permeability in the *buuta* Ritual in South India（*Journal of the Royal Anthropological Institute* 19（4），2013）など。

石坂晋哉（いしざか しんや）　［編者、序論執筆］

京都大学大学院アジア・アフリカ地域研究研究科客員准教授（人間文化研究機構地域研究推進センター研究員）。専門は南アジア地域研究、社会学。主な著作に『現代インドの環境思想と環境運動――ガーンディー主義と〈つながりの政治〉』（昭和堂、2011年）、*Democratic Transformation and the Vernacular Public Arena in India*（共編、London: Routledge, 2014）など。2015年4月、愛媛大学法文学部准教授着任予定。

木村真希子（きむら まきこ）　［第7章執筆］

津田塾大学学芸学部准教授。専門は社会学。主な著作に *The Nellie Massacre of 1983: Agency of Rioters*（New Delhi: Sage, 2013）、『市民の外交――先住民族と歩んだ30年』（共編、法政大学出版局、2013年）など。

小嶋常喜（こじま のぶよし）　［第1章執筆］

法政大学第二中・高等学校教諭。専門は歴史学。主な著作に「新自由主義経済とインド農業・農民の危機」（『経済』214、2013年）、「植民地期インドにおける『農民』の登場――ビハール州キサーン・サバーの系譜」（『南アジア研究』20、2008年）など。

志賀美和子（しが みわこ）　［第2章執筆］

専修大学文学部准教授。専門は歴史学。主な著作に Secularism as 'Purification of Hinduism': Religious Reform in Twentieth-Century Madras Presidency（*International Journal of South Asian Studies* 4, 2011）、Social Movements: The Tamil Renaissance and New Identities（N. Karashima（ed.）, *A Concise History of South India: Issues and Interpretations*, New Delhi: Oxford University Press, 2014）など。

杉本　浄（すぎもと きよし）　［第4章執筆］

東海大学文学部講師。専門は歴史学。主な著作に『オリヤ・ナショナリズムの形成と変容――英領インド・オリッサ州の創設にいたるアイデンティティと境界のポリティクス』（東海大学出版会、2007年）、「運動と開発――1970年代・南佐渡における民俗博物館建設と宮本常一」（共著、『現代民俗学』5、2012年）など。

鈴木真弥（すずき まや）　［第8章執筆］
日本学術振興会特別研究員PD（東京外国語大学）。専門は社会学。主な著作に「現代ダリト運動の射程――『エリート』の台頭と意義」（共著、粟屋利江・井坂理穂・井上貴子編『現代インド5　周縁からの声』東京大学出版会、近刊）、「現代インドにおける都市下層カーストの就労・生活状況――デリー市の清掃カースト世帯調査に基づく一考察」（『中央大学政策文化総合研究所年報』17、2014年）など。

中溝和弥（なかみぞ かずや）　［第6章執筆］
京都大学大学院アジア・アフリカ地域研究研究科准教授。専門は政治学。主な著作に『インド　暴力と民主主義―― 一党優位支配の崩壊とアイデンティティの政治』（東京大学出版会、2012年）、Poverty and Inequality under Democratic Competition: Dalit Policy in Bihar（Y. Tsujita（ed.）, *Inclusive Growth and Development in India: Challenges for Underdeveloped Regions and the Underclass,* Basingstoke and New York: Palgrave Macmillan, 2014）など。

舟橋健太（ふなはし けんた）　［第5章執筆］
龍谷大学現代インド研究センター研究員（人間文化研究機構地域研究推進センター研究員）。専門は文化人類学。主な著作に『現代インドに生きる〈改宗仏教徒〉――新たなアイデンティティを求める「不可触民」』（昭和堂、2014年）、「仏教徒として／チャマールとして――北インド、ウッタル・プラデーシュ州における『改宗仏教徒』の事例から」（『南アジア研究』19、2007年）など。

松尾瑞穂（まつお みずほ）　［第3章執筆］
国立民族学博物館先端人類科学研究部准教授。専門は文化人類学。主な著作に『ジェンダーとリプロダクションの人類学――インド農村社会の不妊を生きる女性たち』（昭和堂、2013年）、『インドにおける代理出産の文化論――出産の商品化のゆくえ』（風響社、2013年）など。

山本達也（やまもと たつや）　［第9章執筆］
京都大学大学院アジア・アフリカ地域研究研究科客員研究員（人間文化研究機構地域研究推進センター研究員）。専門は文化人類学。主な著作に『舞台の上の難民――チベット難民芸能集団の民族誌』（法藏館、2013年）、『宗教概念の彼方へ』（共編、法藏館、2011年）など。2015年4月、静岡大学人文社会科学部准教授着任予定。

# 索　引

## あ　行

アーディヴァーシー…51, 208-209, 211-212 →指定トライブ、先住民族、トライブ
アーリヤ人…65, 67, 104, 147
アーリヤ・サマージ（Arya Samaj）…36-39, 41, 106
アーンドラ・プラデーシュ州（AP州）…123, 136, 168, 170, 173, 175, 177, 187, 190, 229
アイデンティティ…38, 44, 62-65, 67, 69, 76, 80-81, 83-84, 142, 145, 147, 150, 155-156, 216
新しい社会運動…5, 7-8
アッサム州…200-207, 210, 212-213, 215-216
アッサム・カチャリ青年協会…201
アッサム平野トライブ協議会（PTCA, Plains Tribal Council of Assam）…204-207
アンベードカル、B・R（Bhimrao Ramji Ambedkar, 1891-1956）…12, 79-80, 110, 127, 141-142, 144-151, 153, 219
インド共産党（CPI, Communist Party of India）…5, 45, 48, 53-55, 164-165, 185
インド共産党（マルクス主義）（CPM, Communist Party of India（Marxist））…5, 54, 164-165, 168, 185
インド共産党（マルクス‐レーニン主義）解放派（＝解放派）（Communist Party of India（Marxist-Leninist）Liberation）…167-169, 185-187
インド共産党（マオイスト）（＝毛派）（Communist Party of India（Maoist））…165, 167-168, 170, 173, 187-188
インド国民会議派（＝会議派）（Indian National Congress）…6, 40-50, 52, 55, 65-66, 69, 71-73, 120, 128-129, 131-132, 135, 164, 173, 180-184, 187-189, 202-203, 207, 223, 254
インド人民党（BJP, Bharatiya Janata Party）…120-122, 164, 173, 190, 249
インド・チベット協働事務所（ITICO, India Tibet Coordination Office）…252
インド・チベット友好協会（ITFS, Indo Tibet Friendship Society）…253-254
インド・チベット協議会（BTSM, Bharat Tibbat Sahyog Manch）…253

か 行

## さ　行

制度化…1, 32, 44, 50, 56, 247
西部オリッサ開発会議（WODC, Western Orissa（Odisha）Development Council）…120-122
積極的是正措置（アファーマティブ・アクション）…8, 10-13, 18, 74, 183
全アッサム・トライブ連盟（＝トライブ連盟）（AATL, All Assam Tribal League）…202, 204
全アッサム学生連合（AASU, All Assam Students' Union）…205-206
全インド・アンナー・ドラヴィダ進歩連盟（AIADMK, All India Anna Dravida Munnetra Kazhagam）…73-74, 78
全インド女性会議（AIWC, All India Women's Conference）…97, 107
全インド学生会議（ABVP, Akhil Bharati Vidhyarthi Parishad）…251, 253
全インド清掃労働者会議（All India Safai Mazdoor Congress）…224
全インド農民組合（AIKS, All India Kisan Sabha）…44, 48
全インド・ムスリム連盟…202
先住者…152-154 →アーディヴァーシー
先住民族…200-201 →アーディヴァーシー、指定トライブ、トライブ
千年王国論…143-144
全ボド学生連合（ABSU, All Bodo Students' Union）…206-209

## た　行

ダーサル、アヨーディ（Iyothee Thassar, 1845-1914）…67-68
多数者社会党（BSP, Bahujan Samaj Party）…83
タミル…72-74, 79, 83
タミル・ナードゥ・ダリト女性運動（TNDWM, Tamil Nadu Dalit Women's Movement）…81
ダライ・ラマ…242, 244
ダリト…17, 54, 63, 80-83, 151, 156-157, 219 →指定カースト、ハリジャン、「不可触民」
ダリト運動…141-143, 149-151, 156-157, 219
ダリト・パンサー…80, 83, 219
断食…2, 23, 78
チベット女性連盟（TWA, Tibetan Women's Association）…252, 254-255, 257, 260
チベット青年会議（TYC, Tibetan Youth Congress）…242, 247, 252-255, 260
チベット友の会（Friends of Tibet）…253
チベット難民…242, 244, 258, 260
チベットに関する行動のためのヒマラヤ実行委員（The Himalayan Committee for Action on Tibet）…253
チベット紛争解決センター（TCCR, Tibetan Centre for Conflict Resolution）…252, 254-255
チベット亡命政府…243-244, 247, 251
チャマール（Chamar）…36, 53, 151-154, 158, 235

ティルマーヴァラヴァン、R. あるいは T.（Ramaswami or Tholkappiyam Thirumaavalavan, 1962-）（※2002年にRamaswamiからTholkappiyamに改名）…79, 83
テーリー・ダム反対運動（Anti Tehri dam movement）…22
テランガーナ運動…123, 136, 138
デリー（Delhi）…124, 220
テロ防止法（Prevention of Terrorist Act）…173, 190
統一社会党（SSP, Samyukta Socialist Party）…52-53
東部藩王国連盟（Eastern States Federation）…132
トライブ…8, 10, 118, 122-123, 131, 135-136, 200, 202-207, 211-215, 217, 269→アーディヴァーシー、指定トライブ、先住民族
トライブ地帯・地区…203, 212
トライブ連盟➡全アッサム・トライブ連盟
ドラヴィダ…64-69, 73, 80, 86-87
ドラヴィダ進歩連盟（DMK, Dravida Munnetra Kazhagam）…73-74

## な　行

ナーラーヤン、J・P（＝JP）（Jaya Prakash Narayan, 1902-1979）…46, 50-51
ナクサライト（Naxalite）…6, 33, 54-55, 165-190
ナルザリ、チャラン（Charan Narzary, 1933-）…207
ナルマダー渓谷…269
農民（キサーン）（kisan, peasant）…30, 41-50, 55-56→小作人、ライーヤト
農民運動…30-33, 49, 54

## は　行

バールミーキ（Balmiki）…219, 221, 229, 234
ハウ＝マーティン、エディス（Edith How-Martyn, 1875-1954）…96-98, 104, 108
バカーシュト闘争…44-45, 47-48, 55
ハザーレー、アンナ（Anna Hazare, 1937-）…2
バフグナー夫妻（Sunderlal Bahuguna, 1927- & Vimla Bahuguna, 1932-）…21
バブハン➡ブーミハール
パライヤ…67-68, 71, 79, 83, 86, 149-150
バラモン（brahmin）…36, 38-41, 54, 61-66, 70, 74, 101, 104, 153
ハリジャン…12, 85, 224→指定カースト、ダリト、「不可触民」
藩王国の併合…119, 127-128
反開発運動…268, 271, 276-277, 282-283, 291
バンギー(Bhangi)…224
反差別国際運動（IMADR, International Movement Against All Forms of Discrimination and Racism）…81
ビジュ・ジャナター・ダル（BJD, Biju Janata Dal）…120, 122

## ま 行

慈善寄進法（The Madras Hindu Religious and Charitable Endowment Act, 1951）…286
マハートマー・ガーンディー全国農村雇用保障法（MGNREGA, Mahatma Gandhi National Rural Employment Guarantee Act）…179
マハール（Mahar）…79, 147, 158, 220
マンガロール…268, 272
南カナラ…272, 278
民主主義…1-2, 18-19, 50, 182, 191, 254, 269-270, 277
民主制…1-2
民族運動 …4, 6-7
民族奉仕団（RSS, Rashtriya Swayamsewak Sangh）…88, 253
ムスリム…39-41, 76-78, 103, 208-209, 211-212
ムスリム連盟…203
牝牛保護運動…37, 39
メーノーン、V・P（Vappala Pangunni Menon, 1893-1965）…128
毛派➡インド共産党（マオイスト）
モホタブ、H・K（Hare Krushna Mahatab, 1899-1987）…129-130, 132

## や・ら・わ　行

ヤーダヴ…36-40, 53
優生学（Eugenics）…93, 99-100
優生学協会…99, 104
憂慮する市民の会（CCC, Committee of Concerned Citizens）…187
ラージプート…36, 38, 40, 53
ラージャ、M・C（M. C. Raja, 1883-1943）…71
ラーマスワーミ・ナーイカル、E・V（ペリヤール）（E. V. Ramaswami Naickar, Periyar, 1879-1973）…68-69, 72-73, 79
ライーヤト…34, 36 →農民
ライン・システム…203
ラヴィダース（Ravidas）…150-151, 154
リプロダクティブ・ヘルス（Reproductive Health）…92, 112-113
留保…12-13, 18, 24, 66, 74-75, 83, 88, 184-185, 201, 223, 231, 234
ルールケーラー（Rourkela）…133-134, 136
連合州…33-34, 36-37, 39, 44, 46 →ウッタル・プラデーシュ州
ローヒヤー、ラームマノーハル（Rammanohar Lohia, 1910-1967）…46, 51-52, 55
ワッタル、P・K（Pyare Kishan Wattal, 1890-?）…103

## 略　語

ＡＡＳＵ➡全アッサム学生連合
ＡＡＴＬ➡全アッサム・トライブ連盟
ＡＢＳＵ➡全ボド学生連合
ＡＢＶＰ➡全インド学生会議
ＡＩＡＤＭＫ➡全インド・アンナー・ドラヴィダ進歩連盟
ＡＩＫＳ➡全インド農民組合
ＡＩＷＣ➡全インド女性会議
ＡＰ州➡アーンドラ・プラデーシュ州

ＢｄＳＦ➡ボド防衛隊
ＢＪＤ➡ビジュ・ジャナター・ダル
ＢＪＰ➡インド人民党
ＢＬＴ➡ボド解放の虎
ＢＰＦ➡ボドランド人民戦線
ＢＰＫＳ➡ビハール州キサーン・サバー
ＢＰＰＦ➡ボド人民革新戦線
ＢＳＰ➡多数者社会党
ＢＴＳＭ➡インド・チベット協議会
ＣＣＣ➡憂慮する市民の会
ＣＰＩ➡インド共産党
ＣＰＭ➡インド共産党(マルクス主義)
ＣＳＰ➡会議派社会党
ＤＭＫ➡ドラヴィダ進歩連盟
ＩＣＴ➡国際チベット・キャンペーン
ＩＤＳＮ➡国際ダリト連帯ネットワーク
ＩＭＡＤＲ➡反差別国際運動
ＩＴＦＳ➡インド・チベット友好協会
ＩＴＩＣＯ➡インド・チベット協働事務所
ＪＰ➡ナーラーヤン
ＫＥＭ➡コーサラ統一評議会
ＫＫＤ➡コーサラ革命党
ＭＧＮＲＥＧＡ➡マハートマー・ガーンディー全国農村雇用保障法
ＮＧＯ…229, 243, 248, 252-254, 258
ＰＳＰ➡人民社会党
ＰＴＣＡ➡アッサム平野トライブ協議会
ＲＳＳ➡民族奉仕団
Ｓ県(第一章)➡シャハーバード県
ＳＦＴ➡自由チベット学生連盟
ＳＳＰ➡統一社会党
ＴＣＣＲ➡チベット紛争解決センター
ＴＮＤＷＭ➡タミル・ナードゥ・ダリト女性運動
ＴＷＡ➡チベット女性連盟
ＴＹＣ➡チベット青年会議
ＵＰ州➡ウッタル・プラデーシュ州
ＶＣＫ➡解放パンサー党
ＷＯＤＣ➡西部オリッサ開発会議

インドの社会運動と民主主義――変革を求める人びと

*Social Movements and Democracy in India: Actions and Voices for Change*

2015年2月27日　初版第1刷発行

編　者　石坂晋哉

発行者　齊藤万壽子

〒606-8224　京都市左京区北白川京大農学部前
発行所　株式会社　昭和堂
振替口座　01060-5-9347
TEL（075）706-8818／FAX（075）706-8878
ホームページ　http://www.showado-kyoto.jp



印刷　亜細亜印刷

ISBN978-4-8122-1435-0